HEINZ HARTMANN

Die Grundlagen der Psychoanalyse

ERNST KLETT VERLAG
STUTTGART

Neuausgabe des erstmals 1927 erschienenen Werkes
Interpunktion und Zitierweise wurden den heute
üblichen Regeln angepaßt

Satz und Druck: J. F. Bofinger KG, Tuttlingen
ISBN 3-12-903380-7

INHALT

EINLEITUNG

Dies Buch verfolgt eine doppelte Aufgabe: neben der zunächst gegebenen, die psychoanalytischen Lehren in ihren Grundzügen darzustellen, ist die andere, dringlichere, einer methodologischen Untersuchung ihrer Grundlagen emporgewachsen. Der doppelten Zielsetzung entspricht die Auswahl der Probleme. Ich habe keinen Wert auf eine lückenlose Wiedergabe aller auf dem Boden der Psychoanalyse entstandenen Anschauungen gelegt — eine Aufgabe übrigens, die heute schon für sich allein den Rahmen eines einzelnen Buches überschreiten müßte — vielmehr liegt der Hauptakzent auf der Herausarbeitung der für die Analyse als Wissenschaft[1] wesentlichen Prinzipien und der Grundbegriffe, mit welchen sie arbeitet. Daraus ergeben sich Berührungspunkte zu Fragen der allgemeinen Psychologie und Psychopathologie, die jedoch in dieser Arbeit nur skizziert, nicht aber nach der ganzen Breite ihrer Problematik erörtert werden können; daraus ergibt sich weiter die notwendige Vernachlässigung jener Fragestellungen, die mit den therapeutischen und technischen Aufgaben der Psychoanalyse zusammenhängen. Erkenntnisse und Hypothesen, welche die psychoanalytische Einzelarbeit zutage gefördert hat, finden im allgemeinen nur soweit Berücksichtigung, als sie geeignet sind, die analytischen Grundpositionen klar hervortreten zu lassen.

Ich mußte dabei auf die Mitteilung illustrierender Einzelfälle fast durchwegs verzichten. Erfahrungsgemäß kann denjenigen, die nicht selbst analysiert haben, eine Anschauung vom analytischen Tatsachenkreis auch durch noch so große Häufung von Beispielen nur sehr unvollkommen übermittelt werden. Diese Anschauung kann sich nur erarbeiten, wer sich der Mühe mehrjähriger geduldiger analytischer Arbeit unterzieht; wer das nicht will oder nicht kann, findet den relativ besten Zugang zu diesem Wissenschaftsbereich in der Analyse der eigenen

---

1 Unter *Psychoanalyse* verstehen wir hier und auch im folgenden immer jene Wissenschaft, deren theoretisches Gerüst in den Werken Freuds niedergelegt ist, nicht aber die zwar im Boden der Analyse wurzelnden, aber in der Methode und auch in bestimmten Grundpositionen wesentlich abweichenden Lehren A. Adlers und C. G. Jungs, die zwar noch immer vielfach in den Begriff »Psychoanalyse« einbezogen werden, deren methodische Kritik aber zu ganz anderen Ergebnissen führen würde.

Träume oder in der Befassung mit der Psychologie schizophrener Psychosen. So instruktiv also auch für den Analytiker die Mitteilung von Analysen oder Analysenbruchstücken sein mag: im Rahmen dieses Buches, welches den wissenschaftlich interessierten Nichtanalytiker in die Problematik der Psychoanalyse einführen will, wäre sie nicht am Platze.

Methodologische Überlegungen stehen niemals am Anfang empirischer Wissenschaften. Erst mit dem Fortschreiten der Erfahrung wird auch der Erkenntniswert der Methode in Frage gestellt und werden die Grundbegriffe klarer umrissen; die zunächst unvollkommene Methode wird gereinigt und ermöglicht so eine Sicherung und Erweiterung der empirischen Befunde. Es liegt also kein Anlaß vor, sich über die lückenhafte methodologische Fundierung einer so jungen Wissenschaft wie der Psychoanalyse zu verwundern. Sie zeigt nur ein Entwicklungsstadium an, das auch andere, methodisch reifere Wissenschaften durchlaufen und überwunden haben. Wenn sich heute auch die Psychoanalyse auf ihre logischen Grundlagen zu besinnen beginnt, wird diese Arbeit im wesentlichen von denjenigen zu leisten sein, die auch mit dem weiten Tatsachenkreis genau vertraut sind, der das eigentliche Arbeitsgebiet der Psychoanalyse ausmacht. Auch die (meist nur scheinbar) »immanente« Kritik Nichtsachkundiger geht fast immer in die Irre — auch anderswo, nicht nur gegenüber der Psychoanalyse.

Über den Sicherheitsgrad der analytischen Erkenntnisse kann man sich nur durch eigene Erfahrung ein Urteil bilden; es ist nicht möglich, einen exakten Ausdruck dafür zu übermitteln. Auch ohne die Tragfähigkeit der analytischen Methode zu überschätzen und in voller Kenntnis nicht wenigen Fehlerquellen, mit welchen sie heute noch belastet ist, kann man sagen: diejenigen Gelehrten, welche sie nur aus Büchern, nicht aus eigener Erfahrung kennen, pflegen ihren Erkenntniswert sehr wesentlich niedriger anzusetzen, als er es verdient. Natürlich wird gelegentlich auch mit der umgekehrten Wertung übers Ziel geschossen.

Historisch ist die psychoanalytische Psychologie dadurch charakterisiert, daß sie aus dem Abgrund emporgewachsen ist, welcher eine naturwissenschaftliche, hauptsächlich experimentell verfahrende Psychologie der elementaren seelischen Vorgänge von der »intuitiven« Psychologie der Dichter und Philosophen scheinbar unüberbrückbar schied. Die historische Bedeutung der Psychoanalyse für die Psychologie besteht darin, daß sie jene Gebiete des Seelenlebens einer naturwissenschaftlichen Betrachtung zugänglich gemacht hat, die bis dahin der gelegentlichen Beobachtung und dem wissenschaftlich mehr oder weniger verantwortungslosen und überdies zumeist wertenden psychologischen Aperçu überlassen waren. Wir verdanken den psychologischen Maximen der Dichter und Philosophen die tiefsten Einsichten in seelische Zusammenhänge, die uns bisnun geschenkt wurden, aber sie können uns niemals das Ganze einer methodisch-systematischen psychologischen Wissenschaft ersetzen. Wenn die Methode, der die Psychoanalyse ihre Erkenntnis komplexer seelischer Zusammenhänge verdankt, weniger exakt ist als die experimentalpsychologische, werden wir uns mit der Überlegung trösten, daß keine andere Methode zur Erforschung der zentralen Persönlichkeitsprobleme exakter ist. Die beinahe sportlich zu nennende Freude, mit der auf dem Gebiete der Psychologie noch immer vielfach die jeweils etwas exaktere Methode jede etwas weniger exakte über die Schulter ansieht, verrät eine unzulängliche Einsicht in die notwendige gegenseitige Bedingtheit von wissenschaftlicher Methode und wissenschaftlichem Gegenstand. Denn der Einwand, welcher aus jener Stellungnahme gegen die Psychoanalyse abgeleitet wird, wäre nur dann zutreffend, wenn eine andere Methode aufgezeigt werden könnte, die eine exaktere Lösung derselben Probleme erlaubt; das ist aber heute nicht der Fall. Daß die Psychoanalyse, wie jede Wissenschaft, nach Wegen suchen muß, die unabhängig von ihren Voraussetzungen eine Nachprüfung ihrer Ergebnisse erlauben, braucht als selbstverständlich kaum erwähnt zu werden.

Wir sagten, daß Psychoanalyse *Naturwissenschaft* vom Seelischen ist; diesen Gedanken werden wir immer wieder in den Vordergrund rükken, und es sei gleich hier betont, daß eine fruchtbare Weiterentwicklung dieser Wissenschaft nur von diesem Wege erwartet werden darf — nicht aber von einer mehr oder minder weitgehenden Annäherung an die sogenannte »geisteswissenschaftliche« Psychologie, wie sie vielfach von Gegnern empfohlen, aber auch von Anhängern geübt wurde. Ebenso verkennt der Versuch, einen Gegensatz zwischen den Denkweisen der Psychoanalyse und den sonst in der Wissenschaft gebräuchlichen zu konstruieren oder sich der Psychoanalyse als Brücke zu »irrationalen« Erkenntnissen zu bedienen, durchaus ihre Grundlagen und die ihr immanenten Tendenzen. Psychoanalyse ist — wir sehen hier von ihrer therapeutischen Aufgabe ab — Wissenschaft und will nichts anderes sein. »Intellektuelle Rechtschaffenheit« ist eines ihrer obersten Gebote.

Die Psychoanalyse ist, in höherem Maße als jede andere Wissenschaft, das Werk *eines* Mannes; zumindest soweit ihre theoretischen Grundlagen in Rede stehen — in der klinischen und geisteswissenschaftlichen

Anwendung haben auch andere Bleibendes geschaffen. Diese Eigenart der Psychoanalyse erklärt sich zum Teil daraus, daß Freud durch zwei Jahrzehnte der einzige Vertreter seiner Lehren gewesen ist. Seine Stellung in der Wissenschaft war damals die der *splendid isolation.*

Diese Zeit ist lange vorbei, und auch die Heftigkeit des Kampfes für und wider ist heute einer ruhigeren Beurteilung gewichen. Die Psychoanalyse gewinnt auf psychiatrischem Gebiet langsam aber unaufhaltsam an Boden. Viele Psychopathologen, welche die Analyse als Ganzes und als System ablehnen, sind doch in Fragestellungen und Lösungsversuchen von analytischen Gedankengängen stark beeinflußt — oft mehr, als sie selbst wissen oder wahr haben wollen. Auf der anderen Seite hat die Psychoanalyse durch die Entwicklung der letzten Jahre, welche in immer steigendem Maße die Probleme der Ich-Psychologie in den Vordergrund rückt, den Anschluß an das Arbeitsgebiet anderer psychologischer Richtungen, vor allem der charakterologisch orientierten, hergestellt. So ist eine sachliche Diskussion nötig und möglich geworden. In diesem Sinne wendet sich das vorliegende Buch, sofern es gegnerische Argumente bekämpft und Lehren der Psychoanalyse zu rechtfertigen sucht, mit seinen Überlegungen nur »an die Gebildeten unter ihren Verächtern«. Ansätze zu einer vereinheitlichenden Betrachtung, welche die Resultate der experimentellen Psychologie und der Hirnpathologie mit den Ergebnissen der Psychoanalyse unter einem übergeordneten Gesichtspunkt zusammenfaßt, liegen vor. Hier ist in erster Reihe der Name Schilders zu nennen.

Wenn sich die Nebel verzogen haben, die nach der explosionsartigen Wirkung der Freudschen Lehren vornehmlich auf die Psychopathologie den Blick getrübt hatten, wird man klar erkennen, was schon heute für diejenigen sichtbar ist, welche beide Erfahrungsgebiete und die zugeordneten Arbeitsmethoden in Personalunion vertreten: daß von einem ausschließenden Verhältnis der Psychoanalyse gegenüber anderen Disziplinen nicht gesprochen werden darf. Die Psychoanalyse stellt keine exklusiven Ansprüche; sie ist nur ein Weg, sich der seelischen Bereiche wissenschaftlich zu bemächtigen — ein Weg freilich, dessen Kenntnis nicht nur für den Psychiater, sondern auch für den Psychologen unentbehrlich genannt werden muß.

I

PSYCHOANALYSE ALS NATURWISSENSCHAFT

Das Ausgangsmaterial der psychoanalytischen Forschung sind hochzusammengesetzte seelische Gebilde und Entwicklungen: komplexe Gedanken oder Wünsche, Affekte, Träume, neurotische Symptome und ihre Entstehungsgeschichte; daneben gewisse individuelle oder kollektive Dokumente — Tagebücher, Gedichte, Kunstwerke, mythologische, soziale, juristische oder religiöse Gebilde — soweit wir aus ihnen auf bestimmte seelische Vorgänge schließen dürfen. Daß Beobachtungen an seelisch kranken Menschen zum Ausgangspunkt der psychoanalytischen Theorie geworden sind, ist gewiß kein Zufall, es erklärt sich daraus, daß bestimmte grundlegende Eigenschaften seelischer Vorgänge hier am deutlichsten faßbar sind; bei der Gewinnung des analytischen Materials sowie bei seiner wissenschaftlichen Verarbeitung ist aber, insofern wir es hier mit analytischer Theorie zu tun haben, der Unterschied zwischen normal und pathologisch nicht von wesentlicher Bedeutung. Für die psychoanalytische Forschung war vielmehr, seit sie aufgehört hat, sich auf die Erklärung neurotischer Symptome zu beschränken, letzte Aufgabe die: zu Grundbegriffen vorzudringen, welche die ganze Mannigfaltigkeit psychischen Geschehens vom Gesunden bis zum Geisteskranken, vom Kulturmenschen bis zum Primitiven und vom Erwachsenen bis zum Kinde bewältigen. Das heißt: die wissenschaftliche Analyse bewegt sich heute in der Richtung auf eine *allgemeine Theorie* des menschlichen Seelenlebens.

Die Grundlagen, welche sie sich auf diesem Wege erarbeitet hat, mögen uns primitiv erscheinen, wenn wir sie mit denjenigen der empirisch reicheren und methodisch besser durchgearbeiteten Naturwissenschaften von der leblosen Körperwelt vergleichen. Denken wir aber etwa an die methodologischen Schwierigkeiten der Biologie, so werden wir hier weniger den Eindruck eines unüberbrückbaren Abstandes empfangen. Gewisse Schwierigkeiten der Theorienbildung betreffen in der Tat die biologische Wissenschaft nicht minder als die psychologische. Andere wieder sind unlöslich mit allgemeinsten Eigenschaften des seelischen Geschehens verknüpft. Noch andere aber sind durch die Lücken unserer empirischen Erkenntnisse bedingt und können in dem Maße fortfallen, in dem jene ausgefüllt werden.

Wir werden zu untersuchen haben, mit welchen Mitteln und auf welchem Wege die Psychoanalyse sich ihrem Ziel einer Theorie des Psychischen zu nähern versucht, wie weit sie auf diesem Wege bereits gekommen ist und welche Schwierigkeiten es sind, die sich ihr bei dieser Aufgabe entgegenstellen.

Zunächst und vor aller Theorie bedeutet Psychoanalyse eine ungeheure Erweiterung des psychischen Tatsachenmaterials, welches der wissenschaftlichen Bearbeitung zugrunde gelegt wird, sowohl auf dem Gebiete des Normalen als des Pathologischen. Bedeutende Gebiete des kindlichen und des psychotischen Seelenlebens wurden von der Analyse sozusagen erst »entdeckt«. Die Kenntnis dieses Tatsachenmaterials ist für das Verständnis, zwar nicht der logischen Grundlagen, aber der einzelnen Teilkomplexe der analytischen Theorie unentbehrliche Voraussetzung. Jede einzelne Psychoanalyse bietet dem Untersucher eine Fülle von psychologischen Erfahrungen, wie sie uns keine andere Methode auch nur annähernd vermitteln kann. Hier im Sammeln und Ordnen eines bedeutenden Tatsachenmaterials liegt also die — nicht zeitlich aber methodisch — erste Aufgabe der psychoanalytischen Arbeit. Dabei ist durchaus nicht die Heraushebung einzelner, besonders auffallender — insbesondere etwa pathologischer — Vorgänge ihr Ziel, vielmehr ist ihre Arbeit zunächst eine klassifikatorische und systematische. Dieser Teil analytischer Forschung wird von ihren Gegnern oft unrichtig gesehen. Vieles von dem, was immer wieder als Ergebnis »analytischer Spekulation« hingestellt wird, ist tatsächlich nichts anderes als das, freilich vielfach überraschende und befremdende, Ergebnis einer extensiv wie intensiv besonders eingehenden Beobachtung. Wodurch der Analyse diese Erweiterung des psychologischen Beobachtungsfeldes ermöglicht wird, welche Vorgänge, die sonst der Intuition einzelner vorbehalten waren, der systematischen wissenschaftlichen Bearbeitung zugänglich macht, werden wir erst verstehen, wenn wir die psychoanalytische Methode und ihre Beziehung zum Unbewußten sowie zur psychischen Dynamik kennengelernt haben; die Beantwortung dieser Frage würde mitten hineinführen in die Lehren analytischer Theorie. Die systematische Klassifikation jenes seelischen Neulandes gehört jedoch methodisch noch durchaus in jenes Gebiet, welches wir als beschreibende Wissenschaft von der erklärenden abzugrenzen gewöhnt sind.

Dies Sammeln und Ordnen ist aber für die Psychoanalyse nicht Ziel, sondern Vorarbeit; Ziel ist vielmehr, wie wir noch sehen werden, die Aufstellung von Regeln oder Gesetzen psychischen Geschehens. Hieraus ergibt sich auch die Stellung der Psychoanalyse zu der als psychologisch-phänomenologisch bezeichneten Richtung der Psychologie. Der wesentliche Unterschied ist hier folgender: wenn für die Psychoanalyse etwa die Symptominhalte und Erlebnisweisen einer Zwangsneurose durch bestimmte Libidopositionen bezeichnet sind, so liegt darin der Versuch, die qualitative Mannigfaltigkeit des Psychischen durch »Reduktion« der Qualitäten übersehbar zu machen: sie leistet damit dasjenige, was Rickert[1] als das Wesen der naturwissenschaftlichen Begriffsbildung erkannt hat; (wir schließen uns ihm zwar in dieser Hinsicht an, wollen aber gleich hier betonen, daß er uns die Bedeutung der Begriffsbildung in den Naturwissenschaften überschätzt zu haben scheint, daher auch das Ziel der Naturwissenschaften: Einsicht in die Gesetzlichkeit der Naturvorgänge zu gewinnen in seiner Wissenschaftslehre ganz zurücktritt). Die phänomenologisch orientierte Forschung hat es sich nun im Gegensatz zur analytischen zur Aufgabe gemacht, die Qualitäten selbst und in ihrer Mannigfaltigkeit — in unserem Beispiel also die Abschattungen des Zwangserlebnisses — unter Verzicht auf die kausale Fragestellung mit ihrem Begriffssystem zu umfassen. Die Bewertung, welche den beiden Methoden zuteil wird, ist nun freilich verschieden je nach dem Standpunkt, welchen man zur Frage der Möglichkeit abbildender Erkenntnis des Seelischen einerseits, zur Frage der psychischen Kausalität und der Möglichkeit naturwissenschaftlicher Psychologie anderseits einnimmt. Über die Bedeutung der tatsächlichen Feststellungen phänomenologischer Psychologie für die Psychoanalyse sollte man sich im klaren sein; ebenso sind die Resultate der »darstellenden« Methode (Baade[2]) für sie als Ausgangsmaterial verwertbar und als Ergänzungen wertvoll. Wir verdanken auf der anderen Seite der Analyse selbst eine beträchtliche Anzahl feiner »phänomenologischer« Beobachtungen. Daß aber die Bedeutung mancher subtiler deskriptiver Einzeluntersuchungen für sie heute vielfach in die zweite Reihe gerückt ist, und daß die analytische Beschreibung mit der phänomenologischen verglichen oft dürftig oder grob erscheinen muß, ist aus den letzten Zielsetzungen der Analyse und aus ihrem Entwicklungstadium selbstverständlich. Gewiß wäre je-

---

[1] Die Grenzen der naturwissenschaftlichen Begriffsbildung, Tübingen 3. u. 4. A. 1921, u. Kulturwissenschaft u. Naturwissenschaft, Tübingen 4. u. 5. A. 1921.

[2] Arch. f. d. ges. Psychol., 35 (1916); Zschr. f. Psychol., 79 (1918).

doch z. B. eine genaue deskriptive Erfassung jener Erlebnisweisen, welche in der analytischen Arbeit zuerst wissenschaftlicher Betrachtung zugänglich gemacht wurden, eine Aufgabe, welche auch für die analytische Fragestellung im engeren Sinne Bedeutung hätte.

Die Unterscheidung einer wesentlich deskriptiv und einer wesentlich erklärend gerichteten Bearbeitung des gleichen Tatsachenmaterials hat ja ihr Analogon in den Wissenschaften von der Körperwelt. Auch hier finden sich vielfach beide Betrachtungsweisen nebeneinander, ohne daß von einem Gegensatz beider gesprochen werden könnte. Immer aber handelt es sich in der Psychoanalyse — das muß gleich vorweg geklärt sein — um reale psychische Vorgänge realer Individuen, und jene Einsichten, welche mit Hilfe der sogenannten »phänomenologischen Reduktion« (Husserl) etwa gewonnen werden können, liegen durchaus jenseits ihres Forschungsgebietes. Nicht »Wesenszusammenhänge«, sondern kausale Zusammenhänge aufzufinden, ist ihre logische Aufgabe.

Wenn, wie wir gesagt haben, letztes Ziel für die Psychoanalyse eine allgemeine Theorie des Seelischen ist — welchen Weg schlägt sie bei der wissenschaftlichen Bewältigung der seelischen Mannigfaltigkeit ein? Zunächst bildet sie, wie jede Naturwissenschaft, Allgemeinbegriffe und ist bestrebt, aus dem am einzelnen Individuum gewonnenen Material zu Sätzen von allgemeiner Geltung vorzudringen. Sie betrachtet, als Gesetzeswissenschaft, die seelischen Gegebenheiten unter der Kategorie der Kausalität. Wir verhehlen uns nicht die Schwierigkeiten, welche dem Problem der psychischen Kausalität anhaften, aber eine Diskussion der sehr vielfältigen Standpunkte, welche zu dieser Frage möglich sind und tatsächlich vertreten wurden, kann an dieser Stelle nicht gegeben werden. Es genügt hier die Kennzeichnung unseres eigenen Standpunktes: daß alle Veränderungen in der Zeit, die seelischen nicht minder als die körperlichen, der Kategorie der Kausalität unterworfen werden nicht nur können, sondern müssen, unbeschadet der Möglichkeit einer unter anderen wissenschaftlichen Zielsetzungen stehenden anderen Art der wissenschaftlichen Bearbeitung, welche das gleiche Material etwa noch zulassen mag.

Die psychoanalytischen Begriffe sollen also den gesetzmäßigen Zusammenhang der seelischen Erscheinungen in sich fassen. So werden in den Begriffen der Verdrängung, des Widerstandes usw. gesetzmäßig zusammengehörige Elemente zusammengefaßt. Die gefundenen Regeln werden an das noch fremde, noch ungeordnete Material herangetragen und es werden in ihm bekannte Elemente aufzuweisen gesucht[3]. Die

Anwendung der an der Traumanalyse gebildeten Begriffe auf den Inhalt der Psychosen ist dafür unter vielen ein Beispiel; der Weg ist derselbe, auf welchem jede Naturwissenschaft von der Betrachtung des einzelnen zu Regeln und Gesetzen des Geschehens aufsteigt. Erklärt ist ein Vorgang dann, sofern es gelingt, ihn einer solchen Regel unterzuordnen. So ist für die Psychoanalyse das Auftreten eines bestimmten Symbols im Traum dann erklärt, wenn es gelingt, unter den an der Entstehung des Traumes beteiligten latenten Traumgedanken einen aufzufinden, dessen Vorhandensein das Erscheinen jenes Symbols im manifesten Trauminhalt regelmäßig zur Folge hat. Der bloße Nachweis eines Sinnzusammenhangs aber — das ist von wesentlicher Bedeutung für das Verständnis der analytischen Methode und soll gleich hier nachdrücklich betont werden — kann als Erklärung in diesem Sinne nicht gelten.

Ob die Wissenschaft vom Seelenleben überhaupt zu Gesetzen von strenger Allgemeingültigkeit gelangen kann, soll an dieser Stelle nicht erörtert werden. Wesentlich aber ist, festzustellen, daß die Tendenz zur Aufstellung solcher Gesetze der psychoanalytischen Forschung zugrunde liegt. Der Satz Kants von den Regelmäßigkeiten, »denen die Erscheinungen schon von selbst unterworfen sind«, gilt ebenso für das Gebiet des Seelischen wie des Körperlichen. Die Psychoanalyse greift nun aber, ebenso wie jede andere echte Gesetzeswissenschaft, über das unmittelbar Gegebene hinaus, und zwar durch Analogieschlüsse, allgemeiner: durch induktive Schlüsse. Auf Analogieschlüssen beruhen z. B. alle jene Aussagen, welche die analytische Lehre über unbewußte Vorgänge macht. Damit überschreitet sie nicht die Grenzen, welche einer Erfahrungswissenschaft gezogen sind. Auf induktivem Weg ist die psychoanalytische Sexualtheorie, ihre Lehre von der Ätiologie der Neurosen, von der Übertragung, vom Widerstand usw. gewonnen. Es ist selbstverständlich, daß daneben deduktive Schlüsse eine Rolle spielen; sie führen von der gefundenen Regel zum konkreten Einzelfall zurück. Als nicht empirischer Bestandteil ist dagegen das Axiom von der Gesetzmäßigkeit der psychischen Vorgänge zu bezeichnen. Eine solche Gesetzmäßigkeitsvoraussetzung liegt eben jeder induktiven Wissenschaft zugrunde.

---

[3] Das sollte als selbstverständlich kaum erwähnt werden müssen. Aber es ist doch notwendig, es ausdrücklich zu sagen, weil immer wieder der Versuch gemacht wird, die Unanwendbarkeit der logischen Grundlagen des naturwissenschaftlichen Denkens auf das »höhere Seelenleben« zu erweisen. Gerade die Methoden der Psychoanalyse werden vielfach mißverständlich in einen Gegensatz zur Naturwissenschaft zu bringen versucht. Darüber später mehr.

Die kausale Betrachtungsweise führt nun die Psychoanalyse dazu, nicht bei den Qualitäten des Psychischen stehen zu bleiben, vielmehr bei der Darstellung seelischer Vorgänge Begriffe zu bilden, welche das qualitativ Psychische transzendieren. Sie bildet Begriffe von seelischen »Elementen«, welche sich in verschiedener Weise kombinieren, so zwar, daß diese komplexen Gebilde sich in allen manifesten Eigenschaften unterscheiden können; phänomenologisch Verschiedenartiges kann kausal-genetisch betrachtet zusammengehören und umgekehrt. Aus dem Ergebnis des Zusammenwirkens solcher Gebilde höherer Ordnung gelingt es andererseits, einzelne Elemente begrifflich zu isolieren. Erst diese Analyse ermöglicht es uns, zu Regeln seelischer Vorgänge vorzudringen, welche allgemeiner gelten als jene, welche wir vor einer solchen Abstraktion aufstellen konnten. Ein wesentlicher Unterschied der psychoanalytischen Forschung von der experimentalpsychologischen besteht nun — wenn wir hier von der Verschiedenheit der Beweismethoden absehen — darin, daß jene Elemente bildet, welche uns gerade die zentralsten Anteile der Persönlichkeit wissenschaftlich zugänglich machen.

Die Bildung von Elementen, welche der Erklärung zugrunde gelegt werden, kann keine Naturwissenschaft entbehren, also auch nicht eine naturwissenschaftlich verfahrende Psychologie. Das wird gerade heute in einem Entwicklungsstadium der Psychologie, das sich wissenschaftsgeschichtlich als Reaktion gegen die Alleinherrschaft assoziationspsychologischer Richtungen darstellt, oft nicht klar genug erkannt. Die Elemente, welche als relativ selbständige Einheiten zu Erklärungszwecken aus dem Strom des psychischen Geschehens abgegrenzt werden, sind in verschiedenen Richtungen der naturwissenschaftlichen Psychologie voneinander verschieden. Erst die Auswahl dieser Elemente und die Art, in welcher sie in Beziehung gesetzt werden, kann über die Rubrizierung einer naturwissenschaftlich-psychologischen Richtung als mechanistisch oder biologistisch usw. entscheiden. Auch die Überlegungen der Gestalttheoretiker vermögen an jenem fundamentalen Sachverhalt nichts zu ändern.

Die methodisch am weitesten vorgeschrittenen Naturwissenschaften von der Körperwelt haben im Laufe ihrer Entwicklung gelernt, in zunehmendem Maße die Qualitäten aus ihrem Weltbilde auszuschalten. Das bedeutet eine bewußte Beschränkung in der Aufgabe, die Wirklichkeit wiederzugeben, wie sie uns anschaulich vorliegt, ermöglicht aber die bedeutendsten Fortschritte auf dem Gebiete der Wirklichkeitsberechnung. Denn die Qualitäten als solche müssen sich jeder naturwissenschaftlichen Betrachtungsweise notwendig entziehen. Es ist prinzipiell unmöglich, auf naturwissenschaftlichem Wege den Nachweis zu erbringen, warum etwa einem bestimmten physikalisch oder chemisch charakterisierten Zustand gerade diese Qualität entspricht, einem andern aber jene; nur die Entsprechung als solche können wir feststellen.

Diese Reduktion der Qualitäten nun ist in verschiedenen Naturwissenschaften in verschiedenem Maße durchführbar und in verschiedenem Maße notwendig. In keiner aber ist sie eine vollständige. Wenn, wie ein berühmter Physiker gesagt hat, die Atome der Chemie um nichts weniger real sind als etwa die Sonne, so werden wir auch ihnen Qualitäten zuschreiben müssen. Jedenfalls aber, und das ist entscheidend, sind sie für uns »qualitätsärmer« als jene Mannigfaltigkeit, zu deren begrifflicher Bewältigung die Atomtheorie geschaffen wurde. Denn in der Überwindung der »Unübersehbarkeit der extensiven und intensiven Mannigfaltigkeit des anschaulich gegebenen Materials« haben wir ja gerade, nach Rickert, die Leistung der naturwissenschaftlichen Begriffsbildung zu sehen. Keinesfalls werden wir aber diese Atome der Chemie, deren Realität von den Chemikern nicht angezweifelt wird, mit Atomen im logischen Sinne gleichsetzen dürfen — wie gleichfalls Rickert mit Recht ausgeführt hat. Wenn die Atome der Chemie als »relativ qualitätsarm« bezeichnet werden, so soll damit nichts anderes gemeint sein als die Lehre der Atomistik, daß verschieden kombiniertem Zusammenwirken derselben Atomarten verschiedene Qualitäten entsprechen können. Die Reduktion jener Qualitäten aber, welche wir auch den chemischen Atomen noch zuschreiben müssen, ist bisher für die Wissenschaft nicht von Belang gewesen.

Die Atomtheorie interessiert uns hier nur in dieser einen Richtung und nur als Beispiel dafür, daß die naturwissenschaftliche Theorienbildung zu einer Reduktion der Qualitäten führt, daß aber anderseits auch in einer methodisch so durchgearbeiteten Wissenschaft wie der Chemie diese Reduktion keine vollständige ist. Die Psychoanalyse, als Naturwissenschaft vom Seelischen, ist nun in dieser Hinsicht logisch verwandte Wege gegangen — die Wege jeder erklärenden Naturwissenschaft. Die Lehre von der psychischen Dynamik und die Libidotheorie, welche wir später im Zusammenhang darstellen werden, sind die Grundlagen dieser Betrachtungsweise. Wie der Chemiker einen Körper nicht charakterisiert durch Aufzählung seiner Qualitäten, sondern durch Angabe der Elemente, welche an seiner Zusammensetzung beteiligt sind, und der Stellung der Atome zueinander, so werden, in gewissen Teilgebieten des seelischen Geschehens, von der Psychoanalyse Zustände und Zustandsänderungen nicht durch die zugehörigen Erlebnisqualitäten gekennzeichnet, vielmehr durch das Mit- oder Gegeneinander von (relativ) elementaren seelischen Vorgängen, deren Dynamik uns bekannt ist.

Auf Grund der Kenntnis gewisser seelischer Mechanismen können wir etwa sagen: ein bestimmtes Gegeneinander bestimmter psychischer Tendenzen wird mit hoher Wahrscheinlichkeit zu einem seelischen Zustande führen, welcher durch die Qualität »Angsterlebnis« charakterisiert ist. Andere erzeugen eine energetisch-dynamische Veränderung, welcher das Erlebnis »Zwang« entspricht und so fort. Auch in diesen Beispielen ist die Tatsache, daß einem dynamisch zu charakterisierenden Ineinanderwirken seelischer Vorgänge gerade diese und keine andere Qualität zugeordnet ist, schlechterdings nicht »erklärbar« und wir können nur die gegenseitige Zuordnung feststellen.

Wenn die Psychoanalyse lehrt, das Ich-Ideal lasse ein unverhülltes Auftreten gewisser anstößiger Triebregungen im Traume nicht zu und zwinge sie mittels der Traumzensur zu einer charakteristischen Entstellung, so ist für den Begriff „Ich-Ideal« im Sinne der Psychoanalyse — wenngleich seine Bezeichnung von bestimmten Beziehungen zu phänomenologischen Gegebenheiten herrührt — weder das Ich- noch das Idealerlebnis das wesentliche. Das Ich-Ideal ist vielmehr topisch-dynamisch-energetisch charakterisiert, das heißt durch seine Stellung zum Gegensatz bewußt-unbewußt, durch seine Wirkungen — in unserem Beispiele die Zensur — und durch seine Stellung im psychischen Energiehaushalt. Ähnlich, wie das wesentliche an dem als Chlor bezeichneten einfachen Stoff für den Chemiker nicht in seiner grünen Farbe (*chlorós* heißt gelbgrün) liegt, sondern in Atomgewicht und Kernladungszahl, in Begriffselementen also, welche sich weit vom anschaulich Gegebenen entfernen. Die für die Wissenschaft wichtigsten Merkmale sind also auch hier durchaus nicht immer in der Bezeichnung vertreten; freilich spielt dieser Umstand in den Wissenschaften von der Körperwelt (man denke etwa noch an das Wort Elektrizität — *élektron* = Bernstein —) keine Rolle, weil man sich hier längst gewöhnt hat, den Abstand von wissenschaftlichem Begriff und anschaulicher Wirklichkeit als selbstverständlich hinzunehmen. Anders liegen die Dinge in der Psychologie, weil auf ihrem Gebiet die notwendige Scheidung von *erleben* und *erkennen,* eine der Voraussetzungen der psychoanalytischen Methode, keineswegs allgemein anerkannt ist und scharf durchgeführt wird. Die Psychoanalyse, welcher für ihre Begriffe mit wenigen Ausnahmen keine anderen Bezeichnungen zur Verfügung stehen als solche, welche der Welt der psychischen Qualitäten entnommen sind, begegnet daher immer wieder einem Mißverständnis, welches sich daraus ergibt, daß ihre generalisierenden, qualitätsarmen Begriffe als Beschreibung phänomenologischer Tatbestände irrtümlich aufgefaßt werden. Dieser Irrtum hat dann den gegen die Analyse gerichteten Vorwurf einseitiger und willkürlicher Tatsachenerfassung zur Folge. Bei der Besprechung der Lehre vom Unbewußten werden wir noch darauf zurückkommen. Mit der Häufigkeit dieses Mißverständnisses aber ist die Rechtfertigung für die Bildung einer eigenen analytischen Terminologie gegeben.

Durch eine Art der Begriffsbildung, wie wir sie als für die analytische Arbeit wesentlich festgestellt haben, muß der Zusammenhang des Erlebens zerrissen werden. Sie ermöglicht aber nicht nur eine leichtere Übersehbarkeit, sondern auch eine größere Voraussicht gegenüber dem seelischen Geschehen. Die »Eintönigkeit«, welche den Erklärungen der Psychoanalyse immer wieder zum Vorwurf gemacht wird, wäre als ein methodischer Mangel nur dann anzusehen, wenn ihre Aufgabe die Erfassung der seelischen Zustände in ihrer anschaulichen Mannigfaltigkeit wäre: da ihr Ziel aber ein im engeren Sinne naturwissenschaftliches, nämlich die Aufstellung von Regeln oder Gesetzen ist, kann für sie nicht die Anschaulichkeit, muß vielmehr der Erklärungswert ihrer Hypothesen entscheidend sein. Noch ein immer wieder auftauchendes Mißverständnis soll an dieser Stelle abgewehrt werden: es entspricht keineswegs der analytischen Lehre, daß etwa das Erlebnis »Angst« — unter bestimmten Voraussetzungen — aus dem Erlebnis »sexuelle Erregung« irgendwie abgeleitet werden könnte; ebensowenig daß Erlebnisweisen von hoher »Komplexheit«, wie das künstlerische oder das religiöse Erlebnis, aus einer Verbindung »einfacher« seelischer Qualitäten entstünden, oder sich aus diesen einfachen Qualitäten »mosaikartig«, wie man das genannt hat, zusammensetzen ließen. Wollte man die »Reduktion der Qualitäten« in diesem Sinne verstehen, so wäre sie freilich ein unmögliches Beginnen. Das kann nicht Aufgabe der Naturwissenschaften sein und ist es auch nicht auf körperwissenschaftlichem Gebiet. Wer würde auch den Versuch machen, aus der metallischen Farbe des Quecksilbers und der Farblosigkeit des Sauerstoffs die rote Farbe des Quecksilberoxyds „zusammenzusetzen«?

Machen wir uns das Gesagte an einem weiteren Beispiel klar. Scheler hat mit bewunderungswürdigem Blick für seelische Nuancen und

Sinnzusammenhänge den Versuch gemacht, die Formen des Mitgefühls und der Liebe in ihrer Mannigfaltigkeit zu ordnen und gegeneinander abzugrenzen[4]. Eine solche Arbeit ist auch für die Psychoanalyse bedeutungsvoll, sie sieht da eine Fülle seelischer Qualitäten phänomenologisch sauber vor sich ausgebreitet, welche mit ihrer Arbeitsweise restlos zu ordnen heute noch keineswegs möglich ist, aus welcher sich aber vielfache Anregungen zu auch im engeren Sinne psychoanalytisch wesentlichen Fragestellungen ergeben. Eine ganz andere Stellung muß aber die Psychoanalyse zu Schelers Versuch einnehmen, eine Erklärung, ja eine Theorie der Tatsachen des Liebes- und Geschlechtslebens zu geben. Gerade diese Seite des Schelerschen Werkes wollen wir kurz streifen, weil sie einiges Licht auf die Frage zu werfen verspricht, welche Stellung den seelischen Qualitäten in einer naturwissenschaftlichen Theorie des Psychischen allein zukommen darf.

Für Scheler sind Nachfühlen und Mitgefühl Urphänomene, Erscheinungen also, welche nicht psychogenetisch aus einfacheren Tatsachen ableitbar sind. Der Versuch einer Widerlegung der genetischen Theorien erfolgt nun auf die Weise, daß die Nichtübereinstimmung der Inhalte ihrer Begriffe — welche doch, wenigstens soweit diese Theorien konsequent verfahren, zur Erklärung der seelischen Gegebenheiten gebildet wurden! — mit dem phänomenologischen Tatbestand nachgewiesen wird. So muß eine genetische Theorie des Mitgefühls, welche etwa den Mechanismus der Identifikation ihrer Erklärung zugrunde legen wollte, von Scheler schon aus dem Grunde abgelehnt werden, weil es nicht möglich ist, in dem phänomenologischen Tatbestand eine Einsfühlung mit dem Individuum, welchem das Mitgefühl gilt, aufzuweisen. Es ist nach unseren früheren Überlegungen einleuchtend, daß eine solche Beweisführung auf dem Boden einer naturwissenschaftlichen Betrachtungsweise des Seelischen, also auch auf dem der Psychoanalyse, nicht bindend sein kann. Der psychoanalytische Begriff der Identifikation meint eine bestimmte energetische und dynamische Beziehung zwischen Ich oder Über-Ich einerseits, Objekt anderseits, nicht aber das Erlebnis der Einsfühlung, welches jener Beziehung zwar den Namen gegeben hat, mit ihr aber in einer keineswegs durchsichtigen Weise verbunden ist.

Derselbe Einwand trifft auch jene Argumente, welche Scheler dem Versuche entgegenhält, die Phänomene der geistigen und der seelischen

---

[4] Wesen und Formen der Sympathie, in: Die Sinngesetze des emotionalen Lebens, Bonn 1923.

Liebe aus der Geschlechtsliebe »abzuleiten« oder »verständlich zu machen«. Wäre es wirklich Absicht der analytischen Sexualtheorie, das Erlebnis der »heiligen« Liebe aus Wollustempfindungen herzuleiten, so wäre dieser Versuch — darin stimmen wir Scheler vollkommen zu — allerdings von Grund auf verfehlt. Freud hat aber tatsächlich einen solchen Versuch niemals gemacht, der durchaus jenseits der Grenzen analytischer Fragestellung läge.

Die Welt der Qualitäten ist für die Psychoanalyse Voraussetzung, sie leitet die Arten des Erlebens nicht auseinander ab, sondern stellt ihr Auftreten im Laufe der Entwicklung und ihre gesetzmäßigen Beziehungen zu dynamisch-energetisch charakterisierten seelischen Zuständen fest. Auch von einer Ableitung der Qualitäten aus diesen naturwissenschaftlichen Begriffen psychischer Situationen kann natürlich keine Rede sein. Der Begriff der Libido aber, welchen die Psychoanalyse der Erklärung auch jener Tatbestände zugrunde legt, welche Scheler als die »heilige« und die »seelische« Liebe bezeichnet, trägt sein Begriffszeichen zwar von jener charakteristischen Erscheinungsweise, welche durch die Qualitäten der Wollustempfindungen gekennzeichnet ist, diese Wollustempfindungen und überhaupt die Qualitäten, welche wir als sexuelles Erleben im engeren Sinne bezeichnen, gehören aber nicht zu den wesentlichen Merkmalen des analytischen erklärenden Libidobegriffs. Die Psychoanalyse vermeidet konsequent den Fehler vieler psychologischer Richtungen, die phänomenologisch besonders einprägsamen Erlebnisse auch für die kausal-dynamisch wesentlichen zu halten. Aus dem Verkennen des naturwissenschaftlichen Charakters der psychoanalytischen Lehren und der Tatsache, daß Begriffe, welche als Regel- oder Gesetzesbegriffe gebildet sind, also solche von vermeintlichen phänomenologischen Tatbeständen mißverstanden werden, ergibt sich dann auch jene Rede von der »Primitivität« psychoanalytischer Psychologie, wie wir sie jüngst erst wieder von Spranger[5] vernommen haben. Demgegenüber kann die Psychoanalyse mit Recht darauf verweisen, daß eine naturwissenschaftliche Theorie des Seelischen nicht die Aufgabe haben kann, seelische Zustände in ihrer Anschaulichkeit abzubilden.

Die Psychoanalyse ist — soweit komplexe seelische Tatbestände in Frage stehen — auf jenem Wege in der Tat ein erster Schritt. Der Bestand an erklärenden Begriffen, über welchen sie verfügt, ist zum Teil

[5] Psychologie des Jugendalters, Leipzig 1924, S. 130.

noch nicht scharf definiert und im Wandel begriffen, ihre empirische Basis vielfacher Ergänzung bedürftig, aber auch fähig. So ist es selbstverständlich, daß sie heute keineswegs imstande ist, in dem angegebenen Sinne die ganze Fülle seelischer Qualitäten zu ordnen.

Die Persönlichkeitsstruktur eines Erwachsenen ist eine andere als die eines Kindes, die eines Europäers eine andere als die eines Australnegers. Neurose und Psychose endlich verändern sie in charakteristischer Weise. Verschiedene Persönlichkeitsstrukturen aber — natürlich auch diejenigen, welche wir als individuelle Differenzen kennen — bringen verschiedene Qualitäten zur Erscheinung. Sowohl in der Ontogenese als in der Phylogenese findet daher ein Neuauftreten von Qualitäten statt. Die Analogie chemischer Theorienbildung, welcher wir früher teilweise folgen konnten, muß demgegenüber versagen; ein prinzipielles Hindernis für eine naturwissenschaftliche Betrachtungsweise des Psychischen kann aber darin nicht gesehen werden. Im Gegenteil: die analytische Lehre, welche eindringlich die Abhängigkeitsbeziehungen bestimmter Strukturen des Ich und des Über-Ich zu Bewußtsein, Wahrnehmung und Realitätserfassung betont, läßt das Neuauftreten der Qualitäten als keine grundsätzlich neue Schwierigkeit der Theorienbildung erkennen. Über das Werterleben wird später zu sprechen sein.

An dieser Stelle sei einem Einwand Raum gegeben, welcher gegen unsere Ausführungen und damit gegen die logischen Grundlagen der Psychoanalyse erhoben werden kann und einige Überlegung verdient. Wir haben mehrfach die Methoden jener Naturwissenschaften, deren Gegenstand Tatsachen der Körperwelt bilden, zum Vergleich mit der Arbeitsweise der Psychoanalyse herangezogen. Ja wir haben sogar als selbstverständlich vorausgesetzt, daß die allgemeinsten Gesichtspunkte der Theorienbildungen hier wie dort die gleichen sein könnten. Das heißt, wir haben die Annahme gemacht, daß eine naturwissenschaftliche Betrachtung des Seelischen möglich, und daß das Verhältnis der generalisierenden Begriffe zu den Qualitäten auf dem Gebiete der Psychologie von jenem, welches uns die Naturwissenschaften von der Körperwelt zeigen, nicht grundsätzlich verschieden sei. Diese Voraussetzung kann bestritten werden.

Wir müssen also versuchen, uns über die wissenschaftstheoretische Bedeutung, welche dem Unterschied von physisch und psychisch zukommt, wenigstens im Umriß klar zu werden. Wir fragen also: welche Folgen ergeben sich aus der Sonderart des seelischen Materials für seine wissenschaftliche Bearbeitung? Daß die Methoden einer Wissenschaft von ihrem Gegenstand weitgehend abhängig sind, werden wir erwarten; gilt das aber auch von den allgemeinsten Grundsätzen ihrer Arbeitsweise? Diese Frage wird tatsächlich, soweit die Gegensätze des Seelischen und des Körperlichen in Betracht kommen, von vielen Philosophen und Psychologen bejaht, und zwar stützen sie sich dabei häufig — wir greifen nur den wichtigsten Einwand heraus — auf die Lehre, daß die Gegebenheitsweise des Physischen und des Psychischen fundamental verschieden sei, denn allein das Seelische sei uns unmittelbar gegeben, die Körperwelt aber nur mittelbar, als Erscheinung, durch Vermittlung des Seelischen. Alle Wirklichkeit sei Bewußtseinsinhalt, Bewußtseinsvorgänge aber seien eben seelische Vorgänge. In der Ablehnung dieser Lehre schließen wir uns der Kritik von Rickert[6] an, welcher überzeugend dargetan hat, daß jener Standpunkt auf einer Verwechslung des erkenntnistheoretischen Subjekts mit dem psychologischen beruht. Auf diese Kritik sei nachdrücklich verwiesen, denn sie öffnet uns erst den methodologischen Weg zu einer Naturwissenschaft des Seelischen und wir können uns Rickert in dieser Richtung vollständig anschließen. Er zeigt, daß »der Satz, die Psychologie habe es mit »Subjekten«, die Naturwissenschaft dagegen mit »Objekten« zu tun, soweit er richtig ist, für die logische Struktur der Begriffsbildung noch nichts bedeutet«[7]. Auch die Psychologie muß alles zum Objekt machen, was sie untersuchen soll, die objektivierte Welt des Psychischen kann aber »ebenso wie die objektivierte Welt des Physischen in ihrer Gesamtheit untersucht und zum mindesten einer generalisierenden »Beschreibung« nach Art der Naturwissenschaften, eventuell auch einer naturwissenschaftlichen »Erklärung« unterzogen werden, die für alle psychischen Realitäten gilt, also generalisierend verfahren muß«[8]. Die naturwissenschaftliche Begriffsbildung ist aber für die Psychologie nicht nur möglich, sondern auch unentbehrlich, »sobald eine Erkenntnis des ganzen Seelenlebens in allen seinen unübersehbar mannigfaltigen Teilen angestrebt wird«[9].

Es kann danach die logische Berechtigung einer naturwissenschaftlichen Psychologie nicht mehr bezweifelt werden. Die Grundlagen der analytischen Arbeitsweise sind also nach dieser Richtung gesichert. Es

---

6 Die Grenzen der naturwissenschaftlichen Begriffsbildung, S. 95 ff.

7 a.a.O., S. 112.

8 a.a.O., S. 113.

9 a.a.O., S. 128.

fragt sich nun, was sich aus der Tatsache der Möglichkeit und Notwendigkeit einer naturwissenschaftlichen Betrachtung des Psychischen für das Problem der Qualitäten ergibt.

Das Wesen der naturwissenschaftlichen Begriffsbildung ist ja nach Rickert charakterisiert durch die Tendenz auf das Allgemeine. Durch Generalisieren überwindet sie die »extensive und intensive Mannigfaltigkeit des heterogenen Kontinuums«, als welches uns jede Wirklichkeit gegeben ist. Die rein klassifikatorische Bearbeitung des Materials aber wird die Naturwissenschaft nur als Vorarbeit betrachten und es wird »jede Zusammenfassung von irgendwelchen Elementen zu einem Begriff immer unter der Voraussetzung geschehen, daß die zusammengefaßten Elemente entweder direkt in einem naturgesetzlich notwendigen, das heißt, unbedingt allgemein gültigen Zusammenhang stehen oder in ihrer Zusammenstellung wenigstens Vorstufen zu solchen Begriffen abgeben, in denen ein naturgesetzlich notwendiger Zusammenhang zum Ausdruck kommt« [10]. »Anschauen« oder »erleben« ist keineswegs schon erkennen, das Anschauliche kommt nur als notwendiger Ausgangspunkt der Begriffsbildung in Betracht. Der wissenschaftliche Mensch »verläßt daher die Anschauung, sobald er sie sich so weit ausdrücklich zum Bewußtsein gebracht hat, daß er sich über ihr Verhältnis zum Inhalt seiner Begriffe klar zu werden vermag« [11]. Allerdings spielen in jeder Naturwissenschaft Begriffe von auschaulichen Dingen eine große Rolle; in jedem solchen Begriff aber steckt noch die grundsätzliche Möglichkeit einer weiteren Auflösung.

Die verschiedenen Naturwissenschaften sind von diesem Zustand der Theorienbildung sehr verschieden weit entfernt. Uns kommt es hier nur darauf an, zu zeigen, daß dasselbe logische Ziel für alle gilt. Daraus aber folgt, daß wenn Psychoanalyse Naturwissenschaft vom Seelischen ist, sich für sie notwendig jene Stellung zur Frage der Qualitäten ergibt, welche wir von ihr ausgesagt haben. Daß ihre Begriffe sich von der erlebten Gegebenheit des Seelischen entfernen müssen, hängt also mit ihrem logischen Charakter als Naturwissenschaft zusammen. Denn »eine unmittelbare und anschauliche Erkenntnisweise (ist) in der Psychologie ebensowenig ausführbar ... wie in der Körperwissenschaft« (Rikkert [12]). Das Erkannte kann die volle Unmittelbarkeit des Erlebten nie-

---

[10] a.a.O., S. 145.
[11] a.a.O., S. 32.
[12] a.a.O., S. 117.

mals bewahren. Daß dieser Satz für das Gebiet des Seelischen nicht gelte, ist die große Täuschung, der so viele Psychologen unterlegen sind. Die methodische Einsicht Münsterbergs[13]: »Der psychologische Wille, der noch will, ist nicht besser als das physikalische Atom, das noch duftet und leuchtet« gilt für jede generalisierende Psychologie; nicht im gleichen Maße freilich für jede mögliche Psychologie überhaupt.

Es kann sich in dieser Hinsicht zwischen den verschiedenen Richtungen der naturwissenschaftlichen Psychologie nur um graduelle Unterschiede handeln, um den Grad der Allgemeinheit der gebildeten Begriffe und — im Zusammenhang damit — um das Maß, in welchem die Qualitäten aus diesen Begriffen ausgeschaltet sind. Manche Begriffe der experimentellen Psychologie, wie etwa der Begriff der determinierenden Tendenz, sind logisch mit den Begriffen der Psychoanalyse völlig in eine Reihe zu stellen. Wenn sich aber gegen diese alle Einwände, welche der naturwissenschaftlichen Psychologie überhaupt gelten, mit besonderer Schärfe erhoben haben, so erklärt sich das — unter anderem — daraus, daß sie, ungleich der experimentellen Psychologie, in deren Arbeitsfeld nur die peripheren Tatsachen des Seelenlebens liegen, gerade den Kern der Persönlichkeit naturwissenschaftlich zu fassen sucht, jenes Gebiet also, das man nicht nur am unmittelbarsten anschaulich zu erleben, sondern gemeinhin auch unmittelbar zu erkennen glaubt. Es sind neben den wissenschaftlichen auch rein gefühlsmäßige Gründe, welche sich gegen eine derartige Darstellung zentraler Persönlichkeitsprobleme auflehnen.

Selbstverständlich entfernen sich die Begriffe der Psychoanalyse nicht alle in gleichem Ausmaße von den Erlebnisqualitäten. Wie weit im einzelnen deren Reduktion gehen muß, bestimmt sich nach Teilzielen der Forschung. Bei der Bearbeitung gewisser Fragen, wie etwa um ein Beispiel zu nennen, der Erklärung einer Fehlleistung, ist ein Zurückgehen auf eine allgemeinste Theorie des Seelischen nicht erforderlich. Steht dagegen das Verhältnis der Ich-Triebe zu den Sexualtrieben oder die Triebbedingtheit »höherer« seelischer Vorgänge in Frage, so ist zu ihrer Bewältigung die Notwendigkeit der Bildung allgemeiner Begriffe gegeben, welche von der Anschaulichkeit des Psychischen nur wenig in sich aufgenommen haben.

Als naturwissenschaftliche Psychologie hat man oft nur jene bezeich-

---

[13] Grundzüge der Psychologie, Leipzig 1910, S. 332.

nen wollen, welche versucht, die Abhängigkeit seelischer Vorgänge von gehirnphysiologischen festzustellen und die Gesetzmäßigkeiten, welche diese beherrschen, auf jene zu übertragen. Eine solche Einschränkung ist irreführend. Denn wie wir gesehen haben, ist eine generalisierende Erfassung des Seelenlebens möglich und um nichts weniger »naturwissenschaftlich« als eine solche der Körperwelt. Manche Richtungen der Psychologie versuchen wieder, zu einer Theorie des Seelischen vorzudringen, ohne dabei die Grenzen des bewußten Psychischen zu überschreiten. Man kann auch auf diesem Wege zu Regeln gelangen, verschließt sich aber damit den Weg zu solchen von allgemeiner Geltung. Als Beispiel einer nichtanalytischen naturwissenschaftlichen Theorie im eigentlichen Sinne kann dagegen etwa der Versuch verzeichnet werden, alle seelischen Zustände und Veränderungen aus Empfindungen und ihren Gesetzen abzuleiten, oder überhaupt die Theorien der Assoziationspsychologen. Über die Richtigkeit dieser Annahmen soll damit natürlich nichts ausgesagt werden!

Wenn wir feststellen konnten, daß die allgemeinsten Prinzipien der Begriffsbildung und das logische Ziel der naturwissenschaftlichen Psychologie und den generalisierenden Naturwissenschaften von der Körperwelt gemeinsam sind, so muß gleich hinzugefügt werden, daß diese Gemeinsamkeit sich eben nur auf diese allgemeinsten Grundsätze erstreckt. Eine schematische Übertragung etwa der physikalischen — aber auch der biologischen! — Theorienbildung auf seelisches Gebiet müßte unfruchtbar bleiben und wird von der Psychoanalyse keineswegs angestrebt. Ihre Lehre ist nicht durch jene viel zu weitgehende Anlehnung an chemische oder physikalische Analogien belastet, die einen Fehler der älteren assoziationspsychologischen Lehren gebildet hat. Nicht nur die Materialsammlung, sondern auch ihre begriffliche Verarbeitung werden im einzelnen durchaus von dem Gegenstand der Forschung bestimmt. Die Art, in welcher uns die Gegenstände gegeben sind, hat auch Einfluß auf die Struktur der Theorien. Die Psychoanalyse ist also nicht, wie gelegentlich angenommen wurde, eine mechanistische Theorie des Seelischen; naturwissenschaftlich und mechanistisch sollte nicht immer gleichgesetzt werden! Ja man kann sogar sagen, daß die Analyse in gewisser Beziehung als Reaktion gegen die allzu »mechanistischen« Anschauungen der älteren Psychologie entstanden ist.

Eine Schwierigkeit, welche sich jeder psychologischen Theorie entgegenstellt, ist in der Frage nach der Quantifizierbarkeit des Seelischen beschlossen. Wir sprechen im Alltagsleben davon, daß uns dies Ereignis mehr gefreut habe als jenes, wir sprechen von schwächeren und stärkeren Leidenschaften usw. Ebenso kennt die Psychoanalyse Libidoquanten, Affektgrößen, sie verfolgt das Schicksal bestimmter Mengen von Besetzungsenergie, Begriffe von schwächeren oder stärkeren Verdrängungen und Widerständen sind der analytischen Dynamik geläufig. Es fragt sich nun, inwieweit eine solche quantifizierende Begriffsbildung sich rechtfertigen läßt. Bei den Empfindungen kann man zwar ein »mehr« oder »weniger« unterscheiden, nicht aber ein »wie vielfach«. Die meisten Psychologen dürften sich darüber einig sein, daß man die Erlebnisse selbst nicht in ihrer Intensität messend erfassen kann. Was bei solchen Versuchen gemessen wird, sind häufig nichts anderes als körperliche Erscheinungen. Trotzdem hat es einen guten Sinn, auch auf seelischem Gebiet von einer »stärker« oder »schwächer« zu reden und eine Ordnung psychischer Gebilde nach ihrer Intensität ist wohl möglich. So kann man etwa, nach einer Methode von Ach, das assoziative Äquivalent determinierender Tendenzen bestimmen, das heißt, man bestimmt jene Stärke der Reproduktionstendenzen, welche durch eine determinierende Tendenz gerade noch überwunden wird und gewinnt dadurch, da jene abstufbar sind, einen Maßstab für diese.

Nun sind Reproduktionstendenzen und ebenso auch determinierende Tendenzen Begriffe der erklärenden Psychologie. Was wir messen, ist also nicht etwa die Intensität von Erlebnissen. Genau im Sinne dieses Beispiels sind auch Aussagen zu verstehen, welche die Psychoanalyse über quantitative Beziehungen macht. Aus der Verdrängung einer bestimmten Triebregung, aus der Überwindung eines bestimmten Widerstandes, aus dem Umfang reaktiver Veränderungen gewinnen wir ein Maß für die Dynamik seelischer Vorgänge. Überdies kommt für die energetische Beurteilung der Zeitfaktor in Frage. So ist die überraschende Dauer der Nachwirkung verdrängter Triebregungen für die analytische Lehre von der Verteilungsweise psychischer Energiemengen, also für eine quantifizierende Betrachtung, von grundlegender Bedeutung geworden.

Wir sehen, daß Begriffe von Quantitäten für die Psychoanalyse unentbehrlich sind; da aber in keinem Falle von exakter Messung gesprochen werden darf, kann der quantitative Faktor für die Theorienbildung nicht jene Bedeutung erlangen, die ihm in den Naturwissenschaften von der Körperwelt zukommt, welche die begriffliche Überwindung der Qualitäten ja in letzter Linie durch ihre »Reduktion« auf quantitative Beziehungen erreichen, deren Nachweis erst durch die raumerfüllenden Eigenschaften der Körperwelt ermöglicht wird. Dieser Weg ist jeder psychologischen Wissenschaft grundsätzlich verschlossen. Meßbar sind jedoch auch in der Psychologie quantitative zeitliche Unterschiede. Wieweit es prinzipiell möglich ist, auf Unterschiede der Dauer und des Rhythmus eine allgemeine Theorie des Seelischen zu begründen, kann an dieser Stelle nicht untersucht werden; daß aber ein solcher Versuch nicht logisch widersinnig wäre, hat Rickert[14] mit Recht betont.

Wenn wir festgestellt haben, daß in der Welt des Seelischen Intensitäten als solche nicht gemessen werden können, so soll damit nicht gesagt sein, daß auf diesem Gebiet exakte quantitative Beziehungen nicht bestünden; es bedeutet nur, daß uns hier quantitativ faßbare Gesetzmäßigkeiten nicht erkennbar sind.

Eine zweite Erschwerung der Theorienbildung, welche nicht alle Teildisziplinen der Psychologie in gleicher Weise betrifft, sondern vornehmlich solche, welche wie die Psychoanalyse hochzusammengesetzte seelische Vorgänge untersuchen, hat ihren Grund darin, daß es hier nur in geringem Umfange möglich ist, hinreichend ähnliche psychische Situationen willkürlich herzustellen. Dies ist die Voraussetzung des »künstlichen Experimentierens«. Daher ist die Psychoanalyse im wesentlichen auf andere induktive Beweismethoden angewiesen. Die relative Unvollständigkeit ihrer Induktionen ist nicht Resultat etwaiger Mängel ihrer Methode, diese Schwierigkeit betrifft vielmehr notwendig jede Psychologie des höheren Seelenlebens, die über das experimentell Erweisbare hinausgreift. Die Wissenschaft kann aber nicht an den wichtigsten Vorgängen im Seelenleben vorübergehen, nur deswegen, weil sie experimentell heute nicht faßbar sind.

Einzelne Teilprobleme der Psychoanalyse sind jedoch auch dem Experiment zugänglich. Die Lehre von der Symbolik kann, wie wir noch hören werden, als experimentell erwiesen gelten und bei einzelnen anderen Fragestellungen kann das experimentelle Verfahren grundsätzlich Anwendung finden. Dem Experiment verwandt ist auch die Beobachtung der Reaktionen auf das Eintreffen oder Ausbleiben gewisser typischer, sich wiederholender Erlebnisse, noch mehr aber die Feststellung jener Veränderungen, welche durch eine willkürliche Einflußnahme des Analytikers auf das Erleben des Analysierten in einer bestimmten Richtung und in einem bestimmten Zeitpunkt herbeige-

---

14 a.a.O., S. 125.

führt werden; wenn er etwa Aufklärungen gibt oder vorenthält, wenn er die Bildung der Übertragung fördert oder hemmt und sich überhaupt aller jener vielfältigen Möglichkeiten des Eingreifens bedient, welche ihm durch die analytische Situation gegeben sind. Man wird einwenden, daß derartige »Experimente« doch schon gewisse Annahmen voraussetzen. Demgegenüber ist zu sagen, daß ein Experimentieren ohne Voraussetzungen unmöglich ist; allerdings kann man experimentieren, ohne sich von ihnen Rechenschaft zu geben und darin könnte vielleicht eine Gefahr für die Forschung erblickt werden, nicht aber in der Bildung von Annahmen, welche man bewußt dem Experiment zugrunde legt (siehe dazu Poincaré[15]).

Die Psychoanalyse sieht nicht, wie es sonst die naturwissenschaftliche Psychologie tut, vom inhaltlichen Moment des Seelischen ab und beschränkt sich nicht auf die Untersuchung der formalen Merkmale des psychischen Ablaufs. Sie untersucht die Richtung bestimmter Triebe auf bestimmte Gegenstände und ihre Entwicklung mit Rücksicht auf ihre Bindung an bestimmte Objekte. Damit ist ihr Charakter als naturwissenschaftliche Psychologie nicht eingeschränkt, vielmehr ist eine generalisierende Psychologie, welche auch die Inhaltlichkeit des Seelischen berücksichtigt, durchaus möglich.

Ein weiteres Merkmal der psychoanalytischen Methode ist darin gegeben, daß ihr Verfahren vielfach ein genetisches ist. Sie ist Entwicklungspsychologie in dem Sinne, daß sie die seelische Ontogenese — unter möglichster Ausschaltung wertbezogener Entwicklungsbegriffe — zum Gegenstand kausalpsychologischer Forschung macht. Die psychoanalytische Klassifikation der seelischen Gebilde erfolgt daher nicht rein deskriptiv, sondern vielfach genetisch. Das heißt: psychische Vorgänge, welche in der Entwicklungsgeschichte des Individuums auf einen gemeinsamen Ursprung zurückzuführen sind, werden als verwandt angesehen. Auch hier stützt sich die Klassifikation auf die Voraussetzung einer gesetzmäßigen Zusammengehörigkeit. Diese Voraussetzung findet eine Unterlage in den Regeln seelischer Entwicklung, welche die analytische Entwicklungspsychologie aufgestellt hat.

Die eben gekennzeichnete genetische Klassifikation rückt die analytische Methode in die Nähe gewisser biologischer, bei welchen auch das Kriterium für die Verwandtschaft der Arten in der gemeinsamen Ent-

---

[15] Wissenschaft und Hypothese, Leipzig 1914.

stehungsgeschichte gesehen wird; äußerlich vollkommen verschiedene Gebilde können sich hier wie dort kausal-genetisch betrachtet als Einheit herausstellen. Die Psychoanalyse untersucht ja ganz allgemein das Seelenleben nach der Richtung seiner biologischen Funktionen und ihr Personsbegriff ist ähnlich aufgebaut wie der biologische Begriff des Organismus. Zweckmäßigkeit und Einheit sind nicht auf die psychische Person beschränkt — sie leuchten uns überall aus der Welt des Lebenden entgegen.

Das Ausgangsmaterial der analytischen Untersuchung sind *individuelle* Seelenzustände *einzelner* Menschen. Wir haben aber immer wieder darauf aufmerksam gemacht, daß sie zunächst gar nicht darauf gerichtet ist, dasjenige unmittelbar zu erfassen, was bei diesem bestimmten Menschen in diesem bestimmten Zeitpunkt vorgeht, vielmehr allgemeine Gesetze aufzustellen, welche über die einzelnen Menschen, an denen sie gefunden wurden, hinausgreifend, für jedes beliebige menschliche Individuum Geltung beanspruchen dürfen.

Nun muß man sich darüber klar sein, daß auch die vollständigste Kenntnis der Naturgesetzlichkeit allein uns über keinen einzigen bestimmten Zustand etwas aussagen ließe. Zu einer solchen Aussage wäre als weitere Voraussetzung die erschöpfende Kenntnis der Tatsächlichkeiten des vorhergegangenen »Weltzustandes« notwendig (und nicht nur die Kenntnis eines seelischen Querschnitts, da, wie wir noch hören werden, die psychische Kausalität nicht als geschlossen angesehen werden darf). Jede Gesetzlichkeit gilt ja für ein Gegebenes, das selbst nicht aus ihr abgeleitet werden kann, da ihr Wesen gerade darin liegt, daß allgemein und unabhängig von einem bestimmten Zeitmoment bestimmte Voraussetzungen bestimmte Folgezustände herbeiführen müssen. Oder, mit Worten Windelbands[16]: »Die Gesamtheit des in der Zeit Gegebenen erscheint in unableitbarer Selbständigkeit neben der allgemeinen Gesetzmäßigkeit, nach der es sich doch vollzieht.« Hier liegt eine Grenze des Erkennens durch Naturgesetze, welche keine Gesetzeswissenschaft überschreiten kann.

Wir fragen weiter, ob und wieweit es möglich ist, den Abstand, welchen die generalisierende Begriffsbildung — nach Rickert — zwischen anschaulicher Gegebenheit und naturwissenschaftlichem Begriffssystem gebildet hat, zu überbrücken und von diesem zu seinem konkreten, individuellen Ausgangspunkt zurückzukehren. Wir stellen also die Frage

---

[16] »Geschichte und Naturwissenschaft« in: Präludien II, Tübingen 1921.

nach der Möglichkeit einer naturwissenschaftlichen Erkenntnis der Individualität. Die Antwort auf diese Frage ist, abgesehen von der Bedeutsamkeit des Problems für die Methodenlehre der Naturwissenschaft überhaupt, deswegen für uns von besonderem Interesse, weil ja auf psychologischem Gebiet, mehr als auf jedem anderen naturwissenschaftlichen, dem Unterscheidenden der untersuchten Gegenstände Bedeutung zugemessen wird.

Man muß Rickert zustimmen, wenn er lehrt, die Naturwissenschaft könne »niemals alle Eigentümlichkeiten der untersuchten Objekte begrifflich darstellen, weil deren Menge in jedem heterogenen Kontinuum unerschöpflich ist«. Auf der anderen Seite kann es ja keinem Zweifel unterliegen, daß Merkmale, welche einen Gegenstand von dem anderen unterscheiden, als Schnittpunkte von Gesetzlichkeiten begreifbar sein können. Wir müssen also sagen: es bleibt bei der naturgesetzlichen Erkenntnis des Individuellen wegen der unendlichen Mannigfaltigkeit der Eigenschaften *jedes* Objekts grundsätzlich immer ein ungelöster Rest. Dieser Rest aber wird, und das ist für uns das wesentliche, in dem Maße kleiner, in welchem der Naturwissenschaft die Durchdringung ihres Gegenstandes mit Gesetzen gelingt. Der fortschreitenden Erfassung des Individuellen in diesem Sinne mit Hilfe naturwissenschaftlicher Betrachtungsweise ist keine Grenze gezogen. Das heißt: der Grad der Unauflöslichkeit des individuellen Faktors ist abhängig von dem Entwicklungszustand der Wissenschaft.

Der Satz von Rickert, »daß jeder wirkliche Ton wie jeder wirkliche Mensch nur einmal existiert, daß jede einzelne wirkliche Sinnesqualität sich von allen anderen unterscheidet«, ist grundsätzlich richtig. Aber ebenso richtig ist es, daß es gelingen kann, auf Grund von physikalischen Erwägungen einen Ton zu erzeugen, dessen qualitative Merkmale bis zu einem gewissen Grad berechenbar sind. Daß die Qualitäten niemals aus naturwissenschaftlichen Begriffen abgeleitet werden können, haben wir ja immer wieder betont, aber ihre Zuordnung zu bestimmten gesetzmäßig faßbaren Zuständen ermöglicht es, auch sie bis zu einem gewissen Grade vorauszusehen. Daraus ergibt sich die Möglichkeit, eine qualitative Welt auf Grund der Kenntnis der Naturgesetzlichkeit und der Zuordnung ihrer Schnittpunkte zu den Qualitäten zu rekonstruieren, und der Mannigfaltigkeitsgrad einer solchen Rekonstruktion findet grundsätzlich nirgends eine Grenze — es sei denn in der qualitativen Individualität im strengen Sinne, das heißt in der unerschöpflichen qualitativen Mannigfaltigkeit jedes Wirklichen.

Wenn wir den Satz aufstellen, die Erkenntnis des Individuums sei der Psychoanalyse nicht prinzipiell unzugänglich, so kann also damit nur die Möglichkeit gemeint sein, das »relativ« Individuelle als Schnittpunkt von Gesetzlichkeiten zu begreifen, und wir müssen zugeben, daß wir hier vor einer unendlichen Aufgabe stehen. Ein anderes aber ist es, die Merkmale mit Hilfe der psychoanalytischen Methode zu fassen, durch welche sich bestimmte Individuen tatsächlich voneinander unterscheiden, nicht also die unendliche qualitative Mannigfaltigkeit, durch welche sich jedes Individuum grundsätzlich von jedem anderen unterscheiden muß. Tatsächliche Unterschiede zweier Menschen oder zweier Seelenzustände sind also als Schnittpunkte von psychologischen Gesetzen zu erfassen, und in diesem Sinne darf sich auch die Psychoanalyse zutrauen, zur Erkenntnis des Individuums beizutragen.

Die Psychoanalyse ist kein geschlossenes System. Ihre Lehren sind heute noch in lebendiger Wandlung begriffen, »sie tastet sich an der Erfahrung weiter, ist immer unfertig, immer bereit, ihre Lehren zurechtzurücken oder abzuändern« (Freud[17]). Doch ist sie dem logischen Ideal einer Naturwissenschaft vom komplexen Seelenleben näher gekommen als andere psychologische Richtungen. Auf ihrem Wege wurden wiederholt Annahmen fallen gelassen, wenn es schien, daß sie durch die Erfahrung nicht bestätigt wurden. So ging es mit der ursprünglichen Auffassung von der Ätiologie des Psychoneurosen. Andere Teile der analytischen Theorie, z. B. die Lehre von der Verdrängung, vom Widerstand, von der infantilen Sexualität, von der Symbolik und andere mehr sind durch die Erfahrung in immer weiterem Umfange gestützt worden und stehen heute, was die Sicherheit ihrer Begründung anlangt, keinem Teile psychologischer Theorie nach.

Die Psychoanalyse ist, wie wir schon gesagt haben und noch ausführlicher hören werden, eine biologisch orientierte Richtung der Psychologie. Ja sie betrachtet sich selbst als einen Zweig biologischer Forschung; darunter darf nicht verstanden werden, daß sie den Gegenstand der Psychologie in der Richtung auf das organisch Biologische überschreitet; sie faßt vielmehr das Psychische als biologisch wirkendes Agens auf. Es wäre widersinnig, zu erwarten, daß sie, in Hinsicht auf die Geltung ihrer Gesetze, die physikalisch-chemischen Wissenschaften erreichen könnte. Dem Vorwurf, welcher oft gegen die Psychoanalyse

---

17 Handwörterbuch der Sexualwissenschaften, hrsg. v. Marcuse, Bonn 1923, Artikel: »Psychoanalyse«.

erhoben wurde, daß sie zu rasch verallgemeinere, ist zunächst entgegenzuhalten: die induktive Basis der psychoanalytischen Lehren ist eine viel breitere, als man, ohne sich selbst der analytischen Methode bedient zu haben, annehmen kann. Und Aufgabe der wissenschaftlichen Theorie ist ja nicht nur das Bekannte zusammenzufassen, sondern auch zu neuen Fragestellungen anzuregen. Diese neuen Fragestellungen lassen dann auch das schon Gefundene in andere Zusammenhänge einordnen.

Was Rickert [18] von der Psychologie überhaupt gesagt hat, gilt von der Psychoanalyse, welche gerade die am schwersten zugänglichen Gebiete des Seelenlebens zum Gegenstand ihrer Forschungsarbeit gemacht hat, in erhöhtem Maße: »Bei einer so jungen Wissenschaft ist die ›Vorsicht‹ vielleicht nicht immer die Mutter der Weisheit, die zu wertvollen Hypothesen führt«. Die Naturwissenschaft darf nicht nur, sie muß Hypothesen bilden, und man schätzt die Rolle der Hypothesen falsch ein, wenn man verlangt, die Wissenschaft solle im strengen Sinne voraussetzungslos verfahren. Jener Vorwurf der vorschnellen Verallgemeinerung ist aber, wie Poincaré richtig gesehen hat, noch gegen jedes Stadium wissenschaftlicher Entwicklung erhoben worden, man hat also kein Recht, aus diesem Vorwurf etwas gegen die Fruchtbarkeit solcher Verallgemeinerungen abzuleiten. Auch die exaktesten Wissenschaften greifen ja über das unmittelbar Gegebene durch Analogieschlüsse und Konstruktionen hinaus, denn »der Gelehrte soll anordnen; man stellt die Wissenschaft aus Tatsachen her, wie man ein Haus aus Steinen baut; aber eine Anhäufung von Tatsachen ist so wenig eine Wissenschaft, wie ein Steinhaufen ein Haus ist« (Poincaré [19]).

---

[18] a.a.O., S. 124.
[19] Wissenschaft und Hypothese, Leipzig 3. A. 1914, S. 143.

II

PSYCHOANALYSE UND GEISTESWISSENSCHAFTEN

Es ist verständlich, daß die analytische Methode, als ein neuer Weg, sich bisher unzugänglicher Tiefen des Seelenlebens wissenschaftlich zu bemächtigen, zu dem Versuche führen mußte, ihre Tragweite auch auf geisteswissenschaftlichem Gebiete zu erproben. Nachdem wir uns über ihre allgemeinen logischen Grundlagen Klarheit verschafft haben, legen wir uns also, um von Umfang und Bedeutung dieser Wissenschaft den richtigen Begriff zu bekommen, die Frage vor, welche Stellung sie denn im Ganzen der Wissenschaft einnimmt oder einnehmen könnte, oder, enger gefaßt, ob und wie weit wir berechtigt sind, von ihrer Anwendung auf dem Gebiete der Geisteswissenschaften eine Bereicherung dieser Disziplinen zu erwarten. Der Name »Geisteswissenschaft« wird hier als der gebräuchlichste beibehalten, obwohl mir manche der bekannten Einwände Rickerts gegen eine solche Bezeichnung beachtenswert scheinen; es soll also mit dieser nomenklatorischen Entscheidung weder für noch gegen eines jener Einteilungsprinzipien, welche man einer Abgrenzung der Wissenschaften gegeneinander zugrunde legen kann, Stellung genommen werden. Denn die Einteilung der Wissenschaften nach Gegenstand und Methode geht uns hier nicht unmittelbar an. Aber die Frage ist für uns von Interesse, in welche Beziehung zu anderen Wissenschaften die Psychoanalyse durch Gegenstand und Methode hineingestellt ist, ob diese Beziehungen nur gelegentliche sind, oder ob dieser neuen Wissenschaft etwa notwendig eine wesentliche Bedeutung als Hilfswissenschaft anderer Disziplinen zukommt, die Frage also, wie weit ihre Lage im Ganzen der Wissenschaft eine »topologisch zentrale« sein kann, in dem Sinne, wie es Jaensch[1] im heutigen Stadium gesamtwissenschaftlicher Entwicklung für die Psychologie überhaupt in Anspruch genommen hat.

Wir müssen zunächst versuchen, einen kurzen Überblick darüber zu gewinnen, welche Rolle die generalisierende Psychologie im allgemeinen

[1] Einige allgemeine Fragen der Psychologie und Biologie des Denkens, Leipzig 1920.

auf geisteswissenschaftlichem Gebiete spielen kann. Die Gesichtspunkte, welche sich uns dabei ergeben, dürfen dann in ihrer weitesten Fassung auch für die Psychoanalyse Geltung beanspruchen, weil, wie wir gesehen haben, die letzten logischen Ziele der Psychoanalyse die gleichen sind wie die jeder naturwissenschaftlich verfahrenden Psychologie. Psychoanalyse und experimentelle Psychologie können sich auf breitestem Gebiet ergänzen, ihre Ergebnisse mögen sich auch da und dort widersprechen, aber ein Gegensatz in den allgemeinsten Grundlagen ihrer Arbeitsweise besteht nicht.

Die Geschichtswissenschaft — sie mag uns hier die Geisteswissenschaften überhaupt vertreten — hat einmalige Veränderungen in der Zeit zum Gegenstand, welche sich vorwiegend, aber nicht ausschließlich auf seelischem Gebiete abspielen. Das Ganze dieser Entwicklung ist unwiederholbar und kann also generalisierend nicht begriffen werden, es sei denn, man wollte biologische Begriffe, welche am Vergleich tierischer Artentwicklung gewonnen sind, auf sie übertragen. Wieweit eine solche Übertragung möglich ist und fruchtbar sein könnte, haben wir nicht zu entscheiden; jedenfalls würde sie — soviel ist einleuchtend — weit abführen von dem, was wir heute als Geschichtsforschung zu bezeichnen gewöhnt sind, und kann daher hier außer Betracht bleiben. Auf Teilgebiete der historischen Entwicklung kann aber die generalisierende Methode grundsätzlich Anwendung finden. Versuche in dieser Richtung wurden von Historikern vielfach unternommen; und da die Methodenlehre ja nicht vorzuschreiben hat, wie die einzelnen Wissenschaften verfahren *sollen,* vielmehr lediglich festzustellen, wie sie *tatsächlich* verfahren, wird sie auch solche Versuche als historisch anzuerkennen haben. Die Regeln des Geschehens — von Gesetzen im strengen Sinn kann hier nicht die Rede sein — zu welchen die Geschichtswissenschaft auf diesem Wege gelangt, haben wir, insoweit ihre Elemente seelischer Natur sind, als Hypothesen generalisierender Psychologie aufzufassen. Doch arbeiten die Historiker bei Aufstellung dieser Regeln mit vorwissenschaftlichen Begriffen, und ihre Ergebnisse bedürfen einer Bestätigung oder Widerlegung durch wissenschaftlich gereinigte psychologische Erkenntnis. Hier ist also grundsätzlich ein Ansatzpunkt für die Fruchtbarmachung der Begriffe generalisierender Psychologie in der Geschichte gegeben.

Ihr Anwendungsgebiet reicht aber viel weiter. Wir knüpfen hier an dasjenige an, was über die Möglichkeit der Erfassung individueller Gegenstände durch allgemeine Sätze gesagt haben. Wir mußten Rickert darin zustimmen, daß die unübersehbare Mannigfaltigkeit jedes Wirklichen, seine Individualität im strengen Sinne, durch generalisierende Begriffsbildung niemals restlos bewältigt werden kann. Diese unübersehbare Mannigfaltigkeit kann auch in die Begriffe der Geschichte nicht eingehen. Darüber hinaus ist aber, wie wir gesehen haben, das Ganze ihres Gegenstandes individuell als einmalige Entwicklung. »Individuell« ist ferner ihr Material, soweit es sich um Darstellung psychischen Geschehens handelt, in dem Sinne, daß uns vor aller wissenschaftlichen Begriffsbildung die Unterschiede einzelner Menschen wesentlicher scheinen, als die tierischen Exemplare einer Gattung oder lebloser Gegenstände; diese »Individualität« des Materials ist ihr mit der Psychologie gemeinsam. Individuell ist schließlich die Arbeitsweise der Geschichte insofern, als nicht bestritten werden kann, daß ihre Forschungsrichtung mehr als die der Naturwissenschaften der Darstellung des Einmaligen zugewendet ist. Daß einmalige Ereignisse auch für die Naturforschung Interesse haben können, sei darüber nicht vergessen. Den sehr zahlreichen Fällen, in welchen unser Interesse dem Einzelnen als Schnittpunkt von Gesetzmäßigkeiten gilt, also im Grunde ein generalisierendes ist (dahin gehört etwa die erwartete Bestätigung oder Widerlegung physikalischer Theorien durch ein einmaliges astronomisches Ereignis), steht eine allerdings wesentlich kleinere Gruppe von anderen gegenüber, in welchen das Interesse des Naturforschers (des Arztes am ungewöhnlichen Fall, des Psychologen an außerordentlichen seelischen Erscheinungen) unvollständig erfaßt wäre, wenn man es nur als Interesse an der generellen Bedeutung des Einzelfalles auffassen wollte. Doch das sind Ausnahmen; die vorwiegende Richtung des Naturforschers auf das Allgemeine und des Historikers auf das Besondere ist unbezweifelbar. Dies ist zuzugeben, auch wenn man nicht mit Rickert das Wesen der historischen Begriffsbildung in dem wertbeziehend-individualisierenden Verfahren sehen kann. In der Geschichte der römischen Kaiserzeit kann gewiß auch für den Historiker der Vergleich des römischen Imperatorentypus mit anderen Herrschertypen als Brücke zu allgemein psychologischen Erwägungen über die Sonderart des Verhaltens machtbegabter Personen dienen; doch auch in solchen Fällen wird er, weit mehr als der Naturforscher es jemals täte, die Besonderheit des Geschehens zum Gegenstand seiner Darstellung machen.

Die psychologischen Differenzen konkreter, einzelner Menschen sind aber, das haben wir gehört, sehr weitgehend als Schnittpunkte psychologischer Gesetzlichkeiten faßbar. Dies gilt für menschliche »Eigenschaften« ebenso, wie es — um ein Beispiel aus der Pathologie zu wählen — für neurotische Symptome gilt: es ist durchaus möglich, bestimmte neurotische Symptome aus unserer Kenntnis neurotischer Gesetzlichkeiten zu erklären. Wir begreifen also hier ein Unterscheidendes, wenn auch nicht die Individualität im strengen Sinne, wir bestimmen ein relativ Individuelles, relativ in dem Verstande, daß zwar das so Bestimmte sich *tatsächlich* nur bei diesem einzelnen Menschen findet, aber zugegeben werden muß, daß es bei einem anderen *möglich* wäre. Selbst für die streng historische Betrachtung bleiben einmalige Handlungen interessant, auch soweit die grundsätzliche Möglichkeit besteht, daß sie »ebenso« von einem anderen Individuum vollzogen werden könnten, das heißt, als Schnittpunkte von Allgemeinbegriffen faßbar sind. Wir halten also an der Möglichkeit fest, daß eine bestimmte Handlung eines bestimmten Menschen in diesem Sinne zum Gegenstand der Untersuchung für eine naturwissenschaftliche Psychologie werden kann.

Das Bild, das der Geschichtsforscher von historischen Personen entwirft, ist eine Rekonstruktion. Aus Eigen- und Fremdzeugnissen, aus überlieferten Handlungen, aus der Kenntnis der kulturellen, wirtschaftlichen, sozialen Struktur der Zeit formt er dies Bild. Soll es nicht Stückwerk bleiben, sondern sich zum Ganzen einer Persönlichkeit runden, so muß dem Historiker ein psychologisches Schema zur Verfügung stehen, durch welches die Einzelzüge erst zur Einheit zusammengeschlossen werden. Die Arbeit ist der des Archäologen vergleichbar, der vor der Aufgabe steht, aus Bruchstücken eine Statue wiederherzustellen; nur sind in diesem Falle die Schemata, welchen die Ergänzung genügen muß, durch künstlerische Normen (neben den kunsthistorischen Gesichtspunkten) gegeben. Derartige normative Schemata können auch für die Arbeit des Historikers Bedeutung erlangen, dort nämlich, wo er aus den überlieferten Einzelheiten den logischen Gehalt etwa eines philosophischen Systems wiederherstellen will. Auch für das Begreifen historischer Personen ist das Verständnis logischer Sinnzusammenhänge unentbehrlich, da ja an ihnen vielfach die seelischen Vorgänge in Erscheinung treten; daneben aber tritt hier dasjenige in den Vordergrund, was wir oben als psychologisches Schema bezeichnet haben.

Der Geschichtschreiber muß, sofern es sich ihm um die Darstellung historischer Persönlichkeiten handelt, bestimmte seelische Haltung als möglich voraussetzen können; er muß Urteile über die psychologische Wertigkeit bestimmter Erlebnisse in bezug auf bestimmte Personen abgeben; er muß wissen, welchen Charakteren wir gewisse Handlungen zuschreiben dürfen und welche seelischen Strukturen eine solche Zurechnung nicht erlauben; kurz, er braucht die Kenntnis eines Maßstabes, der die Entscheidung ermöglicht, welche seelischen Zustände, Eigenschaften, Handlungen in der als Persönlichkeit bezeichneten Einheit verträglich sind und welche einander ausschließen. Der Historiker nimmt diesen Maßstab aus der vorwissenschaftlichen Seelenkunde, aus dem, was wir als sein »Einfühlungsvermögen« bezeichnen. Dies Einfühlungsvermögen ermöglicht es ihm, historische Personen zu »verstehen«; darin aber soll, so hat man vielfach gemeint, das eigentliche Ziel der historischen Psychologie gelegen sein. Wir werden uns mit dem Begriff des Verstehens noch auseinandersetzen müssen. An dieser Stelle sei nur so viel gesagt, daß der Satz von Simmel[2]: »Ob die psychologischen Verbindungsglieder, die der Historiker an die Ereignisse heranbringt, objektiv wahr sind, das heißt wirklich die seelischen Akte der handelnden Personen nachzeichnen, würde kein Interesse für uns haben, wenn wir diese Vorgänge ihrem Inhalte und ihrem Verlauf nach nicht verstünden«, der Ergänzung in der Richtung bedarf, daß wir feststellen: unter der immer gegebenen Mehrzahl möglicher verständlicher Zusammenhänge wird für den Historiker nur jener in Betracht kommen, dessen Wirklichkeit er in dem vorliegenden Fall mit der größten Wahrscheinlichkeit annehmen kann, und er wird sich bei dieser Entscheidung auch seiner Kenntnis der Zeitumstände, der sozialen Lage usw. der betreffenden Person bedienen. Es handelt sich also hier — zumindest auch — um Fragen kausaler Zurechnung, um psychologische Konstruktionen vom Charakter der Hypothese. Auch auf diesem bedeutungsvollen Gebiete der Darstellung historischer Personen kann also die generalisierende Psychologie für die Geschichtsforschung grundsätzlich wesentlich werden, sie kann auch hier eine Kontrolle sein für die vorwissenschaftliche Darstellung seelischer Zusammenhänge.

Was immer man über das »eigentliche Wesen« der historischen Entwicklung denken mag, so viel ist sicher, daß der Historiker unmittelbar vorwiegend mit menschlichem Handeln zu tun hat. Es ist daher — und aus den vorstehenden Überlegungen — einleuchtend, daß die Möglichkeit einer Fruchtbarmachung psychologischer Theorie als Hilfswissenschaft der Geschichte in breitestem Ausmaße gegeben ist; warum diese

---

[2] Die Probleme der Geschichtsphilosophie, München & Leipzig 4. A. 1921, S. 35.

Möglichkeit bisher für die Geschichtswissenschaft recht bedeutungslos war und sein mußte, darauf werden wir gleich zurückkommen. Hier aber wollen wir ausdrücklich klarstellen, daß die Erkenntnis der bedeutsamen Rolle, welche grundsätzlich der psychologischen Theorie zufallen kann, nicht dazu führen darf, daß man die Aufgabe der Geschichtswissenschaft darin sieht, angewandte Psychologie zu sein. Die Grundwissenschaft der Geschichte kann keine Psychologie jemals werden. Denn für die Geschichte ist nicht alles seelische Geschehen gleichmäßig bedeutungsvoll; es gehört vielmehr zu ihren logischen Grundlagen, daß sie eine Auswahl trifft — ob nun das »Prinzip zur Auswahl des Wesentlichen« im Begriff der Kultur (Rickert[3]) oder im Begriff des historisch Wirksamen (Ed. Meyer[4]) gesucht werden mag. Jene Frage, ob eine begriffliche Grundlegung der Geisteswissenschaften aus der Betrachtung des Seelenlebens möglich ist, ist deswegen für uns so wichtig, weil gerade auf Grund der Überzeugung von der dominierenden Rolle der Psychologie in den Geisteswissenschaften Dilthey[5] — mit Rücksicht auf den Widerspruch, welcher hier zwischen möglicher und tatsächlicher Bedeutung besteht — die Forderung nach einer neuen Psychologie erheben konnte, welche er als »beschreibende« von der konstruktiven, »erklärenden« abgrenzt. Aus den Schwierigkeiten, welche der Anwendung der erklärenden Psychologie auf die Geisteswissenschaften entgegenstehen, könne nur die beschreibende oder zergliedernde befreien, das heißt »die Darstellung der in jedem entwickelten menschlichen Seelenleben gleichförmig auftretenden Bestandteile und Zusammenhänge, wie sie in einem einzigen Zusammenhang durch innere Wahrnehmung eindeutig verifiziert werden kann und daß jeder solche Zusammenhang als Glied des umfassenderen aufgezeigt werden kann, der nicht erschlossen, sondern ursprünglich gegeben ist«. Dieser Versuch Diltheys hat zum ersten Male (die »Vorläufer«, welche diese Lehre wie jede andere hat, dürfen wir hier übergehen) auf jenes wesentliche Problem der psychologischen Methodenlehre Licht geworfen, welches in der Frage nach der Möglichkeit und Bedeutung des psychologischen Verstehens enthalten ist, einer Frage, welcher auch für die Psychoanalyse grundlegende Wichtigkeit zukommt. Sie wird uns im nächsten Kapitel beschäftigen.

---

[3] a.a.O.

[4] Zur Theorie und Methodik der Geschichte, Halle 1902.

[5] Ideen über eine beschreibende und zergliedernde Psychologie, Gesammelte Schriften, Leipzig 1924.

Wir sehen also hier von der Möglichkeit einer beschreibenden Psychologie im Sinne Diltheys zunächst ab. Es ergibt sich aber sofort die weitere Frage: ist die Aufgabe, welche der Psychologie durch ihre Anwendung in den Geisteswissenschaften gestellt ist, wirklich grundsätzlich für keine erklärende Psychologie lösbar? Wir können demgegenüber auf das Resultat unserer Überlegungen verweisen, welche ja für die generalisierende Psychologie die Möglichkeit ergeben haben, diesen Forderungen gerecht zu werden, wenn auch tatsächlich für den Historiker eine Orientierung an ihren Ergebnissen bisher nicht wesentlich gewesen ist. Daher behaupten wir, im Gegensatz zu Dilthey, daß nicht der Charakter dieser Psychologie als Gesetzeswissenschaft sie verhindert, für die Geisteswissenschaften Bedeutung zu erlangen, vielmehr der bisherige Stand ihrer Entwicklung, ihre methodische Unreife und ihre Beschränkung auf gewisse Tatsachenkreise.

Daß die Historiker die Hoffnung auf Förderung ihrer Wissenschaft durch die Erkenntnisse erklärender Psychologie zum größten Teile aufgegeben haben, ist ja auch viel weniger in methodologischen Erwägungen begründet als in der tatsächlichen Unbrauchbarkeit der experimentellen Psychologie für ihre Zwecke. Die Denkpsychologie ist zwar, nach dem Ausspruch eines ihrer Begründer, »so verwegen, in Gerichtsverhandlungen und die Geheimnisse des künstlerischen Schaffens, in das ehrwürdige Problem der Willensfreiheit und in die intimsten Vorgänge religiöser Bekehrung und Hingabe, in die Praxis der Erziehung und des Unterrichts und in die Voraussetzungen aller Wissenschaft einiges Licht bringen zu wollen« (Külpe[6]), und es ist zuzugeben, daß auch abgesehen von der ungeheuren Fruchtbarkeit ihrer Methoden und Ergebnisse auf psychologischem Gebiet die neuere Experimentalpsychologie durch ihre Zuwendung zu den Erscheinungen des »höheren« Seelenlebens einen bedeutenden Fortschritt auch für die mögliche Anwendung auf die Geisteswissenschaften darstellt; aber selbst ihre »verwegensten« Anwendungen geben nicht diejenigen psychologischen Einsichten, welche der Historiker in seiner wissenschaftlichen Arbeit braucht, oder zumindest in sehr beschränktem Umfang.

In einer viel günstigeren Lage den Anforderungen der Geisteswissenschaften gegenüber befindet sich die *Psychoanalyse*. Ihr Kerngebiet bilden gerade die zwar am tiefsten verborgenen aber zentralen Anteile

---

[6] Über die moderne Psychologie des Denkens, wieder abgedruckt in: Vorlesungen über Psychologie, Leipzig 2. A. 1922, S. 301.

der menschlichen Persönlichkeit; jenes »innerste« Gebiet, von welchem her die Gesamtheit seelischer Erscheinungen in ihrer gegenseitigen Abhängigkeit und ihrer Stellung zueinander erfaßt und als Ausstrahlung oder »Äußerung« begriffen werden kann. Man könnte die Psychoanalyse in dem Sinne als Strukturpsychologie bezeichnen, daß alle psychischen Vorgänge von ihr in ihrem Verhältnis zu den zentralsten Triebkräften aufgefaßt und untersucht werden; doch verwenden wir den Terminus Strukturpsychologie für die Psychoanalyse zumeist nicht, weil er vielfach in anderer Bedeutung gebraucht wird. Daß und warum es der *Triebbegriff* ist, in welchem die Psychoanalyse den Mittelpunkt gefunden hat, von dem aus es möglich ist, die »ganze, volle Menschennatur« zum Gegenstand wissenschaftlicher Arbeit zu machen — darauf werden wir später zurückkommen. Hier genügt die Feststellung, daß die Analyse der Trieb- und Affektvorgänge und die Verfolgung von Stellungnahmen und triebbedingten Haltungen durch alle ihre Wandlungen hindurch und bis in ihre feinsten Ausläufer in Gedächtnis, Wahrnehmung und Handlung, ihr Weg zur Ordnung der komplexen seelischen Gebilde gewesen ist. Erst von diesem Punkt aus war es möglich, Zusammenhänge aufzudecken, welche noch die zeitlich entferntesten Erlebnisse desselben Menschen verbinden, die gegenseitige Bedingtheit von Charakter und Erlebnis zu untersuchen und sich so jener Einheitlichkeit, welche die verschiedensten seelischen Äußerungen einer Person umschließt, begrifflich zu nähern.

Die Psychoanalyse hat immer, gegenüber der Erforschung seelischer Teilgebiete, welche von der Struktur des Ganzen absieht, die Einheit der Person ins Licht gerückt; und es ist nicht uninteressant, daß sie mit ihren im logischen Sinn naturwissenschaftlichen Begriffen zur Kenntnis dieser Einheit unendlich mehr beigetragen hat, als jene Richtungen, welche diese Einheitlichkeit zum Programm machen, sie aber in keiner Weise begrifflich zu fassen vermögen. Auch auf pathologischem Gebiet ist für die Analyse das Symptom nicht bloß Zeichen eines personsfremden Krankheitsprozesses, sondern sie verfolgt es bis in seine feinsten persönlichen Wurzeln. Aber wie überall, wo in der Psychologie Ganzheiten in Rede stehen, muß die wissenschaftliche Betrachtung doch vor allem die Grenzen dieser Ganzheiten und ihre Struktur untersuchen. Dabei müssen Erlebniseinheiten und Erklärungselemente scharf auseinander gehalten werden.

Die Psychoanalyse untersucht typische Arbeitsweisen des psychologischen Organismus und die Art ihrer gegenseitigen Abhängigkeit als

Vorarbeit für die Erkenntnis der Struktur, in welcher sie sich zur funktionalen Einheit zusammenschließen; aus unserer Kenntnis seelischer Zusammenhänge baut sich das Bild der menschlichen Persönlichkeit vor uns auf. Der Personsbegriff der Psychoanalyse ist somit ein wesentlich biologischer. Was von den Autoren vielfach als Totalität der Persönlichkeit bezeichnet wird, meint zumeist etwas anderes; diese Totalität kann in die psychoanalytischen Begriffe niemals eingehen. Die Einheit der Person ist also für die Analyse kein Nebeneinander von psychischen Gebilden als Summe — das wäre keine Einheit; Einheit bedeutet für sie den Zusammenhang des Erlebens als psychische Funktion. Anderseits liegt alle Einheit, welche der Betrachtung des Psychischen unter Wertakzenten entspringt, jenseits analytischer Fragestellungen. Die Psychoanalyse hat es mit realem Seelenleben zu tun, nicht aber mit der Einheit von Sinnzusammenhängen.

Wir haben festgestellt, daß die Psychoanalyse auf die Gesetzlichkeit des seelischen Geschehens gerichtet ist. Dieser Satz muß gegen das Mißverständnis geschützt werden, als ginge sie auch bei der Untersuchung ihres Materials ausschließlich von seinen formalen Eigentümlichkeiten aus. Im Gegenteil; das Hauptgewicht liegt — anders als sonst in der naturwissenschaftlichen Psychologie — für die Psychoanalyse zunächst auf der Inhaltlichkeit des Seelischen. Zu ihren wesentlichen Grundlagen gehört die Anschauung, daß eine rein formale Betrachtung in der Psychologie notwendig unvollkommen ist und durch die Untersuchung der Beziehungen zwischen Form und Inhalt ergänzt werden muß. So beachtet die Psychoanalyse nicht nur jene formalen Charaktere der Triebe, welche wir mit Freud[7] als motorisches Moment, Ziel, Objekt und Quelle an jedem Triebe unterscheiden, sondern auch die Triebschicksale, welche sich aus der Bindung des Triebes an typische Objekte ergeben, weiter aber auch die Abhängigkeit dieser Bindungen von bestimmten Merkmalen des konkreten Objekts. Sie untersucht nicht bloß die affektiven menschlichen Verhaltensweisen »an sich«, vielmehr auch ihre Beziehungen zu bestimmten Triebstrukturen einerseits, Realitätsstrukturen anderseits, auch dasjenige, was wir als Charakter zu bezeichnen pflegen. Bei der analytischen Untersuchung des Gedankenablaufes liegt der Ton nicht so sehr auf der Frage, welcher Art die Verbindung der Vorstellungen und Gedanken abgesehen von inhaltlich zu bezeichnenden Tenden-

---

[7] Intern. Ztschr. f. Psa. III (1915) oder: Sammlung kleiner Schriften zur Neurosenlehre, Wien 1918, IV, S. 252.

zen ist, vielmehr gerade in der Analyse der Abhängigkeit, in welcher bestimmte Einfälle von bestimmten (häufig unbewußten) Zielrichtungen stehen. Noch ein Beispiel, diesmal aus dem Gebiete der Psychopathologie: das Interesse des Analytikers an den Psychosen gilt nicht in erster Linie den formalen Denkstörungen, sondern dem Problem, inwiefern die Inhalte aus bestimmten Triebregungen abzuleiten sind und wieweit es etwa möglich ist, die formale Störung in Abhängigkeit von inhaltlichen Momenten zu begreifen.

Wie verfehlt es ist, die Psychoanalyse als eine »mechanische« Psychologie zu bezeichnen, muß wohl jetzt einleuchtend geworden sein. An ihrem naturwissenschaftlichen Charakter und letzten Ziel ist aber durch ihre Einstellung auf seelische Inhalte nichts geändert. Auch inhaltlich erfüllte seelische Vorgänge können generalisierend behandelt werden. Wir werden später zeigen, wie die Grundlegung der analytischen Psychologie auf dem Triebbegriff diese inhaltliche Richtung ermöglicht und erfordert.

Man hat zumindest zwischen »Menschenkenntnis« und wissenschaftlicher Psychologie einen unüberbrückbaren Abgrund gesehen. Mit nur bedingtem Recht. Dies Nichtzueinanderkönnen vorwissenschaftlicher und wissenschaftlicher Begriffe ist nicht im Wesen sondern in einem bestimmten Entwicklungsstadium der Psychologie begründet. Es kann zwar nicht bezweifelt werden, daß die Mehrzahl der Politiker, Geschäftsleute, Ärzte — dasselbe gilt von den Historikern —, welchen wir Menschenkenntnis nachrühmen, keine oder eine nur sehr oberflächliche Kenntnis der wissenschaftlichen Psychologie besitzt, und daß sie zumeist durchaus nicht die Absicht hat, ihre Fähigkeiten in der Beurteilung menschlicher Eigenschaften durch Befassung mit Psychologie zu vertiefen. Ebenso kann man zugeben, daß nicht jeder Gelehrte, dessen Forschungsgebiet die Seelenkunde ist, sich im praktischen Leben als Menschenkenner bewähren muß. Aber das ist unwesentlich. Entscheidend ist die Möglichkeit, mit den Begriffen wissenschaftlicher Psychologie die Kenntnis des Menschen auch in der Richtung zu steigern und zu vervollkommnen, welche wir als »Menschenkenntnis« bezeichnen. Die Lehren der Psychoanalyse aber geben diese Möglichkeit.

Sie hat uns auf gewisse Zusammenhänge aufmerksam gemacht, deren Kenntnis menschliches Verhalten nicht nur erklären sondern auch bis zu einem gewissen Grade voraussehen läßt, und zwar menschliches Verhalten nicht unter den künstlich isolierenden Bedingungen des Laboratoriumsexperiments, sondern in seinen lebendigen Beziehungen zur

Umwelt, zum Beruf, zur Erotik; wesentlich dadurch, daß sie die ungeheure, alle Teilgebiete menschlichen Verhaltens determinierende Kraft unbewußter Regungen, welche nicht nur die vorwissenschaftliche, sondern auch die voranalytische wissenschaftliche Psychologie unrichtig eingeschätzt hatte, erkannt und der Forschung zugänglich gemacht hat. Natürlich ist die Anlage zum Menschenkenner und zum wissenschaftlichen Psychologen nicht dieselbe; aber das fast allgemein für wahr befundene Urteil, nach welchem die Fähigkeit der praktischen Menschenbeurteilung von der Kenntnis der Ergebnisse wissenschaftlicher Psychologie völlig unabhängig sein soll, darf keine Geltung mehr beanspruchen. Gewiß wird aus einem schlechten Menschenkenner durch Befassung mit der Analyse in der Regel kein guter werden; aber der gute Menschenkenner kann mit ihrer Hilfe seine Einsichten in weitestem Umfang sichern, erweitern, korrigieren.

Wie der Psychoanalyse die Aufgabe zufällt, jene Schaffung eines Systems seelischer Zusammenhänge, welche wir als praktische Menschenkenntnis bezeichnen, einerseits zu vervollständigen, andererseits richtig zu stellen, so darf sie sich auch zutrauen, da und dort einen objektiven Maßstab zu geben, an welchem die Wahrheit jener Reflexionen geprüft werden kann, in welchen Philosophen und Dichter ihre Anschauung vom Menschen niedergelegt haben. Nicht auf allen Gebieten gleichmäßig. Die Fülle von psychologischen Einsichten, welche uns die Besten von ihnen vermitteln, ist einer analytischen Nachprüfung in diesem Sinne um so eher zugänglich, je triebnäher ihr Gegenstand ist. Denn wie wir schon gesehen haben und wie sich immer klarer herausstellen wird: die Aufhellung der Triebschicksale und der Triebbezogenheit der anderen psychischen Gebilde ist für die Psychoanalyse nicht nur das zentrale psychologische Problem in dem Sinne, daß sie den Trieben und ihren Abkömmlingen die wesentliche determinierende Bedeutung für das Seelenleben überhaupt zuerkennt, sondern hier liegt für sie auch der Schwerpunkt ihres eigentlichen Arbeitsgebiets. Der analytischen Prüfung unzugänglich ist ferner — das sollte selbstverständlich sein — die »Lebensweisheit« der Philosophen, soweit sie offene oder versteckte Wertungen enthält. Ebenso selbstverständlich ist aber, daß menschliches Handeln, welches an Werten orientiert ist, sich aus diesem Grunde durchaus nicht der Erforschung durch die Psychoanalyse entziehen muß. Endlich muß betont werden, daß die Voraussetzungen dichterischer Wahrheit, welche wir den Personen etwa eines Dramas oder eines Romans zugestehen oder aberkennen, andere sind als die induktiv gewonnene Überzeugung von der Wahrheit solcher Urteile, die von der wissenschaftlichen Psychologie über die Wirklichkeit seelischer Zusammenhänge gefällt werden.

Die Psychoanalyse verdankt ihrerseits den Reflexionen der Dichter und Philosophen Anregung insofern, als sie Hypothesen möglicher seelischer Zusammenhänge darstellen können. Den Vorgang, durch welchen in solchen Reflexionen psychische Beziehungen erfaßt werden, pflegt man als Ergebnis psychologischer »Intuition« hinzustellen. Dem mag zugestimmt werden, wenn hier unter Intuition nichts anderes gemeint sein soll als die persönliche Fähigkeit, aus der verwirrenden Fülle seelischer Einzelheiten durch plötzliche Einsichten ohne bewußte Vorarbeit und ohne Zuhilfenahme der Begriffe wissenschaftlicher Psychologie die wirksamen Kräfte herauszugreifen und Zusammenhänge zu sehen, welche der empirischen Nachprüfung standhalten. Ein Blick auf die Geschichte der Wissenschaften von der Körperwelt belehrt uns, daß dies »Sehen« von neuen Zusammenhängen ohne induktive Vorbereitung (man denke etwa an die Aufstellung des Prinzips von der Erhaltung der Energie durch Robert Mayer) auch auf ihrem Gebiet eine Rolle spielt; freilich ist es hier durch die entwickeltere Methodik in den Hintergrund gedrängt und schwerer zu fassen.

Jene psychologische Fähigkeit, die sich übrigens bis zu einem gewissen Grade entwickeln läßt, ist den Menschen in erstaunlich verschiedenem Grade zu eigen. Den Vielen, welche man als blind für Erlebnisqualitäten und -zusammenhänge bezeichnen muß, stehen einzelne geniale »Psychologen« gegenüber, deren meist aphoristische Sentenzen ganze Reiche seelischer Wirklichkeiten aufschließen. Für jede Wissenschaft, welche sich die Erforschung der Zusammenhänge komplexer seelischer Gebilde zur Aufgabe macht, können abseits von der mühseligen induktiven Arbeit solche Gedanken Wegweiser zu vorläufigen psychologischen Konstruktionen sein, welche freilich der empirischen Betätigung bedürfen. Dieser Verpflichtung zur Nachprüfung mit ihren Begriffen und an ihrem Material ist die Psychoanalyse niemals enthoben, mögen solche Gedanken noch so »einleuchtend« sein.

Zwei Gründe seien endlich noch besonders hervorgehoben, welche zur Vorsicht gegenüber den psychologischen Maximen der Philosophen mahnen: zunächst, wovon wir schon gesprochen haben, die oft verborgen in ihnen enthaltene Betrachtung des Seelenlebens unter Wertkategorien; dann aber die Tatsache, daß ihnen zumeist — unausgesprochen — eine bestimmte vorwissenschaftliche Theorie des Seelischen zugrundeliegt.

Der praktischen Menschenkenntnis und der Psychologie der Philosophen und Dichter verwandt ist jene Fähigkeit, deren der Historiker bei der Rekonstruktion geschichtlicher Persönlichkeiten bedarf. So ist auch Stellung und Befugnis der Psychoanalyse diesem und jenem Problemkreis gegenüber eine ähnliche. Ihre Richtung auf das Kerngebiet des Seelenlebens und seine inhaltliche Erfülltheit, auf das Unbewußte und auf die Einheit der Person, lassen eine fruchtbare Anwendung ihrer Einsichten auf das geisteswissenschaftliche Gebiet auch dort zu, wo andere psychologische Methoden versagen müssen.

Die Urteile über Art und Grad der Wirksamkeit bestimmter Erlebnisse auf bestimmte Menschentypen, welche der Historiker unaufhörlich zu fällen hat, kann die Psychoanalyse auf eine empirische Basis stellen und aus dem konventionellen Schematismus befreien, in welchen sie die Psychologie der meisten Historiker gebunden hat. Es ist auf dem Boden der Psychoanalyse in gewissen Grenzen kein utopisches Unternehmen, die mögliche Zurechnung bestimmter Handlungsweisen zu bestimmten Charakteren zu untersuchen und damit den bloß sinnhaften Zurechnungen der Alltagspsychologie, welche zumeist in die Darstellungen der Historiker übergegangen sind, teils eine Stütze zu geben, teils den Boden zu entziehen. Auch wo die massenpsychologische Wirkung gewisser Ereignisse in Rede steht, kann die Psychoanalyse Erfahrungen und Gesichtspunkte geltend machen, welche für die Geschichtsforschung von Bedeutung werden können. Vor allem die Resultate von Freuds »Massenpsychologie und Ich-Analyse«[8]. Noch mehr als für den Historiker aber können solche Ergebnisse für den Soziologen wesentlich werden, insbesondere natürlich, sofern seine Arbeit gesetzeswissenschaftlich und sozialpsychologisch orientiert ist (vgl. z. B. die Arbeit von P. Federn[9]).

Welche Lehre immer der Historiker über die logischen Grundlagen seiner Wissenschaft anhängen mag, er wird jene Aufgaben, welche ihm in der Darstellung seelischer Zusammenhänge gestellt sind, dem Charakter der Geschichte als Wirklichkeitswissenschaft entsprechend besser lösen unter Anwendung psychoanalytischer Kenntnisse als mit Beschränkung auf die vorwissenschaftlichen Begriffe, welche er seiner »Menschenkenntnis« verdankt. Diese mögliche Bedeutung der Psychoanalyse für die Geschichtsforschung wird in dem Augenblick aktuali-

---

[8] Leipzig & Wien 1921.

[9] Zur Psychologie der Revolution: Die vaterlose Gesellschaft, Wien 1919.

siert werden, in welchem das Mißtrauen, das ihren Methoden gegenüber heute noch in den meisten Fachkreisen besteht, überwunden sein wird. Auch für denjenigen, welcher wie Rickert in der Beziehung auf Kulturwerte das Wesen der historischen Begriffsbildung sieht, bleibt die Feststellung, welche Vorgänge wirklich von Einfluß auf die Kulturentwicklung gewesen sind, eine Frage kausaler Zurechnung.

Der erste Zugang zur Anwendung auf die Probleme der Geisteswissenschaften ergab sich für die Psychoanalyse in der Mythologie und Religionswissenschaft, und zwar in jenen Gebilden, welche wir als »Produkte der Phantasietätigkeit« bezeichnen. In diesen kommen nämlich die Merkmale der unbewußten Geistestätigkeit sichtbarer zum Vorschein als im realitätsangepaßten Handeln oder Denken. Die Bearbeitung, welche die Abkömmlinge der Triebvorgänge in Form einer sekundären Rationalisierung zumeist erfahren, ist hier am geringfügigsten. Bei der Erforschung dieses Gebietes ist die Analogisierung des Mythus mit dem Traum (Freud bezeichnet die Mythen als die säkularen Träume der Menschheit) fruchtbar geworden. Anderseits aber brachte die Befassung mit dem Problem der Mythenforschung der Psychoanalyse in Einzelfragen ein Stück Bestätigung insofern, als auch nichtanalytisch orientierte Gelehrte die Bedeutung festgestellt hatten, welche dem Inzest und der Kastration — deren wichtige Rolle im unbewußten Seelenleben des einzelnen von der Psychoanalyse gelehrt wird — als »Motiven der Urzeit« zukommt.

Die Psychoanalyse stieß bei ihrer Arbeit immer wieder auf die Tatsache, daß den allgemein menschlichen Trieben und Triebfixierungen im Unbewußten bestimmte allen Menschen gemeinsame psychische Ausdrucksformen und ubiquitäre Inhalte zugeordnet sind. Diese Inhalte können unter besonderen Bedingungen, z. B. im Schlafzustand oder in der Psychose, bewußt werden, aber zumeist in entstellter Form. Daraus ergibt sich das Vorkommen typischer Träume und typischer Symbole. Es bedarf eines besonderen Verfahrens, um aus diesen psychischen Gebilden die unbewußten Vorgänge und ihre ursprüngliche Gestalt (das Unbewußte hat, wie wir hören werden, auch einen genetischen Sinn) zu rekonstruieren. Einen ähnlichen Weg hat die Psychoanalyse bei der Untersuchung der Mythen und Sagen eingeschlagen. Die Verbreitung gewisser Sagenmotive bei allen Völkern und zu allen Zeiten ließ sich auch hier aus der Tatsache erklären, daß sich diese »kollektive« Phantasietätigkeit über einer beschränkten Zahl von typischen Wünschen und Befürchtungen aufbaut — denselben, welche uns Freud als im Unbewußten des kranken wie des gesunden Einzelnen wirksam gezeigt hat. »Die Psychoanalyse rekonstruiert also die ehemals bewußt geduldete, dann verbotene und nur in Gestalt des Mythos wieder entstellt zum Bewußtsein zugelassene Wunschdurchsetzung, deren Aufgabe den Anstoß zur Mythenbildung bot« (bei O. Rank und H. Sachs[10], welchen wir die noch immer beste Übersicht über die geisteswissenschaftlichen Anwendungen der Psychoanalyse verdanken).

Erfahrungen, welche sich bei der Aufdeckung des unbewußten Seelenlebens vornehmlich der Zwangsneurotiker ergaben, konnte Freud[11] auf religionswissenschaftlichem Gebiet verwerten und zu einer Theorie des *Tabu* ausgestalten, jener Vorschriften, welche Wundt als »den ältesten ungeschriebenen Gesetzeskodex der Menschheit« bezeichnet. Aus der Anwendung der Begriffe des Vaterkomplexes und der Ambivalenz erwuchsen für Freud ferner wichtige Beiträge zum Problemkreis jener primitivsten Vorstufe religiöser und sozialer Institutionen, welche die Ethnologen mit dem Namen Totemismus belegt haben. Besonders Reik[12] und Roheim[13] haben später diese Gedanken weiter verfolgt. Auch hier ist die Psychoanalyse eine wichtige Hilfswissenschaft geworden. Aber es liegt ihr ganz fern, mit ihren Methoden und Ergebnissen die Religionswissenschaft ersetzen zu wollen. »Wenn sie in notgedrungener, eigentlich pflichtgemäßer Einseitigkeit eine einzige der Quellen dieser Institution zur Anerkennung bringen will, so beansprucht sie zunächst für dieselbe die Ausschließlichkeit so wenig wie den ersten Rang unter den zusammenwirkenden Momenten. Erst eine Synthese aus verschiedenen Gebieten der Forschung kann entscheiden, welche relative Bedeutung dem hier zu erörternden Mechanismus in der Genese der Religion zuzuteilen ist; eine solche Arbeit überschreitet aber sowohl die Mittel als auch die Absicht des Psychoanalytikers« (Freud[14]).

Es kann nicht nachdrücklich genug betont werden, daß das Gebiet des Normativen, der Geltungen, der Psychoanalyse verschlossen ist.

---

[10] Die Bedeutung der Psychoanalyse für die Geisteswissenschaften, Wiesbaden 1913, S. 27.

[11] Totem und Tabu, Wien 1913.

[12] Probleme der Religionspsychologie, Leipzig & Wien 1919; Der eigene und der fremde Gott, Leipzig & Wien 1923.

[13] z. B. Imago, 1923.

[14] Totem und Tabu, S. 92.

Wohl aber sind jene seelischen Prozesse, welche — als Möglichkeit und als Schranke — die Wertverwirklichung im realen Seelenleben einzelner Menschen leiten, Gegenstand ihrer Untersuchung. Bedeutsame Beiträge zur Psychologie des Künstlers verdanken wir außer Freud [15] auch einer Reihe seiner Schüler [16]. Doch ist, was die Psychoanalyse auf diesem Gebiete bisher geschaffen hat, methodisch und inhaltlich nur als ein Anfang zu betrachten.

Der Ausgangspunkt unserer Überlegungen war die Feststellung, daß die Analyse auf ihrem eigenen Arbeitsgebiet, soweit sie also nicht »angewandte« Wissenschaft ist, das Einzelne mit Rücksicht auf das Allgemeine untersucht, das heißt auf dem Wege über die Bildung von Gattungsbegriffen, welchen sie es als Sonderfall unterordnet, zu gesetzmäßigen Verknüpfungen der seelischen Vorgänge vorzudringen sucht. Wir fragen jetzt zum Schluß dieses Abschnittes, ob die Psychoanalyse etwa daneben Elemente enthält, die als historisch in dem Sinne zu bezeichnen wären, daß sie das Interesse am Einmaligen in den Vordergrund stellen, ob sie also neben der naturwissenschaftlichen noch eine andere Arbeitsweise anwendet. Daß ein sehr wesentlicher Anteil der analytischen Forschung den Tatsachen seelischer Entwicklung gilt, haben wir gehört. Die zeitliche Ordnung, in welcher sich die verschiedenen Triebkomponenten manifestieren und in Beziehung zu anderen seelischen Prozessen treten, ist ein Hauptgegenstand ihres Interesses. Dieser Umstand darf uns aber nicht darüber täuschen, daß ihr nicht die einmalige Entwicklung als solche von Bedeutung ist, daß sie vielmehr auf Gesetzlichkeiten der Entwicklung zielt, und daß ihre Entwicklungsbegriffe mit dem Anspruch gebildet sind, allgemein zu gelten. Diese Entwicklungspsychologie nicht als Naturwissenschaft zu bezeichnen, liegt also kein Grund vor. Anders liegen die Dinge bei jener sozialpsychologischen Darstellung Freuds, welche die Entwicklung der Menschheit von der Darwinschen Urhorde über das totemistische Stadium zu späteren Religionsbildungen verfolgt. Das Hauptgewicht liegt hier auf dem So-und-nicht-anders-sein der Entwicklung und nicht auf der Allgemeinheit der Ergebnisse. Dahin gehören auch noch die Versuche, welche von analytischer Seite gemacht wurden, bestimmten Teil-

---

15 Eine Kindheitserinnerung des Leonardo da Vinci, Wien 1910.

16 Rank, Der Künstler, Leipzig & Wien 2. u. 3. A. 1918; Das Inzestmotiv in Dichtung und Sage, Wien 1912; Hitschmann, Gottfried Keller, Leipzig & Wien 1919, u. a.

phasen der historischen Entwicklung die Reihe: Triebdurchsetzung — Verdrängung — Wiederkehr des Verdrängten als Bezugssystem zugrunde zu legen; ferner bestimmte soziale Entwicklungen aus der Stellung zum Vaterkomplex zu begreifen oder auch als Stadien der Überwindung des Ambivalenzkonfliktes. Hier kann von einer historischen Betrachtungsweise gesprochen werden.

Zusammenfassend können wir sagen: die Psychoanalyse ist zwar niemals allein imstande, die Aufgaben zu lösen, welche den Geisteswissenschaften gestellt sind, aber als Hilfswissenschaft stehen ihr bedeutende Möglichkeiten offen, die erst zum kleinsten Teile erschöpft sind.

III

VERSTEHEN UND ERKLÄREN

Wir verstehen den Inhalt einer Aussage. Wir verstehen die Ableitung des Pythagoräischen Lehrsatzes, den Aufbau eines Bildwerks, eines Musikstückes. Wir verstehen das Hervorgehen einer Handlung aus dem Entschluß, die leidenschaftliche Abwehr, welche einer Beleidigung folgt. Eine Weltanschauung wird uns als Ausdruck der Schwäche und Unsicherheit, eine andere als Ausdruck überströmender Vitalität ihres Trägers verständlich. Wir verstehen bei einem Menschen die temperamentvoll affektive Art der Reaktion auf ein Erlebnis als adäquat, welche uns bei einem anderen den Eindruck des Unechten machen würde; und in einem anderen Falle kann uns dieselbe Reaktionsweise als unverständlich erscheinen. Hinter einer rationalen Fassade ist uns der Zusammenhang der Reden, der Handlungen eines Menschen aus bestimmten triebhaften Einstellungen einsichtig. Wir können ein neurotisches Symptom als Triebbefriedigung verstehen, eine Selbstbeschädigung aus Schuldgefühl und Selbstbestrafungstendenz. Ein Traumsymbol ist uns verständliche Darstellung eines unbewußten Vorgangs und so fort.

Hier muß gleich die grundlegende Scheidung der zwei Bedeutungen festgelegt werden, welche dem Ausdruck »verstehen« zukommen. Rickert[1] grenzt das Verstehen als »Erfassen eines *irrealen* Sinngebildes« vom Verstehen als »Erfassen *realen* seelischen Seins« ab; das Verstehen in diesem Sinne setzt er — es handelt sich ihm um Fremdseelisches — dem Nacherleben gleich und bezeichnet es auch so. Die irrealen Sinngebilde aber — wie die Bedeutung von Worten, der Gehalt von Urteilen — sind, da sie ja keinesfalls Vorgänge darstellen, »die in dem nichtkörperlichen Leben einzelner Individuen zeitlich ablaufen« aus dem Gegenstand der Psychologie auszuscheiden. Dieselbe Begriffsabgrenzung finden wir bei Max Weber[2], welcher von einer »rationalen« und einer »einfühlend nacherlebenden« Evidenz des Verstehens spricht und schließlich bei Simmel[3].

[1] Die Grenzen der naturwissenschaftlichen Begriffsbildung, S. 429.
[2] Wirtschaft und Gesellschaft I, Tübingen 1922, S. 2.
[3] Die Probleme d. Geschichtsphilosophie, München & Leipzig 4. A. 1921, S. 38.

Jener Begriff des Verstehens, welcher auf den Zusammenhang von Sinngebilden, losgelöst von ihrer Verwirklichung im realen Geschehen Bezug hat, ist seinem Wesen nach der Psychologie nicht enger zugehörig als einer beliebigen anderen Wissenschaft. Den Gehalt eines Urteils über psychische Tatbestände verstehen wir natürlich in derselben Weise, wie wir ein Urteil über andere Gegenstände verstehen. Und was wir dabei verstehen, ist eine Bedeutung aber kein psychischer Vorgang. Man könnte sagen, daß Bedeutung, Sinn, Gehalt doch eine besondere Beziehung zum Psychischen haben müßten, da sie an seelischen Vorgängen als ihren Trägern haften. Aber dabei vergißt man zunächst, daß ja zum Beispiel Kunstwerke, welche gewiß auch Gegenstände der Körperwelt sein können, einen Sinn haben, und daß ihre Bedeutung uns (objektiv sinnhaft) verständlich ist; zweitens, daß die Psychologie, sofern sie Realwissenschaft ist, ihren Gegenstand scharf gegenüber allen Sinngebilden, welchen reales Sein nicht zukommt, abgrenzen muß.

Damit ist freilich nicht gesagt, daß das Verstehen in diesem ersten Sinn für die Kenntnis des Fremdseelischen bedeutungslos wäre. In Worten und Sätzen werden wir durch die Bedeutung, durch den Sinn hindurch auf die seelischen Vorgänge im Sprechenden hingeführt. Die Kundgabe durch Sprache und Schrift bildet ja neben den Äußerungen in Mimik und Geste die wesentliche Brücke zum Erkennen des fremden Ich. Dies gilt auch für die Bedingungen der analytischen Situation: Der bedeutendste Anteil an psychologischem Wissen um das Seelenleben unserer Patienten, auf welchem wir unsere Schlüsse aufbauen, wird nur durch ihre Aussagen, also durch den Bedeutungsgehalt von Urteilen vermittelt, welche wir »rational« verstehen. Daß aber überdies auch den unbeabsichtigten Ausdrucksphänomenen der Patienten gerade von seiten der Psychoanalyse die größte Aufmerksamkeit geschenkt wird, ist ja hinlänglich bekannt.

Wenn uns ein Patient in der Analyse von seinen Erlebnissen erzählt, verstehen wir also zunächst rational den Sinn einer sprachlichen Mitteilung, welche sich auf psychische Tatbestände bezieht. Hegen wir aber — etwa auf Grund der Beobachtung seines Mienenspiels — Zweifel an der Aufrichtigkeit seiner Aussage oder suchen wir uns zu vergegenwärtigen, aus welchen Motiven uns diese vermutete Unehrlichkeit verständlich werden kann, so haben wir es mit der zweiten Art des Verstehens zu tun: mit dem eigentlich psychologischen. In beiden Fällen kann man von einem Deuten auf Grund von Zeichen sprechen. Aber mit dem Worte

»Zeichen« kann zweierlei gemeint sein. Husserl[4] unterscheidet die beiden Bedeutungen als »Anzeichen« und »Ausdruck«, »Jedes Zeichen ist Zeichen für etwas, aber nicht jedes hat eine ›Bedeutung‹, einen ›Sinn‹, der mit dem Zeichen ›ausgedrückt‹ ist[5]«. Zeichen im Sinne von Anzeichen drücken nichts aus, gleichwohl zeigen sie etwas an. »In diesem Sinne ist das Stigma Zeichen für den Sklaven, die Flagge Zeichen der Nation.« Von Anzeichen ist also dann die Rede, wenn »irgendwelche Gegenstände oder Sachverhalte, von deren Bestand jemand aktuelle Kenntnis hat, ihm den Bestand gewisser anderer Gegenstände oder Sachverhalte in dem Sinn anzeigen, daß die Überzeugung von dem Sein der Einen von ihm als Motiv (und zwar als nicht einsichtiges Motiv) empfunden wird für die Überzeugung oder Vermutung vom Sein der Anderen[6]«. Im Gegensatz zu den Anzeichen stehen die bedeutsamen Zeichen, die Ausdrücke. Jeder Satz, jede Rede ist Ausdruck. Mienenspiel und Geste, »mit denen wir unsere Rede unwillkürlich und jedenfalls nicht in mitteilender Absicht begleiten« sind dagegen, nach Husserl, nicht bedeutsame Zeichen, sondern bloß Anzeichen. Sie sind im Bewußtsein des sich Äußernden kein Ausdruck, sie »haben eigentlich keine Bedeutung«. Gegenüber dieser engeren Fassung des Ausdrucksbegriffes sei aber auf Allers[7] verwiesen, der mit Recht und in Übereinstimmung mit dem Sprachgebrauch, diesen Terminus auch dann anwendet, wenn »auf der Seite des Kundgebenden die explizite Intention kommunikativer Art fehlt, durch die sinnverleihenden Akte des Beobachtenden aber in den Erscheinungen am anderen eine Bedeutung erfaßt wird«. Die Bezeichnung »Ausdruck« ist also auch in jenen Fällen am Platze, in welchen wir einen seelischen Vorgang auf Grund von Haltungen oder Bewegungen im Bereiche der Gestik und Mimik verstehen.

In den Deutungen der Psychoanalyse spielen beide Arten von Zeichen eine Rolle: sie deutet bald Anzeichen und bald Ausdrücke. Es gibt aber einen breiten Zwischenbereich, wo die Zuordnung zu der einen oder anderen Gruppe von Zeichen zweifelhaft sein kann. So finden wir auf dem Gebiete der Symbolik nebeneinander solche symbolische Darstellungen, welche wir wohl zu den Ausdrucksphänomenen — in dem oben

---

4 Logische Untersuchungen II, Halle 3. A. 1922.

5 a.a.O., S. 23.

6 a.a.O., S. 25.

7 »Begriff und Methodik der Deutung«, in: O. Schwarz, Psychogenese und Psychotherapie körperlicher Symptome, Berlin 1925, S. 94.

bezeichneten erweiterten Sinn, welcher über die Husserlsche Begriffsfassung hinausgeht — rechnen dürfen, und solche, bei welchen es sich um bloße Anzeichen handelt. In die erste Gruppe gehört es etwa, wenn uns bestimmte reibende Bewegungen eines Patienten Ausdruck seiner Onaniewünsche sind (hier ist übrigens in gewissen Fällen auch die Annahme einer unbewußten Tendenz zur Mitteilung zulässig), in die zweite, wenn uns das Holz als Traumsymbol latende Traumgedanken anzeigt, welche sich auf das weibliche Genitale beziehen; ein sinnhafter Zusammenhang ist hier zumindest nicht ohne weiteres erkennbar. Daß aber nach Ansicht der Psychoanalyse zwischen Symbol und Symbolisiertem in ihrem Sinne auch noch andere als sinnhafte Beziehungen bestehen, nämlich solche, welche gesetzmäßig faßbar und als Kausalzusammenhänge anzusprechen sind, und daß diese Ansicht auch experimentell verifiziert wurde, werden wir später hören.

Dem Begriff des psychologischen Verstehens als eines Erkenntnismittels, durch welches wir seelische Abläufe unmittelbar erfassen, sind wir schon in der Formulierung von Dilthey[8] begegnet. Wir haben gehört, daß er, ausgehend von der — nach seiner Meinung — notwendigen Unfruchtbarkeit der erklärenden Psychologie für die Geisteswissenschaften, dieser eine andere, beschreibende gegenübergestellt hat, das heißt, »die Darstellung der in jedem entwickelten menschlichen Seelenleben gleichförmig auftretenden Bestandteile und Zusammenhänge, wie sie in einem einzigen Zusammenhang verbunden sind, der nicht hinzugedacht oder erschlossen, sondern erlebt ist«. Beim Verstehen seelischer Vorgänge gehen wir vom Zusammenhang des Ganzen aus, »das uns lebendig gegeben ist« und: »Wir erklären durch rein intellektuelle Prozesse, aber wir verstehen durch das Zusammenwirken aller Gemütskräfte in der Auffassung«. An anderer Stelle heißt es: »Die Natur erklären wir, das Seelenleben verstehen wir«. Unsere Erfahrungen im Bereiche der Körperwelt bringen wir durch Hypothesen und Schlüsse in Verbindung; auf seelischem Gebiet aber ist der Zusammenhang »im Erlebnis als Realität gegeben«. Die Wissenschaft vom Seelenleben kann »hinter denselben, wie er in der inneren Erfahrung selbst gegeben ist ... nicht zurückgehen«.

Wir finden in diesen Gedankengängen Diltheys die nachdrückliche Betonung der Beschreibung gegenüber der Erklärung und damit die

---

[8] Ideen über eine beschreibende und zergliedernde Psychologie, Gesammelte Werke V, Leipzig 1924.

Wurzel zur späteren phänomenologischen Psychologie. Bei Dilthey fallen seelische Zusammenhänge nicht minder in das Gebiet der Beschreibung als seelische Zustände. Es zeigt sich aber sofort, daß einer solchen Beschreibung nach allen Seiten enge Grenzen gezogen sind: durch Lükken der Selbsterfahrung, durch das Unbewußte, durch physiologische Prozesse. Wo die konkrete Darstellung in Frage steht, muß auch Dilthey sich psychologischer Konstruktionen bedienen.

Als ein zweites für uns wesentliches Merkmal seiner Psychologie heben wir die scharfe Gegegenüberstellung von Naturgeschehen und seelischem Geschehen und der ihnen zugeordneten Erkenntnisweisen hervor: Zusammenhänge in der Körperwelt werden durch Denkvorgänge hergestellt, der Strukturzusammenhang im Seelischen aber unmittelbar erlebt. Auch das »Erwirken«, das von einem seelischen Zustand zum andern führt, soll in die Erfahrung fallen. Der Kausalzusammenhang wäre uns demnach schon im Erleben gegeben.

Dem seien an dieser Stelle nur — zunächst ohne Begründung — die Worte von Ebbinghaus[9] gegenübergestellt: »Die größten und wichtigsten Zusammenhänge, die wir aus bestimmten Gründen für das Seelenleben als wirksam behaupten, liegen uns nicht direkt als ... Tatsachen vor, sondern werden von uns erst hergestellt.« Der Strukturzusammenhang wird, wie Ebbinghaus in seiner Kritik Diltheys mit Recht sagt, nicht erlebt, sondern erschlossen.

Die Aufgabe einer phänomenologischen Psychologie, zu deren Grundlegung als eigene Disziplin Dilthey den Weg gebahnt hat, besteht nach Jaspers, welchem wir den Anstoß zu ihrer ungemein fruchtbaren Entfaltung auf psychopathologischem Gebiet verdanken, darin, »die seelischen Zustände, die die Kranken wirklich erleben, uns anschaulich zu vergegenwärtigen, nach ihren Verwandtschaftsverhältnissen zu betrachten, sie möglichst scharf zu begrenzen, zu unterscheiden und mit festen Terminis zu belegen«[10]. Vielleicht wäre die Beibehaltung ihrer Benennung als »beschreibende« Psychologie glücklicher gewesen, weil der Ausdruck »Phänomenologie« in dieser Verwendung Anlaß zu begrifflichen Unklarheiten und zur unberechtigten Gleichsetzung mit der von Husserl begründeten *Phänomenologie* geben kann und tatsächlich gegeben hat. Da der Terminus sich aber eingebürgert hat, wollen auch wir

---

[9] Ztschr. f. Psychol., 9 (1896).

[10] Allgemeine Psychopathologie, Berlin 2. A. 1920, S. 31.

uns seiner im Jaspersschen Sinne bedienen, nachdem wir ihn durch diese Bemerkung vor Mißverständnissen hoffentlich geschützt haben.

Die *Psychoanalyse* vertritt, gegenüber der Überschätzung der bloßen Beschreibung, wie sie in der Lehre von Dilthey zutage tritt, das Recht der Psychologie auf Erklärung und Hypothesenbildung. Sie hält daran fest, daß es Aufgabe der Psychologie ist, die seelischen Vorgänge *naturwissenschaftlich* zu bearbeiten und zu Gesetzen oder Regeln psychischen Geschehens zu gelangen, daß also die Bildung von Hypothesen nicht, wie Dilthey meinte, dem Gegenstande der Psychologie im Grunde unangemessen sei, und daß die phänomenologische Forschung nur eine, allerdings notwendige, Vorarbeit zur Erreichung dieses Zieles bilden könne. Die Grenzen des Bereichs, welchen Dilthey der erklärenden Psychologie zugemessen hat, sind heute von dieser Disziplin längst überschritten. Manche Gebiete des »höheren Seelenlebens«, welche er als unzugänglich für die »konstruierende Methode« ansah, sind durch die experimentelle Arbeit der Denkpsychologen erschlossen, und die Psychoanalyse hat sich an die kausale Betrachtung der zentralsten Vorgänge des menschlichen Seelenlebens herangewagt. Das Drängen Diltheys nach wissenschaftlicher Erfassung der »mächtigen inhaltlichen Wirklichkeit« des Seelenlebens ist sein unvergänglicher Verdienst, die Ansicht von der prinzipiellen Untauglichkeit naturwissenschaftlicher Psychologie zur Lösung dieser Aufgabe aber zeitbedingt und aus der Situation der erklärenden Psychologie in ihren Anfängen zu begreifen.

Die Kluft zwischen Erleben und Erkennen freilich, welche Dilthey hoffte, durch seine »beschreibende und zergliedernde« Psychologie vermeiden zu können, muß jede wissenschaftliche Bearbeitung, auch seelischer Gegenstände, hervortreten lassen. Auch eine beschreibende, mehr noch eine erklärende. Jedenfalls aber sollte man sich bei der Ablehnung dieser letzteren Betrachtungsweise nicht mehr auf die grundsätzliche Unmöglichkeit berufen, sich mit ihrer Hilfe den komplexen seelischen Vorgängen zu nähern.

Worin besteht denn nach Dilthey das Kerngebiet der menschlichen Persönlichkeit, welche der Erfassung durch eine erklärende Psychologie unzugänglich und der beschreibenden Wissenschaft vom Seelenleben vorbehalten sein soll? »Befriedigung der Triebe, Erreichen und Erhalten von Lust, von Lebenserfüllung und Steigerung des Daseins, Abwehr des Mindernden, Drückenden, Hemmenden. Das ist es, was das Spiel unserer Wahrnehmungen und Gedanken mit unseren willkürlichen Handlungen zu einem Strukturzusammenhang verbindet. Ein Bündel von Trieben und Gefühlen, das ist das Zentrum unserer seelischen Struktur ...«[11]. Wir müssen sagen: eben das, was für Dilthey den zentralen Anteil der Persönlichkeit ausmacht, ist das eigentliche Arbeitsgebiet der naturwissenschaftlich verfahrenden Psychoanalyse geworden.

Zwar wird von Dilthey die Grenze jenes Bereichs, für welchen das Verstehen die adäquate Erkenntnisweise sein soll, nicht vollständig klar abgesteckt. Aber es ist deutlich, daß wesentlich die komplexen seelischen Vorgänge gemeint sind. Daraus erklärt es sich, daß das Problem des Verstehens, das in sich die Frage nach der Berechtigung und den Grenzen naturwissenschaftlicher Psychologie begreift, zu einem Grundproblem der psychoanalytischen Methodenlehre werden muß. Es ist richtig, daß die Psychoanalyse weit mehr als andere Richtungen der wissenschaftlichen Psychologie (von den Abkömmlingen der Psychoanalyse sehen wir hier ab) mit verständlichen Zusammenhängen arbeitet. Die Frage ist also zu beantworten, welche methodische Bedeutung die Psychoanalyse dem psychologischen Verstehen beimißt, welcher Wert ihm, vom Standpunkt der Psychoanalyse gesehen, für die Erkenntnis des Seelischen zukommt. Zuerst aber wollen wir uns jener Fortbildung zuwenden, welche die Diltheyschen Gedankengänge in den Lehren von Jaspers gefunden haben.

Bei diesem finden wir zuerst die wesentliche Unterscheidung von statischem und genetischem Verstehen: »In manchen Fällen verstehen wir, wie Seelisches aus Seelischem mit Evidenz hervorgeht. Wir verstehen auf diese nur dem Seelischen gegenüber mögliche Weise, daß der Angegriffene zornig, der betrogene Liebhaber eifersüchtig wird, daß aus Motiven ein Entschluß und eine Tat hervorgeht. In der Phänomenologie vergegenwärtigen wir uns einzelne Qualitäten, einzelne Zustände, wir verstehen *statisch*, hier erfassen wir ein Auseinanderhervorgehen, wir verstehen *genetisch*. Im statischen Verstehen (Phänomenologie) erfassen wir gewissermaßen den Querschnitt des Seelischen, im genetischen Verstehen (Verstehende Psychopathologie) den Längsschnitt«[12].

Die psychologische Phänomenologie und das statische Verstehen als die ihr zugeordnete Erkenntnisweise stehen im Grunde abseits von den eigentlichen analytischen Fragestellungen. Doch sagten wir schon, daß ihre Ergebnisse die notwendige Vorstufe für die erklärende Psychologie

---

[11] a.a.O., S. 206.
[12] a.a.O., S. 19.

bilden, und, soweit sie einwandfrei feststehen, auch der psychoanalytischen Forschung als Unterlage dienen können. Wir unterschreiben durchaus die Worte Kronfelds: »Phänomenologie ist eine notwendige Vorwissenschaft jeglicher psychologischen Theorie, insofern diese die Aufgabe hat, Phänomene (genetisch) zu erklären, sie ist eine Vorwissenschaft in dem gleichen Sinne, wie jede psychologische Ontologie das ist. Einmal ist sie die Vorbedingung der Bildung jeder möglichen Theorie, sodann aber erfordert sie dieselbe; ohne diese bleibt sie in ihrem eigenen Wesen unabgeschlossen« [13].

Das genetische Verstehen ist nur in Verbindung mit Jaspers' Lehre von den Zusammenhängen des Seelenlebens zu begreifen. Schon Lipps [14] unterscheidet, im Gegensatz zu Dilthey, klar die kausale Beziehung, welche es nur für den Verstand gibt, von der »unmittelbar erlebten«. Jaspers stellt nun das Verstehen dem Erklären, den verständlichen Zusammenhang dem kausalen scharf gegenüber. Wir hörten schon: »Durch Hineinversetzen in Seelisches verstehen wir genetisch, wie Seelisches aus Seelischem hervorgeht«, aber »durch objektive Verknüpfung mehrerer Elemente zu Regelmäßigkeiten auf Grund wiederholter Erfahrungen erklären wir kausal« [15]. Durch diese Gegenüberstellung entfernt sich Jaspers von Diltheys Auffassung des Verstehens; dieser meinte ja, daß auch der kausale Zusammenhang auf seelischem Gebiet in den Bereich der unmittelbaren Erfahrung falle. Das genetische Verstehen findet keine Grenzen nach Jaspers in folgenden drei Richtungen: an den phänomenologischen Daten, an den nur rational verstehbaren Inhalten und an den außerbewußten Mechanismen.

Ein großer Teil jener Zusammenhänge, deren Kenntnis wir der Psychoanalyse verdanken, ist ohne Zweifel genetisch, einfühlend, nacherlebend verständlich. Jene von ihr aufgedeckten Beziehungen, welche sich um den Zusammenhangstypus: Triebimpuls-Triebhandlung gruppieren, sind ebenso wie die Verdrängungen und manche Reaktionsbildungen verständlich, wir erleben hier überall das Auseinanderhervorgehen eines seelischen Zustandes aus einem anderen. Daß Ziel der Psychoanalyse jedoch nicht das Verstehen von Seelischem ist, sondern das kausale Erklären, haben wir schon festgestellt und werden noch darauf zurückkommen. Die von der Psychoanalyse gefundenen Zusammen-

---

[13] Das Wesen der psychiatrischen Erkenntnis, Berlin 1920, S. 394.
[14] Leitfaden der Psychologie, Leipzig 3. A. 1909, S. 42.
[15] a.a.O., S. 170.

hänge sind zwar vielfach auch verständlich, aber das ist für die analytische Theorie nicht das Wesentliche. Trotzdem konnte das Mißverständnis aufkommen, als handle es sich bei der Psychoanalyse im Grunde um einen Zweig der verstehenden Psychologie. So wird die klare Herausstellung ihrer Grundpositionen gegenüber den Anschauungen dieser Lehre zu einem dringenden Erfordernis.

Der Ausdruck »verständlicher Zusammenhang« kann eine besondere Art des Zusammenhangs bezeichnen oder eine besondere Art seiner Erkennbarkeit. Kronfeld[16] hat mit Recht darauf aufmerksam gemacht, daß beide Bedeutungen bei Jaspers ineinander fließen. So heißt es einmal: »Während in der Naturwissenschaft nur Kausalzusammenhänge gefunden werden können, findet in der Psychologie das Erkennen noch in dem Erfassen einer ganz anderen Art von Zusammenhängen eine Befriedigung«[17], an vielen anderen Stellen aber ist das Verstehen eine besondere Methode, wie psychische Gegenstände erfaßt werden und wird als solche dem Erklären gegenübergestellt. Eine weitere Zweideutigkeit der Jaspersschen Lehre liegt darin, daß zwar einerseits das kausale Erklären grundsätzlich nirgends seine Grenze finden soll, anderseits aber doch tatsächlich auf die unverständlichen Regelmäßigkeiten eingeschränkt wird, wie aus der folgenden Stelle hervorgeht: »(Das genetische Verstehen) ist das subjektive, evidente Erfassen der seelischen Zusammenhänge von innen, soweit sie auf diese Weise erfaßbar sind, (das Erklären) das objektive Aufzeigen von Zusammenhängen, Folgen, Regelmäßigkeiten, die unverständlich und nur kausal erklärbar sind.«[18] Man gewinnt bei Jaspers immer wieder den Eindruck, daß er zwar eine psychisch-physische, nicht aber eine psychisch-psychische Kausalität anerkenne. Wenn aber die kausale Erklärung vom Gebiet des Verständlichen ausgeschlossen sein soll — an anderer Stelle heißt es dann freilich, im Gegensatz hierzu, das Verstehen sei nur ein Plus, das zum Erklären hinzukomme — so sind ja Ausdrücke wie: »Wir verstehen genetisch, wie Seelisches aus Seelischem hervorgeht« im Grunde als irreführend zu bezeichnen, denn wir erfassen ja dann im genetischen Verstehen nicht ein wirkliches Auseinanderhervorgehen, sondern stellen lediglich ein Erlebnis des Auseinanderhervorgehens fest, ohne daß die Glieder des erlebten Zusammenhangs objektiv verbunden sein müßten.

---

[16] a.a.O., S. 359.
[17] a.a.O., S. 171.
[18] a.a.O., S. 173.

»Das Erlebnis von Zusammenhängen ist nicht identisch mit dem Zusammenhang von Erlebtem« (Koffka[19], ähnlich auch bei Kronfeld[20]). Das Erlebnis des Zusammenhangs kann Gegenstand phänomenologischer Betrachtung werden, ebenso wie jedes andere Erlebnis; innerhalb der erklärenden Psychologie kann es anderseits nach seinen Bedingungen, seiner Entwicklung usw. untersucht werden. Aber was kann uns dies Erlebnis über den wirklichen seelischen Zusammenhang sagen, welche Erkenntnis kann es uns vermitteln? Wie kann im Erleben selbst das Kriterium liegen für das reale Gegebensein des psychischen Zusammenhangs?

Wir stoßen hier — sofern es sich um das Verstehen des Nebenmenschen handelt — auf den Problemkreis des Wissens vom Fremdpsychischen. Es kann nicht unsere Aufgabe sein, an dieser Stelle die einzelnen Theorien, welche uns die Frage beantworten suchen, wie wir zur Konstituierung des fremden Ich und zur Erkenntnis von fremdem Seelenleben gelangen können — also die Analogieschlußtheorien, die Einfühlungstheorien und die »Wahrnehmungstheorie« Schelers, der sich u. a. auch Binswanger angeschlossen hat — im einzelnen zu diskutieren. Es sei lediglich auf die Kritik hingewiesen, welche Rickert und Kronfeld an der Schelerschen Theorie geübt haben. Bei Jaspers wird das psychologische Verstehen auch als einfühlendes Verstehen bezeichnet, der Weg zur Erkenntnis fremdpsychischer Zustände und Zusammenhänge geht also nach seiner Ansicht über die Einfühlung. Das einfühlende Verstehen »führt uns ... in seelische Zusammenhänge selbst hinein«.

Wenn also das Einfühlen ein Erkenntnismittel sein soll — worin liegen die Richtigkeitskriterien dieser Methode? In dem Einfühlungserlebnis selbst können sie doch wohl nicht gelegen sein. Denn zunächst ist ja Einfühlung nicht anderes als ein Mittel, sich fremdpsychisches Geschehen zur Gegegebenheit zu bringen. Wenn beim Einfühlen bestimmte Erlebnisse hervorgerufen werden sollen, welche den zu erkennenden fremdpsychischen analog sind, so liegt darin natürlich nichts über die Geltung einer solchen Einfühlung. Von Erkenntnis kann hier nicht gesprochen werden, solange nicht auf gedanklichem Wege ein In-Beziehung-Setzen stattfindet. Überdies ist das Wesen der Einfühlungserlebnisse wenig bekannt und ihre Wertigkeit für das Erkennen des Fremdpsychischen ohne Zweifel recht verschieden groß. Die nächste Aufgabe

---

[19] Zur Analyse der Vorstellungen und ihrer Gesetze, Leipzig 1912, S. 6.
[20] a.a.O., S. 383.

wäre also wohl die, eine Rangordnung dieser Erlebnisse nach ihrem Erkenntniswert aufzustellen, so etwa, wie es W. Baade[21] versucht hat: die wertvollsten Einfühlungen sind nach seiner Anschauung und in seiner Terminologie die »darstellend fundierten nicht angleichbaren«.

Jaspers beruft sich auf die »Evidenz«, welche dem psychologischen Verstehen ebenso wie dem rationalen zukommen soll. Wenn uns ein Zusammenhang verständlich ist, »erleben wir eine unmittelbare Evidenz«. »Die Evidenz des genetischen Verstehens ist etwas Letztes.«[22] Nun ist es zwar dem rationalen Verstehen gegenüber ohne Zweifel berechtigt, von »Evidenz« zu sprechen; ob aber eine Übertragung des Evidenzbegriffes auf das psychologische Verstehen zulässig ist, bleibt zumindest fraglich. Die Bedeutung, welche der Evidenz in Logik und Mathematik zukommt, kann ihr jedenfalls auf dem Gebiete einer Realwissenschaft niemals zugestanden werden; denn in jenen Wissenschaften handelt es sich ja eben nicht um die Realität der untersuchten Gegenstände. Doch wollen wir auf diesen Einwand kein allzu großes Gewicht legen und uns des Ausdrucks »Evidenz« weiter auch im Jaspersschen Sinne bedienen. Es muß aber Jaspers gegenüber gleich gesagt werden, daß für die wissenschaftliche Psychologie ja nicht so sehr die Evidenz als der Erkenntniswert des Verstehens von Belang sein muß. Ein Kriterium dafür, wann das evidente Verstehen von Zusammenhängen zu wahren Urteilen führt und wann zu Irrtümern, gibt uns Jaspers nicht. Gerade das aber wäre erforderlich, insofern das evidente Verstehen ein Mittel der Erkenntnis sein soll und die Lehre von den verständlichen Zusammenhängen mehr besagen will als die bloße Feststellung von Evidenzerlebnissen.

Daß man den schwersten Irrtümern in der Beurteilung der wirklichen Zusammenhänge ausgesetzt ist, wenn man sich ausschließlich von der Evidenz des psychologischen Verstehens leiten läßt, liegt auf der Hand. Geben wir ein Beispiel: Wir hätten einen Mann vor uns, der, selbst kraftvoll und ungebrochen, alles Krankhafte, Schwächliche und Halbe verabscheut und bekämpft. Aus der eigenen Gesundheit und Wohlgeratenheit des Mannes ist uns diese Stellungnahme verständlich, wir erleben diesem verständlichen Zusammenhang gegenüber eine unmittelbare Evidenz. Nun nehmen wir an, wir »lernten diesen Mann genauer ken-

---

[21] Ztschr. f. d. ges. Neurol. u. Psych., 29 (1915).
[22] a.a.O., S. 171.

nen«, wir erführen von ihm oder anderen, daß er an einem nicht gern eingestandenen, uns bisnun verborgen gebliebenen, schweren Defekt leidet, daß er im Grunde nicht nur ein schwerkranker, sondern auch ein innerlich unsicherer Mensch sei. Auch jetzt verstehen wir, auch der Zusammenhang zwischen der eigenen Schwäche und Unsicherheit eines Menschen und dem Abscheu und Haß gegenüber diesen Eigenschaften bei anderen ist uns einsichtig und auch die Einsicht in diesen Zusammenhang ist von einem Evidenzerlebnis begleitet. Dies Beispiel darf nicht als Ausnahme beurteilt werden, Fälle wie dieser begegnen jedem Menschen alltäglich. Wir müssen dann sagen: das Evidenzerlebnis hat uns getäuscht, oder: Evidenzerlebnis steht gegen Evidenzerlebnis und die Entscheidung »richtig oder falsch« kann offenbar aus der Evidenz nicht abgeleitet werden. Der verständliche Zusammenhang hat sich im konkreten Fall als Scheinzusammenhang erwiesen. Wir lernen daraus, daß die Verständlichkeit — zumindest sehr häufig — kein Mittel ist, wirkliche von Scheinzusammenhängen zu unterscheiden. Das Aufdecken des bloß scheinbaren Zusammenhängens spielt aber gerade in der Psychoanalyse eine ungeheure Rolle, und wir werden noch hören, daß es vor allem die Psychologie der unbewußten Prozesse ist, welche uns zwingt, der Zuverlässigkeit des Verstehens als eines Erkenntnismittels das schärfste Mißtrauen entgegenzubringen.

Nun, daß man sich bei der Beurteilung seiner Nebenmenschen irren kann, ist gewiß keine Entdeckung. Das wissen ja selbstverständlich die Vertreter der verstehenden Psychologie so gut wie wir und so gut wie irgend jemand. Es konnte sich für uns nur darum handeln festzustellen, daß auch die Evidenz des Verstehens uns vor solchen Täuschungen nicht bewahren kann. Freilich bliebe scheinbar noch der Ausweg, von der Evidenz des Durchschnittsmenschen auf die genialer Menschenkenner zu rekurrieren, auf die »Psychologie« von Dichtern und Philosophen also. Aber auch dieser Weg erweist sich sogleich als ungangbar, wenn man erwägt — man kann es hundertfältig belegen — wie es auf diesem Gebiete schwer fallen dürfte, abgesehen von den gröbsten Banalitäten einen evidenten Zusammenhang aufzuweisen, dem nicht aus dem Werke anderer »intuitiver« Psychologen ein widersprechender gegenüber gestellt werden könnte. Schon aus diesem Grunde vermag der Rekurs vom Alltagsmenschen auf die einsichtige Psychologie genialer Persönlichkeiten uns ein Geltungskriterium für das evidente Verstehen nicht zu geben; als wissenschaftliche Methode zumindest kommt er nicht in Betracht.

Es sei ferner gleich an dieser Stelle angemerkt: es ist nicht so, daß die Evidenz des genetischen Verstehens zwar dem Einzelfall gegenüber versagen kann, für den Durchschnitt aber doch ihre Geltung behält, vielmehr gibt es evident verständliche Zusammenhänge, von welchen es durchaus fraglich ist, ob ihnen auch nur ein einziger wirklicher Zusammenhang entspricht.

Gehen wir einen Schritt weiter. In den Fällen, in welchen wir das Hervorgehen seelischer Entwicklungen oder Reaktionen aus Charaktereigenschaften und Erlebnissen verstehen, ohne daß dieser Zusammenhang aber wirklich gegeben wäre — in diesen Fällen wirkt die Evidenz des Verstehens als eine Täuschungsquelle. Gerade das Evidenzerlebnis erschwert es uns dann, zu den wirklichen Zusammenhängen vorzudringen. Wir lösen uns bei der Beurteilung seelischer Strukturen schwerer von dem evident verstandenen Zusammenhang los als von einer beliebigen Hypothese, welche nicht von einem Evidenzerlebnis begleitet ist. Wir sind weiter gerade durch die Evidenz des Verstehens versucht, vorschnell zu verallgemeinern und die Verschiedenheit der im Einzelfall vorliegenden Bedingungen zu vernachlässigen — wenn sich uns ein Zusammenhang bei Gelegenheit einer bestimmten Erfahrung einmal als evident herausgestellt hat. Hier liegen gefährliche Fehlerquellen für jede verstehende Psychologie — soweit sie nämlich noch Wirklichkeitswissenschaft ist und uns über reales seelisches Geschehen etwas aussagen will.

Die Hartnäckigkeit, mit der sich gewisse psychologische Maximen, welche kaum jemals durch die Erfahrung bestätigt werden, im vorwissenschaftlichen Denken erhalten, ist zum Teil Folge ihrer Evidenz. Die Zuordnung möglicher Denk- oder Handlungsweisen zu bestimmten Persönlichkeitstypen geschieht ja weitgehend nicht auf der Grundlage der Induktion sondern der Verständlichkeit. Sätze wie: als »guter Mensch«, oder als »frommer Katholik«, oder als »ehrliebender«, als »aufrichtiger« Charakter usw. »muß« er sich in dieser Weise entschieden haben oder »kann er unmöglich« in jener Weise gehandelt haben, erhalten sich vielfach auch dort, wo die Erfahrung lehrt, daß der »gute Mensch«, der »fromme Katholik« tatsächlich sich selten oder nie in dieser Weise entscheidet und fast immer oder immer in jener Weise handelt. Zumeist ist es in diesen Fällen das evidente Verstehen — von versteckten Wertungen, die häufig zugrunde liegen, sehen wir ab — welches das unrichtige In-Beziehungsetzen verschuldet.

Nun verstehen wir ja nicht nur das fremde, wir verstehen natürlich auch das eigene Ich. Das Selbstverstehen ist ja sogar die primäre Funktion, über der sich erst das Fremdverstehen aufbaut. Es muß daher gleich festgestellt werden, daß dem Selbstverstehen gegenüber zwar jene Einwände wegfallen, welche sich auf die Einfühlung als Erkenntnisquelle beziehen, daß aber alles, was über die Unzuverlässigkeit der Evidenzerlebnisse für die Erkenntnis realer seelischer Zusammenhänge gesagt wurde, auch hier seine Geltung behält. Vor allem die Beobachtungen der Psychoanalyse, aber auch unzählige Alltagsbeobachtungen, lehren uns, daß das Zusammenhangserlebnis auch hier den wirklichen seelischen Zusammenhang durchaus nicht immer richtig wiedergibt. Die Psychoanalyse kann daher nicht die Entscheidung für oder gegen die Zulässigkeit von Annahmen über diese Zusammenhänge in letzter Linie von dem Vorhandensein oder Fehlen des Einsichtserlebnisses bei ihren Patienten abhängig machen, wie es die meisten unter ihren Kritikern — auch sachkundige, wie Roffenstein[23], sind in diesen Fehler verfallen — von ihr fordern.

Der Erkenntniswert des Selbstverstehens ist aber außerdem durch eine Fehlerquelle belastet, welche beim Fremdverstehen nicht, oder wenigstens nicht in dem gleichen Maße, in Betracht kommt. Die Psychoanalyse hat es über jeden Zweifel sichergestellt, daß uns das Bewußtsein von unserer Gesamtpersönlichkeit, von der Struktur unseres Seelenlebens immer nur einen Teil, immer nur einen Ausschnitt zeigt. Vieles, oder, vom Standpunkt der erklärenden Psychologie, vielleicht sogar das Wesentliche, bleibt uns selbst verborgen: es ist unbewußt, und nur durch bestimmte technische Kunstgriffe ist es möglich, diesen Anteil unserer Persönlichkeit ins Bewußtsein zu heben. Die Schwierigkeiten, mit welchen diese Arbeit zu kämpfen hat, sind größer gegenüber dem eigenen als gegenüber dem fremden Ich. Diese Grenze des Selbstverstehens vermögen wir aus affektiven Momenten und Triebeinstellungen abzuleiten. Aber erst die Lehre von der psychischen Dynamik wird uns klar zei-

---

23 Ztschr. f. d. ges. Neurol. & Psych., 80 (1922). — Nach Abschluß dieser Arbeit ist Roffensteins klares und gedankenreiches Buch »Das Problem des psychologischen Verstehens«, Stuttgart 1926, erschienen. Die Kritik, welche Roffenstein hier am Erkenntniswert des psychologischen Verstehens übt, stimmt in ihren Ergebnissen mit der meinen gut überein. Was er hingegen weiter speziell für oder vielmehr gegen die psychoanalytische Psychologie des unbewußten Seelenlebens folgert, läßt sich nach meiner Ansicht aus dieser Grundposition keineswegs ableiten. Im Gegenteil: gerade die Psychoanalyse scheint mir jene induktiv verfahrende, biologisch fundierte Wissenschaft vom höheren Seelenleben zu sein, welche er fordert!

gen, wie es von einem Kräftespiel widerstreitender Triebregungen abhängt, welche seelischen Vorgänge ins Bewußtsein und damit zur Selbstwahrnehmung durchdringen dürfen.

Das Resultat einer solchen Betrachtungsweise ist: Mißtrauen gegen die Objektivität selbsterlebter Motivationszusammenhänge. Im Umkreis dieses Gedankens hat die Psychoanalyse durch systematische, kausal gerichtete Forschungsarbeit ein bedeutendes Stück heute gesichertes Neuland erobert. Aber gerade hier liegt einer der stärksten Gründe zu jener affektiven Ablehnung der Psychoanalyse, welche ihr, weit über den Bereich ihrer theoretischen Gegner hinaus, Feinde gemacht hat. In der Lehre nämlich, daß die seelischen Vorgänge »nur durch eine unvollständige und unzuverlässige Wahrnehmung dem Ich zugänglich und ihm unterworfen werden«, »daß das Ich nicht Herr sei in seinem eigenen Haus«[24]. Freud meint mit Recht, daß diese »psychologische Kränkung des Narzißmus«, mit der es der Psychoanalyse sehr ernst ist, für jeden, der sich dem analytischen Problemkreis nähert, eine gefühlsmäßige Erschwerung tieferen Eindringens bedeutet. Jenes Mißtrauen als Grundhaltung gegenüber den Scheinzusammenhängen, welche auf dem Boden des Selbstverstehens so oft erwachsen und das Bild der eigenen Persönlichkeit fälschen, ist gewiß nicht ausschließliches Eigentum der Psychoanalyse. Vor allem die Psychologie Nietzsches ist von diesem »Mißtrauen« durchzogen und hier wie in manchen anderen letzten psychologischen Positionen dürfen wir die psychoanalytische Arbeit als systematische Begründung und legitime Weiterbildung Nietzschescher »Intuition« ansehen.

Wir »verstehen« es auch, wenn ein Mensch gewisse Triebregungen, gewisse Wünsche, gewisse Vorlieben und Abneigungen »sich nicht eingestehen will« oder verdrängt. Und hier ist dann der Punkt, an welchem das Verstehen sich sozusagen selbst aufhebt: wir verstehen, wie in bestimmten Fällen das Selbstverstehen zu Scheinzusammenhängen führen muß.

Affektive Momente spielen auch bei der Aufgabe, durch Verstehen zu wahren Urteilen über fremdpsychische Zusammenhänge zu gelangen, als Erleichterung und als Hemmung eine Rolle. Diese Erleichterung oder Hemmung kann in der affektiven Einstellung zu der betreffenden Person wurzeln, oder in der affektiven Einstellung zu bestimmten see-

---

24 Freud, Sammlung Kleiner Schriften zur Neurosenlehre, IV, S. 562.

lischen Teilgebieten: in beiden Fällen kann es (wir ziehen jetzt nur die Erkenntnishemmung in Betracht) aus affektiven Gründen zum Erleben von scheinbaren Zusammenhängen kommen, welche die wirklichen Zusammenhänge verdecken. Diese Erkenntnis ist für die Forderung maßgebend gewesen, jeder ausübende Psychoanalytiker müsse sich selbst einer Analyse unterzogen haben. Es hat sich nämlich gezeigt, daß das Erkennen von psychischen Zusammenhängen an anderen oft gerade auf jenen Gebieten einen »blinden Fleck« (Stekel) aufweist, deren restlose Durcharbeitung und Einordnung in das Ganze der eigenen Persönlichkeit dem Analytiker nicht gelungen ist.

Die Frage, warum ein Mensch sein Handeln aus falschen Voraussetzungen ableitet, warum er für bestimmte Eigenschaften blind ist, sich gewisse Wünsche nicht eingesteht, warum ihm verständliche Scheinzusammenhänge das Bild der eigenen Person verfälschen, warum, allgemein gesagt, das Selbstverstehen hier dem Fremdverstehen unterlegen ist, führt tief hinein in die analytische Triebpsychologie. Daß hier ein sehr bedeutungsvolles Problem liegt, hat Nietzsche[25] klar gesehen: »So wichtig es sein mag, die Motive zu wissen, nach denen wirklich die Menschheit bisher gehandelt hat: vielleicht ist der Glaube an diese oder jene Motive, also das, was die Menschheit sich selber als die eigentlichen Hebel ihres Tuns bisher untergeschoben und eingebildet hat, etwas noch wesentlicheres für den Erkennenden«.

Wir sind durch die Untersuchung der vielfältigen Täuschungsmöglichkeiten, welchen das psychologische Verstehen ausgesetzt ist, zu dem Resultat gekommen, daß aus der Evidenz verständlicher Zusammenhänge ein zuverlässiges Kriterium für das wirkliche Zusammenhängen des Seelischen nicht gewonnen werden kann. Sofern Psychologie Wissenschaft vom realen Seelenleben, sofern sie empirische Realwissenschaft ist, kann uns keine psychologische Evidenz — diese ist ja im Grunde jener der Logik und Mathematik nachgebildet! — zu wahren Urteilen über den Zusammenhang ihrer Gegenstände führen.

Das Auseinanderfallen von evident verständlichen und wirklichen Zusammenhängen im Einzelfalle ist natürlich auch Jaspers nicht entgangen. »Das Urteil über die Wirklichkeit eines verständlichen Zusammenhanges im Einzelfalle beruht nicht allein auf der Evidenz desselben, sondern vor allem auf dem objektiven Material greifbarer Anhalts-

[25] Fröhliche Wissenschaft, I. Buch, 44.

punkte (sprachliche Inhalte, geistige Schöpfungen aller Art, Handlungen, Lebensführung, Ausdrucksbewegung), die einzeln verstanden werden, aber immer in gewissem Maße unvollständig bleiben«[26]. Das ist zweifellos richtig, aber doch im Grunde zu wenig; denn es sind damit ja nur Grade des verstehenden Nacherlebens — und zwar hier Grade seiner Vollständigkeit, nicht aber Abstufungen der Evidenzerlebnisse — gemeint. Wir müssen hinzufügen, daß auch ein Verstehen, bei welchem »das Verstandene durch Ausdrucksbewegungen, sprachliche Äußerungen, Handlungen seine volle Darstellung findet« ohne Kontrolle durch die Induktion, welche unter anderem auch die Beziehungen zum unbewußten Seelenleben notwendig in ihren Bereich ziehen muß. Unsere Einwände gegen die Zuverlässigkeit des Selbstverstehens haben das klar hervortreten lassen. Nur durch Aufstellung von Regeln und durch Analyse des Einzelfalls auf Grund der Kenntnis dieser Regeln können wir entscheiden, ob zwischen psychischen Gebilden ein Zusammenhang tatsächlich vorliegt oder nicht.

Jaspers faßt seine »verständlichen Zusammenhänge« als idealtypische Begriffsbildungen auf. Der Begriff des Idealtypus wird von ihm in folgender Weise definiert: »Idealtypen sind umfassende Einheitsbildungen, die zwar bei Gelegenheit der Erfahrung, aber nicht durch die Erfahrung, vielmehr aus wenigen gegebenen Voraussetzungen mit apriorischen Mitteln konstruiert werden«[27]. Nach welchen Gesichtspunkten diese »Konstruktion« erfolgen soll, bleibt bei Jaspers unklar. Die Begriffsbestimmung des idealtypischen Verstehens, welche hier gegeben wird, entfernt sich weit von jener ursprünglichen Auffassung des Verstehens, wie sie uns bei Dilthey begegnet ist: an die Stelle des »unmittelbar erlebten Zusammenhangs« tritt jetzt eine »Konstruktion«. Auch bei Jaspers selbst findet sich übrigens — wir sind davon ausgegangen — neben dieser idealtypischen Bestimmung der verständlichen Zusammenhänge eine andere, welche das genetische Verstehen dem Nacherleben des Auseinanderhervorgehens gleichsetzt. An einer schon zitierten Stelle heißt es ja: »Durch Hineinversetzen in Seelisches verstehen wir genetisch, wie Seelisches aus Seelischem hervorgeht«. Aus der Auffassung der verständlichen Zusammenhänge als Idealtypen folgt aber weiter konsequenterweise, »daß sie zunächst gar keine empirische Bedeutung ha-

---

26 a.a.O., S. 172.
27 a.a.O., S. 338.

ben« [28]. Kann nun eine solche Konstruktion einen anderen Sinn haben als den, eine übersichtliche Ordnung der wirklichen seelischen Zusammenhänge zu ermöglichen? Und wenn die verständlichen Zusammenhänge »der Maßstab sind, an dem wir die wirklichen Einzelfälle messen«, in welchem Sinn kann dann das Verstehen ein Erkenntnismittel genannt werden?

Wo die Wirklichkeit dem Idealtypus entspricht, »ist die Erkenntnis auf eigenartige Weise befriedigt« (Jaspers [29]). Auch das ist richtig, aber anderseits doch wieder irreführend; denn dies eigenartige Erlebnis haben wir eben nicht nur in solchen Fällen, sondern darüber hinaus auch angesichts jener scheinbaren Entsprechung, von welcher wir festgestellt haben, daß sie nicht als »Ausnahme« vernachlässigt werden darf; wir wissen ja, daß gerade die Evidenz des Verstehens geeignet ist, zu Täuschungen über den wirklichen seelischen Zusammenhang Anlaß zu geben. Da die »eigenartige Befriedigung«, von welcher Jaspers spricht, uns über die Wirklichkeit oder Wahrscheinlichkeit des Zusammenhängens keinen Aufschluß geben kann, müssen wir verlangen, daß der Wert des idealtypischen Verstehens als eines Erkenntnismittels an der Erfahrung überprüft werde. Wo aber ein solcher verständlicher Zusammenhang — mag er nun als »nacherlebt« bezeichnet werden oder als »Konstruktion«, oder ein Kompromiß beider Auffassungen darstellen — sich an der Erfahrung nicht bewährt, wo er zu Täuschungen führt und als Maßstab nicht zweckdienlich ist, verliert er jede Bedeutung für eine realwissenschaftliche Psychologie.

Wenn verständliche Zusammenhänge idealtypische Begriffsbildungen sind, so sind sie weder wahr noch falsch: sie sind »Ausdruckmittel der Darstellung«. Ob ein verständlicher Zusammenhang einen Platz in der wissenschaftlichen Psychologie beanspruchen darf, bestimmt sich somit nicht aus seiner Evidenz, vielmehr ausschließlich aus seiner Tauglichkeit zur Darstellung des realen Seelenlebens und kann nur mit Hilfe psychologischer Induktion entschieden werden — auch wenn der verständliche Zusammenhang nicht durch Induktion gewonnen wurde, und wenngleich es richtig bleibt, daß seine Evidenz sich nicht auf Erfahrung gründet. Jaspers aber lehnt diese Forderung, es müßten die verständlichen Zusammenhänge an Hand der Erfahrung überprüft werden, ausdrücklich ab. Es bleibt dann freilich die Frage unbeantwortet, welchen wissen-

---

28 ebenda.
29 ebenda.

schaftlichen Wert die Herausstellung dieser Zusammenhänge noch haben könnte.

Bei Max Weber, von welchem Jaspers den Gedanken der idealtypischen Begriffsbildung übernommen hat, finden wir es klar ausgesprochen, daß »das ›Verstehen‹ des Zusammenhangs noch mit den sonst gewöhnlichen Methoden kausaler Zurechnung, soweit möglich kontrolliert werden (muß), ehe eine noch so evidente Deutung zur gültigen ›verständlichen Erklärung‹ wird«[30]. Und an anderer Stelle heißt es: »›Sinnhafte‹ Deutungen konkreten Verhaltens rein als solche sind natürlich ..., selbst bei größter ›Evidenz‹, zunächst nur Hypothesen der Zurechnung. Sie bedürfen also der tunlichsten Verifikation mit prinzipiell genau den gleichen Mitteln wie jede andere Hypothese. Sie gelten uns als brauchbare Hypothesen dann, wenn wir ein, im Einzelfall höchst verschieden großes, Maß von ›Chance‹ dafür annehmen dürfen, daß (subjektiv) ›sinnhafte‹ Motivationsverkettungen vorliegen«[31]. Die Evidenz der Deutung besagt nichts über die wirklichen Zusammenhänge: »... eine sinnhaft noch so evidente Deutung kann als solche und um dieses Evidenzcharakters willen noch nicht beanspruchen, auch die kausal gültige Deutung zu sein. Sie ist stets an sich nur eine besonders evidente kausale Hypothese«[32]. Schärfer und konsequenter als bei Jaspers wird der logische Charakter des idealtypischen Verstehens als einer Konstruktion bestimmt und festgehalten. Solche »Gedankenbilder« vereinigen bestimmte Beziehungen und Vorgänge zu »gedachten Zusammenhängen«. »Inhaltlich trägt diese Konstruktion den Charakter einer Utopie an sich, die durch gedankliche Steigerung bestimmter Elemente der Wirklichkeit gewonnen ist[33].« Die idealtypischen Begriffe sind entweder heuristisch oder als Mittel der Darstellung wertvoll; sie sollen »das Zurechnungsurteil schulen«[34] und der Hypothesenbildung die Richtung weisen. Ohne den Nachweis aber, »daß der — wie wir annehmen wollen gedanklich erschlossene — Ablauf des Sichverhaltens auch wirklich in irgendeinem Umfang eintritt«, wäre ein noch so evidenter Zusammenhang »für die Erkenntnis des wirklichen Handelns eine wertlose Konstruktion«[35].

---

30 Gesammelte Aufsätze zur Wissenschaftslehre, Tübingen 1922, S. 404.
31 a.a.O., S. 413.
32 Wirtschaft und Gesellschaft, Tübingen 1921, S. 4.
33 Gesammelte Aufsätze zur Wissenschaftslehre, S. 190.
34 ebenda.
35 Wirtschaft und Gesellschaft, S. 5.

Man darf Max Webers Lehre vom Idealtypus nicht, wie Kronfeld es tut, als »stümperhaftes logisches Flickwerk« aburteilen. Es scheint mir, daß die Heraushebung und scharfe methodische Umreißung der idealtypischen Begriffsbildung durch Max Weber eine Leistung ist, deren Wert für *Geschichte* und *Soziologie* gar nicht hoch genug eingeschätzt werden kann. Ob freilich ihre Übertragung auf die *Psychologie* — auch abgesehen von den Unklarheiten, welche dem Jaspersschen Versuche anhaften — eine glückliche sein kann, ist zumindest recht fraglich. Binswanger[36] hat hier richtig die Gefahr eines psychologischen Rationalismus gesehen, welche darin gelegen wäre, daß das rational deutbare Sichverhalten auch auf seelischem Gebiet als Idealtypus zum Ausgangspunkt der Darstellung gemacht würde. Max Weber allerdings hält sich von diesem Fehler völlig frei. Er grenzt seine »verstehende Soziologie« scharf gegen jedes mögliche psychologische Verfahren ab. Auch Jaspers umgeht die Schwierigkeit, indem er die idealtypische Evidenz auch auf das Nichtrationale, nur psychologisch einfühlend Verständliche ausdehnt. Trotzdem ist — wegen der besonderen Art von Evidenz, welche das rationale Verstehen vor dem irrationalen auszeichnet — für eine Methode, welche das Kriterium der Erfahrung nicht anerkennt, die Gefahr, vor welcher Binswanger gewarnt hat, nicht auszuschalten.

Das vorwissenschaftliche psychologische Denken ist reich an Typenbegriffen, welche weder Wertbegriffe noch durch Induktion gewonnen sind. Jedoch müßte es sich erst erweisen, ob der Begriff des Idealtypus (in seiner Fassung durch Max Weber) auch für die wissenschaftliche Psychologie überhaupt fruchtbar gemacht werden kann.

Doch sollten die Schwierigkeiten und die innere Unabgeschlossenheit, welche Jaspers' Lehre von den verständlichen Zusammenhängen anhaften, nicht blind machen für ihre große historische Bedeutung. Diese Lehre hat mehr als jede andere vor allem die Psychopathologen zur Besinnung über die methodologischen Grundlagen ihrer Wissenschaft geführt und durch die versuchte Abgrenzung gegenüber einer naturwissenschaftlichen Psychologie gerade auch die Vertreter der naturwissenschaftlichen Arbeitsrichtung geschult und bereichert. Die entscheidende Zuwendung zum Erleben der Kranken, zu den formalen und inhaltlichen psychologischen Besonderheiten der Psychosen, war die Grundlage, auf welcher eine Arbeitsrichtung erwachsen ist, deren Ergebnisse

---

[36] Allgemeine Psychologie, Berlin 1922, S. 301.

(in den Arbeiten von Jaspers selbst, von Kurt Schneider, Mayer-Groos und anderen) den wichtigsten der neueren psychiatrischen Literatur zuzuzählen sind. Das tiefere Eindringen in die Inhalte und Zusammenhänge der Psychosen ist — trotz aller methodischen Gegensätzlichkeit — seiner Schule und der Psychoanalyse gemeinsam. Mit dem Unterschiede freilich, daß — wir wiederholen es — für die Psychoanalyse das Erleben, ob es nun Zustände oder Abläufe betrifft, Ausgangspunkt der wissenschaftlichen Arbeit ist, nicht aber, wie für die verstehende Psychologie, ihr Ziel.

Betrachten wir jetzt das Verhältnis der verständlichen Zusammenhänge zu den kausalen von der anderen Seite, vom Standpunkt des realen psychischen Zusammenhangs aus, so ergibt sich folgendes: das Verstehen (im Sinne eines Nacherlebens realen psychischen Geschehens) findet seine notwendige Grenze an zwei Tatsachenkreisen: am unbewußten Seelenleben und an jenen Vorgängen, welche wir als »somatischen Einbruch« (Schilder) zusammenfassen. Die Annahme eines »Unbewußten«, das nach Art bewußter seelischer Zustände und Zusammenhänge zu beschreiben ist, kann keine Psychologie umgehen. Strittig kann nur sein, ob dies Unbewußte als ein Teil des Seelenlebens anerkannt oder ins Bereich des Physiologischen verwiesen wird; die beiden Möglichkeiten werden uns später beschäftigen. An dieser Stelle darf das Problem noch unentschieden bleiben. Die unbestreitbare Tatsache, um welche es sich uns hier handelt, ist: daß der Bewußtseinszusammenhang lückenhaft ist, und daß weder von einer Kontinuität des Bewußtseinsstromes noch, auch davon abgesehen, von einer Geschlossenheit des Kausalzusammenhangs im Bereiche des bewußten Seelenlebens die Rede sein kann.

Wir werden noch zu zeigen haben, wie es die psychoanalytische Erfahrung unabweislich gemacht hat, die Psychologie der unbewußten Prozesse aus dem Schattendasein, in welches sie die Lehren der meisten Psychologen gebannt hatten, zu befreien und dem Unbewußten eine, ja die dominierende Stellung im Seelenleben einzuräumen. Die Annahme, daß eben nur dort, wo der Bewußtseinszusammenhang Lücken aufweist, unbewußte Zwischenglieder angesetzt werden müßten, würde den Tatsachen nur sehr unvollkommen gerecht werden. Diese Lücken sind zwar der Ausgangspunkt, von welchem her sich die Einführung unbewußter Prozesse ergeben hat und sich die Notwendigkeit dieser Annahme am sinnfälligsten aufdrängt — aber ein tieferer Einblick in die Psychologie des Unbewußten hat uns gelehrt, daß auch dort, wo die

Kontinuität des Bewußtseins nicht unterbrochen ist, das Erleben im einzelnen wie in seinen Zusammenhängen dauernd der Einwirkung von seiten des Unbewußten unterliegt.

Die unbewußten Zwischenglieder aber wie die unbewußten Einflüsse auf bewußte Zustände und Abläufe sind nicht erlebt und also nicht nacherlebbar: sie entziehen sich sowohl dem nacherlebenden Fremdverstehen wie auch dem Selbstverstehen. Sind also die Lehren der Psychoanalyse von dem Umfang und der ubiquitären Wirksamkeit des Unbewußten im psychischen Geschehen glaubhaft, sind ihre Ergebnisse auf zuverlässigem Wege gewonnen — darüber werden wir im fünften Kapitel zu reden haben — dann ist damit der Bereich, innerhalb dessen ein nacherlebendes Verstehen möglich ist, sehr wesentlich eingeschränkt. Das Verstehen kann uns nur dort ein richtiges Bild der Zusammenhänge ergeben, wo unbewußte Zwischenglieder nicht anzunehmen sind, ein annähernd richtiges dort, wo sie keine wesentliche Rolle spielen. Eine Folgerung, welche wir aus der Annahme des Unbewußten — und diese Annahme ist unausweichlich! — ziehen müssen, ist diese: die Grenzen möglichen Verstehens sind erst aus der Untersuchung des realen seelischen Zusammenhangs zu bestimmen. Die Mächtigkeit der Täuschungsquelle, welche hieraus einer verstehenden Psychologie erwachsen muß, wird verschieden zu beurteilen sein, je nach der determinierenden Bedeutung, welche man dem Unbewußten für das Seelenleben beimißt. Vom Standpunkt der Psychoanalyse aus gesehen, muß diese Täuschungsquelle als eine ungeheuer große eingeschätzt werden.

Erstens kann es sein, daß weder der wirkliche Zusammenhang im Erleben repräsentiert ist noch überhaupt ein Erlebnis des Zusammenhangs besteht. Wir sprechen dann davon, daß uns unsere eigenen Gedanken »fremd« sind, unsere Entschlüsse »rätselhaft«, unsere Handlungen »unverständlich«. Eine noch größere Bedeutung als für das normale Seelenleben haben diese Fälle auf pathologischem Gebiet.

Die (psychische) Ursache eines psychischen Vorgangs kann ferner zwar im Erleben nicht selbst repräsentiert sein, an die Stelle des wirklichen Zusammenhangs tritt aber ein verständlicher anderer, es stellen sich verständliche Beziehungen zu Begleitumständen her. Das beste, oft angeführte Beispiel dafür ist der posthypnotische Befehl. Hier wird der Auftrag des Hypnotiseurs, der die anbefohlene Handlung verursacht, vergessen, aus dem Bewußtsein ausgeschaltet, im Erleben der Versuchsperson stellt sich aber ein anderer Zusammenhang her — etwa zu einem »Einfall«, einem »plötzlichen Wunsch« — aus welchem für sie die

Handlung erfließt: ein verständlicher Zusammenhang also, welcher den wirklichen Vorgang in keiner Weise deckt. Dies Beispiel aber steht, als ein besonders klarer Fall, für eine ungeheure Menge analoger Vorgänge.

Weiter kann der wirkliche Zusammenhang sich zwar im Erleben widerspiegeln, aber in unvollständiger Weise, nur ein Teil des realen Vorgangs wird dann vom Verstehen erfaßt; anderes, oft das Wesentliche, bleibt im Dunkeln. Viele affektive Reaktionen auf Erlebnisse gehören hierher, ferner Richtung und Stärke unserer Triebhaftigkeit, deren ständig fortwirkende Vorgeschichte uns ja zum größten Teile unbewußt ist, dann alle jene Vorgänge, welche durch die an sich nicht einsichtigen Gesetzmäßigkeiten der Assoziation und Reproduktion usw. mitbestimmt werden. Wenn jemand auf Grund der Introspektion seine »schlechte Laune« aus einer vor kurzem erlittenen Enttäuschung ableitet, seine Freude auf eine glückliche Nachricht zurückführt, seine Neigung zu einer bestimmten Person mit ihrer Anmut oder ihrer Schönheit oder ihrer Klugheit motiviert — wird damit wohl in der Regel eine Teilursache richtig bezeichnet sein. Sehen wir aber analytisch zu, so finden wir, daß etwa der Grad der affektiven Reaktion uns inadäquat scheint, oder der Zeitpunkt ihres Auftretens, oder ihre qualitative Färbung. Und es kann uns gelingen, festzustellen, daß vergessene Erlebnisse oder uneingestandene Wünsche oder verdrängte Haßregungen an Art und Grad der Reaktion mitbeteiligt waren. Oder: wir sind auf Grund unserer Kenntnis der Ontogenese des Trieblebens instand gesetzt, die Objektwahl eines Menschen aus früheren (unbewußten) Fixierungen herzuleiten; die Motivierung seiner Wahl aber, welche sich ihm selbst aus gewissenhaftester Introspektion ergeben hat, gibt den Zusammenhang nur lückenhaft wieder und läßt offenbar das Wesentliche außer acht. Es ist aber oft möglich, den verständlichen Zusammenhang aus bekannten, induktiv gewonnenen Regeln teils zu ergänzen und teils zu korrigieren. Wir können ganz allgemein sagen: der Wirkungsgrad jedes Erlebnisses wird von der individuellen Vergangenheit mitbestimmt; im subjektiven Erlebniswert aber erfährt er eine nur unvollständige Spiegelung.

Der zweite Umstand, der es grundsätzlich unmöglich macht, durch das nacherlebende Verstehen das Erklären sozusagen zu substituieren, liegt in der Tatsache der somatischen Einwirkungen auf das Seelenleben beschlossen. Die Annahme einer geschlossenen psychischen Kausalität ist, wie wir noch darlegen werden, nur auf dem Boden der metaphysischen Hypothese eines universellen psycho-physischen Parallelismus konsequent durchführbar. Wer diese Hypothese ablehnt, sieht sich gezwungen, in seinem Begriff vom psychischen Zusammenhang dem Vorgang des »somatischen Einbruchs« irgendwie Rechnung zu tragen.

Ein Vorsatz kann sich unter dem Einfluß von Rauschgiften in veränderter Weise zur Tat durchsetzen. Stimmungen, Vitalgefühle, Aktivität und Tempo werden in charakteristischer Weise von somatischen Zuständen beeinflußt. Die Nachwirkung von Erlebnissen ist nach Intensität, Dauer und qualitativer Färbung von dazwischentretenden physiologischen oder pathologischen Körpervorgängen abhängig. Das große Gebiet der Beziehungen zwischen den physiologischen Entwicklungsvorgängen und typischen Veränderungen der seelischen Struktur und das Gebiet der organischen Psychosen kann hier nur eben erwähnt werden. In allen diesen Fällen durchbrechen die Einflüsse somatischer Faktoren das Gewebe der verständlichen Zusammenhänge nicht, vielmehr werden die Kausalzusammenhänge durch verständliche Scheinzusammenhänge überlagert. Bestimmend für das Dasein und das Sosein der Handlungen, Stimmungen usw. — oder zumindest mitbestimmend — ist hier die Wirkung des somatischen Einbruchs; aber der verständliche Zusammenhang enthält davon nichts oder nicht die Hauptsache und läßt die Handlungen, Stimmungen usw. aus Erlebnissen einsichtig hervorgehen.

Auch das Eingreifen eines organischen Hirnprozesses muß die Verständlichkeit, mit der ein Erlebnis aus dem anderen hervorgeht, nicht durchreißen. Dies ist gegenüber Jaspers zu betonen, der die Verständlichkeit oder Nichtverständlichkeit der Zusammenhänge der Abgrenzung der Prozeßpsychosen zugrunde gelegt hat. Übrigens könnte schon wegen der von Beobachter zu Beobachter durchaus schwankenden Grenze des »Verständlichen« eine Einteilung nach diesem Gesichtspunkt niemals eindeutig sein. Die Fähigkeit zum psychologischen Verstehen zeigt ja eine bedeutende individuelle Variationsbreite und sie kann weiter, wie gerade Jaspers immer mit Recht betont hat, geübt werden.

Wir wollen die Tatsache des somatischen Einbruchs nicht überschätzen. Gerade die Psychoanalyse hat gezeigt, daß auch dort noch die Anwendung psychologischer Begriffe zulässig ist, wo man früher physiologische Vorgänge der Erklärung zugrunde gelegt hatte. Und es wäre ganz unrichtig, wenn man etwa sagen wollte, die teils nachgewiesene, teils vorauszusetzende Wirkung des Somatischen auf die seelischen Abläufe gefährde den Bestand einer Psychologie als selbständiger Wissenschaft.

Wie immer man aber ihre Bedeutung einschätzen mag — die Tatsache der organischen Einwirkung auf das Psychische besteht zu Recht. Sie ist neben den unbewußten Prozessen die zweite wesentliche Ursache für das notwendige Auseinanderfallen kausaler und verständlicher Zusammenhänge. Und schon aus diesem Grunde könnte das Verstehen niemals die psychologische Methode sein — für das Erklären bedeutet aber weder das Unbewußte noch der somatische Einbruch eine Grenze.

Hier sei noch einer möglichen Erweiterung des Begriffes »Verstehen« gedacht. Man spricht von Verstehen auch dort, wo der Zusammenhang im Unbewußten wurzelt oder über Unbewußtes führt. Man meint die Handlung eines Menschen auch dann aus seinen Grundpositionen, seinen Zielsetzungen verstehen zu können, wenn ihm selbst dieser Zusammenhang nicht bewußt ist, wenn sein Handeln durch unbewußte Triebhaltungen mitbestimmt oder sonstwie nicht durch Bewußtseinsvorgänge determiniert ist. Jaspers spricht hier von »als ob verstandenen« Zusammenhängen. Man versteht dann so, als ob der Zusammenhang als solcher erlebt worden wäre. Logisch betrachtet ist dies als ob Verstehen eine Kompromißbildung zwischen dem einfühlenden Verstehen und einer Hypothese. Vom ursprünglichen Begriff des Verstehens als eines Nacherlebens führt es also weit ab.

Bei dieser Art des Verstehens darf auch nicht die Rede davon sein, daß es sich um ein »Anschauen« des Auseinanderhervorgehens handle, wie es Binswanger[37] — das Verstehen ist für ihn »das Anschauen einer realen Aufeinanderfolge von Qualitäten« — seiner Theorie des Verstehens zugrunde legt. Ein großer Teil der kausalen psychoanalytischen Zusammenhänge ist auch in diesem zweiten Sinne verständlich. Aber niemand wird meinen, daß man etwa den Übergang von Analerotik zu Geiz oder Pedanterie anschauen könne.

Auf Grund des Wissens um andere verständliche Zusammenhänge werden bei diesem Verstehen im übertragenen Sinne Annahmen über das Vorliegen bestimmter seelischer Zustände gemacht, und diese Annahmen ermöglichen dann das Verstehen. Es handelt sich also um Konstruktionen, welche als dem erlebten Zusammenhang analog gedacht sind: erlebte Zusammenhänge werden verallgemeinert, auf Unerlebtes ausgedehnt, der Deutung des seelischen Geschehens als Schemata zugrunde gelegt.

---

[37] a.a.O., S. 290.

In ihrer extremsten Ausprägung nimmt die verstehende Psychologie (in diesem Sinne) folgende Gestalt an: das Interesse an den psychischen Vorgängen als solchen tritt zurück gegenüber dem Interesse an den objektiven Bedeutungen, welche sie vermitteln. Es zeigt sich ein Wille zur sinnhaften Deutbarkeit, der letzten Endes nicht nur die Grenzen des Bewußtseins, sondern auch des Seelischen überhaupt überschreiten muß, um endlich im Bereich des objektiven Geistes zu landen. Das Verstehen wird hier immer mehr zu einem Deuten von Sinnzusammenhängen. Schließlich entscheidet über die Zulässigkeit einer Deutung die mögliche Einordnung in »geistige« Zusammenhänge. Das Verstehen formt die psychologische Erfahrung. Von »Sinn« — in dieser Bedeutung — kann aber nur mit Rücksicht auf Werte die Rede sein. Das Verstehen hört damit auf, eine psychologische Methode darzustellen, es liegt hier nicht mehr dasjenige vor, was wir als psychologisches Verstehen kennen gelernt haben, wir befinden uns auf dem Gebiete des Verstehens von Sinngebilden, von Bedeutungen. Daß eine solche Deutungsweise des Psychischen auch die Tatsache des somatischen Einbruchs nicht sieht oder nicht berücksichtigen kann, ist selbstverständlich.

Wir dürfen nicht allgemeine Verständlichkeit voraussetzen und auf Grund dieser willkürlichen Annahme die nichtverständlichen Determinanten ausschalten wollen. Die Aufgabe der empirischen Psychologie ist es gerade, das Seelenleben darzustellen, wie es unabhängig von »Wert« und wertgeborenem »Sinn« abläuft; Werte kommen für sie nur in Betracht, sofern menschliches Denken oder Wollen an ihnen orientiert ist.

Für die psychologische Forschung ist es notwendig, an dem Unterschied von psychologischem und rationalem Verstehen festzuhalten. Nur das erstere kann als psychologisches Verfahren diskutiert werden, und es ist für den Psychologen und den Psychopathologen von der höchsten Wichtigkeit, zu entscheiden, wann er es mit diesem, wann mit jenem zu tun hat. Schon die klinische Alltagserfahrung macht diese Scheidung notwendig — von der Forderung nach begrifflicher Reinlichkeit ganz zu schweigen — und es ist Kurt Schneider[38] darin zuzustimmen, daß die Äquivokation, welche der Doppelsinn des Wortes »Verstehen« nahelegt, zu verhängnisvollen Folgen auch für Probleme der speziellen Psychiatrie fühen kann.

---

[38] Ztschr. f. d. ges. Neurol. & Psychol., 75 (1922).

[39] Über den nervösen Charakter, Wiesbaden 1922; Praxis und Theorie der Individualpsychologie, Wiesbaden 1923.

Auch das teleologische Deutungsschema, welches der »Individualpsychologie« Alfred Adlers[39] ihr charakteristisches Gepräge gibt, führt zur Mißachtung des somatischen Faktors, und der Unterschied zwischen Bewußtsein und Unbewußtem wird für sie irrelevant. Aber Adler bleibt doch im Psychologischen und geht nicht über das Seelische ins Reich des irrealen Sinnhaften hinaus, sein Deuten bleibt doch immer ein psychologisches Verfahren.

Von der Psychoanalyse werden, obgleich sie die Grenzen des Seelischen weiter gesteckt hat als ihre wissenschaftlichen Vorgänger, die Einflüsse des Somatischen nicht verleugnet. Ihr Triebbegriff wurzelt im Organischen, und mit Hilfe dieses Begriffs hat sie es unternommen, das seelische Geschehen dem biologischen einzugliedern. Freud hat auf die organische Seite seines Triebbegriffs nachdrücklich hingewiesen[40]. Die Berücksichtigung des phylogenetischen Moments, der Konstitution, der physiologischen Grundlagen der Pubertät und des Klimakteriums, überhaupt der somatischen Entwicklungsvorgänge und auch die Libidotheorie weisen in dieselbe Richtung. Libido im analytischen Sinne meint auch organisches Geschehen. Die Anerkennung und systematische Einordnung des somatischen Einbruchs, die Wirkung körperlicher Vorgänge auf den Libidohaushalt ist ein wesentliches Problem der psychoanalytischen Theorie.

Wenn die Psychoanalyse eine Handlung, ein Symptom als Triebbefriedigung deutet, obgleich dieser Zusammenhang dem Patienten nicht bewußt ist, so kann man zwar diese Deutung als Einordnung in einen Sinnzusammenhang bezeichnen — aber das für die Analyse Wesentliche ist damit nicht gesagt. Nicht daß das Hervorgehen der Triebhandlung aus dem Triebimpuls sinnvoll ist, hat die Psychoanalyse dazu geführt, den Triebbegriff zu erweitern und ihrer Ordnung der seelischen Vorgänge zugrunde zu legen, das Entscheidende für sie war die Möglichkeit, mit Hilfe dieser Annahme Gesetzmäßigkeiten des seelischen Geschehens auf Gebieten zu finden, auf welchen alle Psychologie bisher ein Tappen im Dunkeln gewesen war. Kurz gesagt: die psychoanalytische Zugrundelegung von Triebvorgängen ist eine Hypothese.

Das Erlebnis von Zusammenhängen wird von der Psychoanalyse in demselben Sinne zu erklären gesucht wie jedes andere Erlebnis. Wo die Erweiterung des Umfangs psychologischer Erfahrung durch systema-

---

[40] »Drei Abhandlungen zur Sexualtheorie«, Wien 3. A. 1915.

tische Beobachtungen in der Analyse zu Widersprüchen mit Zusammenhangserlebnissen geführt hat, hat sie diese — mögen sie noch so evident gewesen sein — rücksichtslos fallen gelassen und zerstört. Die Freudschen Lehren vom unbewußten Seelenleben sind ein großes Gericht über die Selbsttäuschungen, welche im evidenten Verstehen ihren Ursprung haben. Und der Kampf gegen die Psychoanalyse ist nicht unwesentlich eine Auflehnung der Triebkräfte, welche hinter diesen Evidenzerlebnissen stehen, gegen die naturwissenschaftliche Kontrolle.

Die Psychonalyse hat uns eine große Zahl von Zusammenhangserlebnissen kennen gelehrt, welche der psychologischen Feststellung früher entgangen waren. Diese Zusammenhänge sind uns heute verständlich; aber nicht alle waren es immer: der Blick für das Verstehen von Zusammenhängen kann ja geschult werden. Vor allem das analogisierende Verfahren, welches der analytischen Deutung des Unbewußten zugrunde liegt, hat unsere Kenntnis der Zusammenhänge im Seelenleben ungeheuer erweitert. Daß solche psychoanalytische Zusammenhänge auch verständlich sind, kann uns nicht Wunder nehmen; sie sind ja aus der Psychologie des Bewußtseinslebens auf das Unbewußte übertragen und entsprechen wesentlich der einfühlbaren Folge von Triebimpuls und Triebhandlung. Hierin kann kein Grund erblickt werden, die Psychoanalyse als verstehende Methode anzusprechen: denn diese Folge ist nicht nur einfühlend verständlich, sie ist gleichzeitig einer der wichtigsten Kausalzusammenhänge im Seelischen.

Diesem Gesichtspunkt kommt eine allgemeinere Bedeutung zu. Denn die Aufeinanderfolge zwischen Trieb und Triebhandlung ist ja nicht der einzige verständliche Zusammenhang, der gleichzeitig als kausal aufzufassen ist, sondern es bestehen Kausalzusammenhänge auch zwischen Willensentschluß und Willenshandlung, zwischen Beleidigung und Abwehr, zwischen dem Tod und einer nahestehenden Person und der darauf folgenden traurigen Verstimmung, zwischen der Anstößigkeit einer Triebregung und ihrer Verdrängung, zwischen der Verdrängung eines Wunsches und seiner Durchsetzung auf Umwegen und so fort. Hier handelt es sich überall nicht nur um verständliche, sondern auch um kausale Folgen, die zum Teil schon dem vorwissenschaftlichen Denken als solche geläufig sind. Solche vorwissenschaftliche Zusammenhänge hat die Psychoanalyse an ihrem Material immer wieder überprüft, ergänzt, korrigiert, gereinigt, oft auch verworfen; die Gesetzmäßigkeiten, welche sich ihr so ergeben haben, hat sie dann als Hypothesen möglichen Zusammenhängens auf noch unbekannte seelische Gebiete übertragen. Die Bedeutung der analytischen Annahmen besteht aber keinesfalls in einer »höheren Evidenz«, welche sie gegenüber anderen auszeichnen würde. Man vergleiche daraufhin nur etwa die psychoanalytische Auffassung der Trauer oder der Eifersucht mit den sonst gangbaren Erklärungen. Von einem höheren Grad von Verständlichkeit kann da nicht die Rede sein, aber die Erklärung der vorgefundenen Tatsachen hat die Aufstellung dieser Hypothesen durch die Psychoanalyse notwendig gemacht.

Viele Begriffe der Psychoanalyse, und nicht die unwichtigsten, weisen ja auch gar nicht auf verständliche Zusammenhänge hin; so Teile der psychoanalytischen Dynamik und Energetik. Manche Mechanismen, welche uns Freud kennen gelehrt hat — denken wir an die Verdichtung, an die symbolische Darstellung — sind als solche unverständlich (sinnhaft ist hier allein die Beziehung der Inhalte) und ebenso die biologisch gemeinten Begriffe der Fixierung oder der Regression. Wenn es noch eines Beweises bedürfte, daß die Psychoanalyse nicht der verstehenden Psychologie zugerechnet werden darf: ein Verstehen des Unbewußten nach Analogie bewußt erlebter Zusammenhänge ist zwar denkbar; niemals aber könnte eine solche analogisierend-verstehende Betrachtung zur Annahme einer besonderen, im Bewußtsein nicht nachweisbaren, Arbeitsweise des Unbewußten führen, wie sie Freud[41] lehrt. Diese Annahme ist nur begreiflich, wenn man sich klar gemacht hat, daß ihr Wert ein erklärender ist, daß es sich um eine theoretische Konstruktion handelt.

Die Ablehnung, welche die Psychologie Alfred Adlers (in wesentlichen Teilen) auf Seite der Psychoanalyse gefunden hat, ist keineswegs auf ihre Nicht- oder Minderverständlichkeit zurückzuführen — es ist nicht so, daß hier ein Deutungsschema gegen das andere kämpft — vielmehr gründet sich diese Ablehnung hauptsächlich auf die Abwendung Adlers vom Biologischen und seine Preisgabe oder Vernachlässigung der Mechanismen; das sind aber Bestandstücke der analytischen Lehre, welche zum Teil nicht sinnhaft deutbar sind.

Ein weiterer Unterschied gegenüber der verstehenden Psychologie: die Psychoanalyse überprüft ihre Lehren an der Erfahrung, für die verstehende Psychologie ist aber die Evidenz ihrer Deutungen maßgebend, sie steht der Kontrolle durch die Induktion fremd gegenüber. Wir sagten schon, daß in der Geschichte der psychoanalytischen Lehren wieder-

---

41 Intern. Ztschr. f. Psa., III (1915) oder: Sammlung Kleiner Schriften zur Neurosenlehre, IV, S. 294.

holt Annahmen fallengelassen wurden, nicht etwa weil sie einer sinnhaften Deutung widerstrebten, sondern weil sich die angenommenen Zusammenhänge angesichts einer erweiterten Erfahrung nicht aufrecht erhalten ließen. So sah sich Freud infolge der Unzulänglichkeit der ursprünglichen Traumatheorie (als Erklärungsprinzip der Neurosen) gezwungen, die Determinanten der Neurosenentstehung in die Kindheit seiner Patienten zurückzuverfolgen und entdeckte dabei die infantile Sexualität. Aber sinnvoll wäre auch die Deutung aus dem traumatischen Erlebnis gewesen, und man kann durchaus nicht sagen, daß die heutige analytische Ansicht von der Ätiologie der Neurosen vor der Traumatheorie ein höherer Grad von Evidenz auszeichnet.

Man hat der Psychoanalyse zum Vorwurf gemacht, daß sie zu viel verstehen wolle. Das würde, nach dem oben gesagten, zunächst wohl heißen: daß sie die Grenzen des Bereichs, innerhalb dessen seelische Vorgänge zur Erklärung herangezogen werden dürfen, zu weit gesteckt habe. Es ist schwer zu entscheiden, ob der Vorwurf berechtigt ist oder nicht; eine Methode, die uns erlauben würde, im Einzelfall eine scharfe Grenze zwischen unbewußtem Seelenleben und organischen Vorgängen zu ziehen, gibt es heute nicht. Auch auf diesem Gebiet ist die Psychoanalyse ein Anfang. Einen Beweis gegen die Annahme von unbewußten seelischen Prozessen darf man aus dieser Schwierigkeit nicht ableiten, denn die Notwendigkeit der Annahme ist anderwärts gut verankert. Man muß sich aber klarmachen, daß auch wenn sich in der psychoanalytischen Literatur bewußte Ansätze dazu finden, den psychologisch nachweisbaren Zusammenhang der Triebvorgänge auf das organisch-biologische Gebiet zu übertragen, es sich hier nicht um die unerlaubte Gebietsüberschreitung einer verstehenden Methode handelt, die in sich widerspruchsvoll wäre, vielmehr um logisch einwandfreie Versuche, die Kenntnis gewisser primitiver psychologischer Mechanismen als Hypothesen an das organisch-biologische Geschehen heranzutragen. Ob ein solcher Versuch fruchtbar sein kann, und wo die Grenzen seiner Anwendungsmöglichkeit liegen, ist aber allein aus Erfahrungen zu entscheiden möglich — die uns heute noch größtenteils fehlen.

Die zuerst von Jaspers angesprochene Ansicht, daß es sich bei der Psychoanalyse »tatsächlich um verstehende Psychologie, nicht um kausale Erklärung«[42] handle, haben wir damit zurückgewiesen. Auch bei Bins-

---

[42] Ztschr. f. d. ges. Neurol. & Psych., 14 (1913).

wanger gewinnt man übrigens den Eindruck, daß er die Freudschen Lehren für die verstehende Psychologie in Anspruch nehmen wolle; sein Begriff des Verstehens ist freilich ein ganz anderer als der Jaspersssche.

Schilder[43] lehnt die Scheidung in kausale und verständliche Zusammenhänge ab. Für ihn gibt es echte und scheinbare Zusammenhänge, die echten sind nach seiner Ansicht gleichzeitig kausale Folgen. Die Schwierigkeit, welche darin gelegen ist, daß uns ja das Verstehen selbst kein Mittel in die Hand gibt, echte von Scheinzusammenhängen zu trennen, bleibt dabei ungelöst. Aber auf der Grundlage einer solchen Begriffsbestimmung, für welche die eigentlichen verständlichen Zusammenhänge mit den kausalen Folgen auf seelischem Gebiet identisch sind, dürfte auch die psychoanalytische Methode eine verstehende — das heißt hier nichts anderes als: eine psychologisch erklärende — genannt werden.

Eine Täuschung über den naturwissenschaftlichen Charakter der Psychonalyse ist bei denjenigen, welche sich selbst der analytischen Methode bedient haben, schwer zu begreifen; bei jenen, welche sie ausschließlich aus der Literatur kennen, mag vielleicht dem Mißverständnis durch die Freudsche Nomenklatur Vorschub geleistet werden. Von Freud wird nämlich zwischen »sinnvoll« und »kausal determiniert« nicht immer scharf unterschieden; dies erklärt sich so, daß jene psychischen Determinanten, welche Freud bei seiner Analyse der Fehlleistungen, des Traumes, der Neurosen immer wieder begegnet waren, sich eben auch als sinnvoll herausgestellt hatten. Das Ergebnis war: Zusammenhänge nach Art der verständlichen reichen über die Grenze des Bewußtseins hinaus. In dieser Bedeutung verwendet Freud z. B. auch den Ausdruck »unbewußte Motivierung«, oder er spricht von dem »Sinn« der neurotischen Symptome. Aber die Deutung des Symptoms ist doch für Freud immer die Einordnung in den kausalen seelischen Zusammenhang (im Grundfall: von Trieb und Triebbefriedigung); daß diese Beziehung kausal gemeint ist, daran hat Freud keinen Zweifel gelassen. Wenn ein Symptom als — in der Nomenklatur Freuds — »sinnvoll« erkannt ist, so bedeutet das also nichts anderes als die Möglichkeit, ihm einen Platz im (kausalen) seelischen Zusammenhang anzuweisen. Wenn Freud zeigt, daß die Träume »sinnvolle« Gebilde sind, so ist damit gemeint, daß ihnen unbewußte, aber den bewußten analoge, also (im Grundfall auch) sinn-

---

43 Medizinische Psychologie für Ärzte und Psychologen, Berlin 1924.

volle Denkzusammenhänge zugrunde liegen, aus welchen der scheinbar absurde manifeste Trauminhalt bei Kenntnis der Traummechanismen erklärt werden kann. Daß die Annahmen der Psychoanalyse Hypothesen sind und ihre Methode den naturwissenschaftlichen einzugliedern ist, hat Freud ausdrücklich betont, ebenso daß über die Richtigkeit oder Falschheit der analytischen Lehren nur die Erfahrung entscheiden kann. Es sollte also über den gemeinten Sinn der Freudschen Ausdrucksweise kein Zweifel bestehen.

Die Ansicht, das Verstehen sei die adäquate Methode zur Erfassung der Vorgänge des »höheren« Seelenlebens, ist, wie wir gezeigt haben, falsch. Über die Grenzen des Verstehens und über die Wirklichkeit der verständlichen Zusammenhänge kann nur die Induktion entscheiden — jene Methode des Beweisens, welche in den Naturwissenschaften geübt wird, und welche auch auf dem Gebiete der »elementaren« seelischen Vorgänge die herrschende ist. Auch für den Übergang vom einzelnen zum allgemeinen erweist sich ja die induktive Methode als unentbehrlich: der Schluß vom individuell einleuchtenden Zusammenhang auf seine mögliche allgemeine Geltung ist nur auf diesem Wege zulässig.

Unsere Kritik des psychologischen Verstehens hat uns also eine Bestätigung der Anschauung erbracht: daß nicht nur die Begriffsbildung der Psychoanalyse die der Naturwissenschaften, sondern auch die wissenschaftliche Zielsetzung, nämlich das Erkennen von Regeln und Gesetzmäßigkeiten, hier wie dort die gleiche ist. Urteile über das Bestehen oder Nichtbestehen von Zusammenhängen sind auch in der Psychoanalyse nur induktiv beweisbar. Und wieder ist der Vorwurf abzuwehren, daß die Psychoanalyse — ungleich der »verstehenden Psychologie« — zur Vereinfachung dränge. Nur vom Standpunkt der verstehenden Methode kann das ein Mangel sein, nicht aber vom Standpunkt einer naturwissenschaftlichen Theorie. Eine verstehende Psychologie könnte ja — Jaspers sagt es mit Recht — *niemals*, eine erklärende aber *muß* zur Theorienbildung führen, mögen die von ihr induktiv gefundenen Zusammenhänge überdies verständlich sein oder nicht.

Psychoanalyse ist also: eine *induktive Wissenschaft* von den Zusammenhängen komplexer seelischer Gebilde. Ihre Sätze sind aus der Erfahrung gewonnen und unterstehen der Nachprüfung durch die Erfahrung. Die induktive Basis, auf welcher ihre Erkenntnisse ruhen, ist schmal, wenn man die Körperwissenschaften zum Vergleich heranzieht, und der Zugang zu experimentellen Bestätigungen schwierig. Wo solche Experimente angestellt wurden, haben aber ihre Resultate die analytischen Lehren gestützt; übrigens sind hier durchaus noch nicht alle Möglichkeiten ausgeschöpft. Jene Schwierigkeiten der Beweisführung sind aber nicht einer Untauglichkeit der analytischen Methode zuzuschreiben, es sind Hemmnisse, mit welchen heute jede Psychologie zu kämpfen hätte, die sich die »volle Inhaltlichkeit« des Seelenlebens zum Gegenstand nehmen wollte. Nur die Vermehrung der Zahl der Beobachter und der Beobachtungen kann uns weiterführen.

Einen Gesichtspunkt, der nicht selten für die Zuwendung zur verstehenden Methode entscheidend gewesen ist, haben wir bisher vernachlässigt. Das Verstehen scheint nämlich im Gegensatz zum Erklären, »in den inneren Zusammenhang einzudringen« (Spranger[44]). Wir dürfen daran erinnern, daß wir schon im Beginn unserer Untersuchungen über die wissenschaftliche Stellung der Psychonalyse zu dem Resultat gekommen sind, daß keine mögliche wissenschaftliche Psychologie die erlebte Unmittelbarkeit ihres Ausgangsmaterials bewahren kann, und daß jede das scheinbar »tiefere Eindringen« in den Gegenstand, welches dem Erleben zukommt, ihrem Ziel als Wissenschaft zum Opfer bringen muß. Was wir dafür gewinnen, ist: gesicherte, systematische Erkenntnis. Wenn hier von »Resignation« gesprochen wird, so müssen wir sagen, daß die wissenschaftliche Betrachtung in der Psychologie wie auch sonst »Resignation« nur vom Standpunkt des Erlebenden bedeutet. Eine Auffassung übrigens, die dem Primitiven — er »versteht«, auf dem animistischen Standpunkt, auch Veränderungen in der unbelebten Natur — ein »tieferes Eindringen« in die Naturvorgänge (im Sinne nicht etwa eines tieferen Erlebens, sondern einer tieferen Erkenntnis!) beimißt als der Wissenschaft, muß schon aus diesem Grunde als schwer annehmbar erscheinen.

Der Anwendungsbereich des Kausalprinzips umfaßt auch das seelische Gebiet. Man darf nicht, wie z. B. O. Schwarz[45] es tut, das Verstehen als die Methode der Psychologie dem kausalen Erklären der Naturvorgänge gegenüberstellen, indem man Kausalität auf die Welt des Quantifizierbaren beschränkt und als »die spezifische Kategorie des physikalischen Denkens« bezeichnet: denn das Reich des Kausalprinzips beschränkt sich nicht auf das Anwendungsgebiet von Kausalgleichungen. Die teleologische Deutung, deren sich auch die Psychoanalyse bedient, vor allem aber die Individualpsychologie Alfred Adlers, indem seelische

---

[44] Psychologie des Jugendalters, Leipzig 1924, S. 3.
[45] Psychogenese und Psychotherapie körperlicher Symptome, Berlin 1925.

Vorgänge aus ihren Zielen begriffen werden, welche entweder bewußt gesetzt sein können, oder unbewußt sind — Zielvorstellungen können auch aus dem Unbewußten wirksam sein — widerspricht nicht der kausalen Erklärung. Ganz allgemein kann in der Biologie für die kausale Forschung die Beurteilung eines Vorgangs unter teleologischen Gesichtspunkten ein methodisch wertvolles Prinzip sein, »die Aufweisung der Ganzheitsbeziehungen, der Zweckmäßigkeiten ermöglicht die erste kausale Verknüpfung von Teilen mit dem Ganzen« (Max Hartmann[46]).

Fassen wir zusammen: Wir haben das Verstehen als die Methode der Psychologie abgelehnt, seine Grenzen aufgezeigt und nachgewiesen, warum es zu Fehlerquellen für die psychologische Erkenntnis führen muß, deren Ausschaltung nur der induktiven Beweisführung gelingen kann. Damit soll nun keineswegs die Wertlosigkeit des Verstehens für die Psychologie dekretiert sein. Viele verständliche Zusammenhänge (auch »als ob verstandene«) sind tatsächlich auch Kausalzusammenhänge. Wir dürfen ja nicht vergessen, daß das Hervorgehen der Willenshandlung aus dem Willensakt das Vorbild nicht nur der verständlichen sondern auch der kausalen Beziehungen ist. Der Kausalitätsbegriff aber — und das ist das Entscheidende — hat sich von seinem Ursprung im Kausalitätserlebnis befreit, dies Erlebnis gilt nicht mehr als Kriterium kausalen Zusammenhängens. Als Hypothesen sind uns verständliche Zusammenhänge vielfach unentbehrlich — ihre Geltung aber muß in jedem Falle durch die Erfahrung verifiziert werden. Keine Psychologie des »höheren« Seelenlebens kann das Verstehen vollständig ausschalten, aber sie darf sich seiner, sofern sie Wissesnchaft ist, nicht bedienen, ohne die Grenzen seiner Zuverlässigkeit festgestellt zu haben. Diese Grenzen zu erkennen und damit den Bereich zu bestimmen, innerhalb dessen verständliche und kausale Zusammenhänge zusammenfallen können, ist eine der wesentlichen Aufgaben der Psychoanalyse.

[46] Biologie und Philosophie, Berlin 1925, S. 24.

IV

DIE METHODE DES FREIEN EINFALLS

»Versuchen Sie nicht, wie Sie es sonst gewöhnt sind, bei Ihren Erzählungen einem Gedankengang ordentlich zu folgen und alles auszuschließen, was nach Ihrer Meinung nicht zur Sache gehört. Diese Art zu denken besteht überall zu Recht, nur nicht während der psychoanalytischen Behandlung. Hier müssen Sie sich daran gewöhnen, sich ganz passiv Ihren Einfällen zu überlassen, auch wenn Sie dadurch vom Thema Ihrer Erzählungen abkommen, und alle Nebenwege des Denkens so zu beschreiten, wie sie sich Ihnen bieten. All die Einfälle, die Ihnen auf diese Art zuströmen, müssen Sie ohne Unterschied sofort aussprechen; Sie verpflichten sich mir gegenüber zur vollkommensten Aufrichtigkeit. Die Psychoanalyse gesteht Ihnen keine Ausnahme von dieser Forderung zu: Sie müssen also Ihren Gedanken auch dann Ausdruck geben, wenn sie Ihnen Unsinniges, Unwichtiges oder nicht zur Sache Gehöriges zu enthalten scheinen, und auch, wenn Ihnen das Aussprechen aus irgendeinem Grunde peinlich ist, oder wenn Sie damit dasjenige begehen, was man im gewöhnlichen Leben eine Indiskretion nennt.« Mit diesen oder sinnentsprechenden anderen Worten wird jede Psychoanalyse eingeleitet (nachdem die allgemeinsten Voraussetzungen der Behandlung geregelt sind), aber die einmalige Mitteilung dieser »psychoanalytischen Grundregel« genügt nur in den seltensten Fällen, zumeist gerät sie bald in Vergessenheit und die Patienten müssen immer wieder auf sie verpflichtet werden.

Was damit erreicht werden soll, ist also: daß der Patient das sachgerichtete Denken, daß er die bewußten Zielsetzungen vorübergehend ausschaltet. Die Form des Denkens, welche sich dann ergibt, ist am ehesten dem »Tagträumen« oder »Phantasieren« zu vergleichen. Mit dem Unterschiede freilich, daß den Tagträumen noch eine besondere, wunscherfüllende Funktion zufällt; dies wird auch aus ihren Entstehungsbedingungen deutlich: sie pflegen ja beim gesunden Erwachsenen nur dann bewußt aufzutreten, wenn die wunschversagende Kraft der Realität sich allzu deutlich bemerkbar macht, also im Zustand mangelnder Befriedigung. Mit der Abkehr von bewußten Zielsetzungen und logischer Ordnung, welche durch die Methode des freien Einfalls erreicht wird, ist gleichzeitig eine Abkehr von der Außenwelt verbunden; das gilt auch ebenso von der Phantasietätigkeit. Das geordnete Denken richtet sich nach den Forderungen des Ichs und des Über-Ichs, es folgt der Struktur der Außenwelt und muß sich gleichzeitig den logischen Normen fügen. James[1] will es geradezu aus dem Moment der Realitätsanpassung definiert wissen: »Wir wollen diese Geschicklichkeit, neuen Tatsachen gerecht zu werden, als die differentia specifica des logischen Denkens betrachten.«

Die Instruktion, welche den Analysanden in der psychoanalytischen Grundregel gegeben wird, ist die denkbar freieste. Diese Methode des freien Einfalls darf nun nicht verwechselt werden mit dem sogenannten »freien Assoziieren«, bei welchem von Freiheit im Grunde nicht die Rede sein kann, da ja die Instruktion gegeben ist, mit einem Worte zu reagieren, also schon durch die Aufgabe unter den möglichen Reaktionen eine Auswahl in bestimmter Richtung getroffen wird. Der Analysand darf dagegen ebensogut Gedanken wie Vorstellungen, Gefühle wie Willensakte, kurz Erlebnisse aus allen seelischen Bereichen als »Reaktionen« benützen, ja die Beschränkung auf eine bestimmte Gruppe seelischer Phänomene wäre gegen den Sinn der Grundregel. Die einzige Aufgabe, welche dem Patienten gestellt ist, liegt darin, daß er verhalten wird, seine Einfälle unterschiedslos dem Analytiker mitzuteilen; und das bedeutet freilich eine Beeinflussung des »natürlichen« Gedankenablaufs- die sich zuzeiten stärker geltend machen kann — bei der Analyse der psychischen Dynamik werden wir die Voraussetzungen dafür kennen lernen. Aber diese Beeinflussung ist erstens unvermeidlich, zweitens spielt sie bei Patienten, die sich an die Befolgung der Grundregel gewöhnt haben, streckenweise überhaupt keine Rolle, drittens wird die daraus möglicherweise sich ergebende Fehlerquelle in ihrer Bedeutung dadurch wesentlich eingeschränkt, daß wir eben die Bedingungen für das Eintreten solcher Hemmungen kennen und während der Analyse ständig kontrollieren können.

Mit der Freiheit der Instruktion hängt etwas anderes zusammen, was für die analytische Methode von entscheidender Bedeutung ist: die Patienten behalten ihren Erlebnissen gegenüber jene Einstellung bei, welche sie ihnen im Alltagsleben entgegenbringen, ihr Interesse bleibt auf die Inhaltlichkeit des Erlebens gerichtet. Das bedeutet — im Hinblick auf das Ziel: die Erreichung möglichster »Lebensnähe« des Gedanken-

---

[1] Psychologie, Leipzig 1909, S. 353.

ablaufs — einen bedeutenden Vorzug gegenüber jenen experimentellen Methoden, bei welchen die Aufmerksamkeit der Versuchspersonen vom Inhaltlichen weg auf die psychische Funktion gelenkt wird. Die störenden Wirkungen der Selbstbeobachtung auf den Gedankenablauf machen sich bei der analytischen Zuwendung zu den psychischen Inhalten offenbar weniger bemerkbar als dort, wo die Konzentration der Aufmerksamkeit formalen Eigentümlichkeiten der seelischen Abläufe gilt.

Aber es unterliegt keinem Zweifel, daß auch die Methode des freien Einfalls noch das Verhältnis der Selbstbeoachtung zum Erlebnisstrom — gegenüber dem Alltagsdenken und auch gegenüber dem Tagträumen — verschiebt. Denn die Instruktion geht ja dahin, möglichst alles, was im Bewußtsein vorgeht, festzuhalten, auch flüchtigen Einfällen Beachtung zu schenken usw. In der Tat wird durch jede Analyse — auch wenn wir Schlüsse auf das eigentlich unbewußte Seelenleben in diesem Zusammenhang außer Betracht lassen — eine Fülle von seelischen Vorgängen festgestellt, welche sich an der Peripherie des Bewußtseins abspielen und sich sonst zumeist der Beobachtung entziehen, ganz abgesehen von jenen, welchen unter den Bedingungen des Alltags der Zugang zum Bewußtsein überhaupt gesperrt bleibt. Eine bedeutsame »Erweiterung des Bewußtseins« ist die Folge. Jeder Mensch, der sich einer längeren Analyse unterzogen hat, lernt halb und kaum Gedachtes, »keimhaft« Gegebenes festhalten und ausdrücklich konstatieren. In dieser Verpflichtung, die Gesamtheit der Erlebnisse nach Möglichkeit wiederzugeben (die streng genommen natürlich undurchführbar bleibt), liegt also ein Moment, welches jene störenden Wirkungen mit sich bringen müßte, die als Folge der systematischen und intensiven Selbstbeobachtung aufzutreten pflegen. Aber anderseits ist es gerade die Richtung auf die Gesamtheit des Erlebens und die Aufgabe, jedem auftauchenden Erlebnis ohne Unterschied sich zuzuwenden, welche einer Fälschung des Gedankenablaufs durch einseitige Aufmerksamkeitsverteilung entgegenwirkt. Die analytische Methode berührt sich in diesem Punkte mit der »systematischen experimentellen Selbstbeobachtung« Achs[2], welche darauf beruht, daß die Gesamtheit der Erlebnisse einer vollständigen Beschreibung unterworfen werden soll: »Nur auf diese Weise ist es möglich, die Schilderung des Erlebnisses von dem Gutdünken und der Willkür der Versuchspersonen zu befreien. Geschieht dies nicht, so werden nur solche Teile des Erlebnisses herausgegriffen, welche der Ver-

---

2 Über die Willenstätigkeit und das Denken, Göttingen 1905, S. 14.

suchsperson gerade wichtig erscheinen oder die besonders lebhaft hervortreten« (Ach).

Die getreue Wiedergabe längerer Erlebnisreihen auf Grund der Introspektion ist ein exakt kaum lösbares Problem. Daher beschränken sich manche experimentelle Methoden auf die systematische Beobachtung und Beschreibung kurzer Zeitstrecken (vgl. dazu Baade[3]); der Fluß des Erlebens wird an gewissen Punkten unterbrochen, die Versuchspersonen haben also die Aufgabe, über Erlebnisbruchstücke zu berichten (»fraktionierte« Beobachtung). Diese Methode erweist sich als zur Lösung bestimmter psychologischer Teilaufgaben sehr brauchbar, ist aber für die Psychoanalyse nicht akzeptabel, weil gerade diese »Fraktionierung«, die es erlaubt, kurz dauernde psychische Abläufe möglichst unverfälscht festzuhalten, den psychischen Gesamtvorgang und die Aufeinanderfolge der Erlebnisse im Fluß des seelischen Geschehens in der gröbsten Weise verändert.

Die psychoanalytische Methode kann sich also nicht auf jene Selbstwahrnehmungen beschränken, welche das Erlebte während seines Gegebenseins erfassen, sondern muß auch »Beschreibungen auf Grund der Erinnerung an den Zustand selbst« verwerten, also ebenso »indirekte« wie »direkte« Selbstwahrnehmungen (über die Arten der Selbstwahrnehmung und ihre Zuverlässigkeit siehe G. E. Müller[4]). In welchem Ausmaße die Eigenschaft der Erlebnisse, im Bewußtsein zu perseverieren, ihre nachträgliche getreue Wiedergabe erleichtert, ist eine offene Frage. Jenen seelischen Vorgängen gegenüber, welche auf niedriger Bewußtseinsstufe ablaufen, kann in der Analyse die »psychologische Ertappung« (G. E. Müller) von Bedeutung werden; die nachträgliche Aussage über das Bewußtseinsgeschehen kann sich in diesen Fällen auf die Erinnerung an ein Urteil stützen, das während des Gegebenseins des betreffenden Erlebnisses gefällt wurde. Natürlich kommen solche »Ertappungen« nicht nur in bezug auf halbbewußte Vorgänge vor, aber sie gewinnen bei diesen eine besondere Wichtigkeit, weil sie die Chance der späteren richtigen Beurteilung gegenüber solchen an sich flüchtigen Bewußtseinsvorgängen erhöhen.

Die Sicherheit der Berichte, welche der Analysand über die Einzelheiten seiner Erlebnisse gibt, wird in der Regel hinter der bei experimen-

---

3 Ztschr. f. Psychol., 79 (1918).

4 Zur Analyse der Gedächtnistätigkeit und des Vorstellungsverlaufes, I, Leipzig 1911.

tellen Untersuchungen möglichen zurückstehen müssen. Wir kennen eben keinen Weg, der uns bei Beobachtungen, welche sich auf längere Zeitstrecken beziehen, instand setzen würde, diese Schwierigkeiten zu umgehen. In den experimentell psychologischen Arbeiten der letzten Jahre spielt die Selbstbeobachtung nicht nur bei »Darstellungsexperimenten« (Baade[5]), sondern auch bei »Kausalexperimenten« eine immer bedeutendere Rolle. Nun kann die Selbstbeobachtung aber in verschiedener Richtung geübt werden. Und wir müssen daran denken, daß es der Psychoanalyse ja gar nicht in erster Linie um die Feinheit der phänomenologischen Befunde zu tun ist. Sie ist eine Psychologie grober dynamischer Zusammenhänge. Daher gilt ihr Interesse vor allem der zeitlichen Aufeinanderfolge der Erlebnisse sowie ihren Inhalten und da wieder besonders den massiven Affektvorgängen und Triebregungen. Die interessante Frage, wieweit eine dynamische Psychologie berechtigt ist, von Details, deren Feststellung wir der deskriptiv gerichteten Forschung verdanken, abzusehen, und wo die notwendigen Grenzen für diese Vernachlässigung liegen, ist ja völlig ungelöst; sie wird auch wohl nur auf die Weise gelöst werden können, daß beide Arbeitsmethoden voneinander annehmen, was für ihre Teilzwecke taugt, dann aber ihre Ergebnisse immer wieder gegenseitig überprüfen. Würde eine Phänomenologie der spezifisch analytischen Erlebnisweisen und Erlebnisfolgen schon bestehen, so wäre ohne Zweifel damit auch die eigentlich dynamische Aufgabe der Psychoanalyse wesentlich erleichtert.

Der »künstliche« Charakter, welcher fast allen psychologischen Experimenten anhaftet und anhaften muß, wird durch die analytische Anordnung weitgehend vermieden. Und es darf wohl angenommen werden, daß die relative »Natürlichkeit« der analytischen Situation, welcher die Atmosphäre des Laboratoriums sehr fremd ist, und welche die Befolgung der psychoanalytischen Grundregel als ein notwendiges und lebenswichtiges Interesse des Patienten erscheinen läßt — ganz abgesehen davon, daß die Grundregel eben keine Änderung der gewohnten Einstellung auf das Inhaltliche erfordert — weit eher geeignet ist, den Erlebnisablauf in seinen Grundzügen unverändert festzuhalten. Wo die analytische Einstellung doch eine Änderung mit sich bringt, tut sie das, indem sonst Unbewußtes oder Halbbewußtes und Nichtbeachtetes zur vollen Höhe des Bewußtseins emporgehoben wird; davon sprachen wir schon. Aber auch in diesem Fall bleibt das Interesse immer an die

[5] Arch. f. ges. Psychol., 35 (1916).

Inhalte geknüpft und entfernt sich somit nicht so weit vom Alltagsdenken, wie das bei der Mehrzahl der psychologischen Experimente notwendig der Fall sein muß. Auch die systematische Selbstbeobachtung der Denkpsychologie (Ach, Bühler, Messer u. a.) hat uns mit einer großen Zahl von Erlebnissen bekannt gemacht, welche im Gedenken jedes Menschen eine Rolle spielen, sich jedoch bisher der Beobachtung und ausdrücklichen Feststellung entzogen hatten. Aber diese neuentdeckten Erlebnisse sind vor allem durch die Eigenart ihrer Gegebenheitsweise und die Struktur ihrer Beziehungen interessant, nicht durch die Gegenstände, auf welche sie sich richten. Anders liegen die Dinge bei jener »Erweiterung des Bewußtseins« welche wir der Psychoanalyse verdanken. Das Neue, das uns die Methode des freien Einfalls gebracht hat, betrifft vorwiegend nicht die Art der Zuwendungen als solche, sondern ihre Richtung auf diesen oder jenen Gegenstand, die Richtung, welche Gedanken und Wünsche nehmen, wenn der Analysand sich passiv seinen Einfällen hingibt, und ihre inhaltlichen Zusammenhänge.

Das Erlernen der Methode des freien Einfalls macht den meisten Menschen zunächst einige Schwierigkeiten. Aber es gilt für jeden, der dies Anfangshindernis überwunden und sich auch nur durch einige Wochen täglich etwa eine Stunde lang den Anforderungen der psychoanalytischen Grundregel unterworfen hat, daß er sich damit — vor aller Deutung — eine Fülle von psychologischen Einblicken erwirbt, die sich der Selbstwahrnehmung sonst verschließen. Wir werden noch darüber zu sprechen haben, auf welche Weise diese erweiterte Einsicht zustande kommt.

Die Anschauung, daß ein der psychoanalytischen Grundregel gemäßes Denken vor allen Zielsetzungen frei wäre, ist unzutreffend. Das hat Freud schon sehr früh erkannt, früher als die experimentelle Psychologie zu demselben Resultat gelangt war: »Es läßt sich zeigen, daß wir immmer nur auf die uns bekannten Zielvorstellungen verzichten können, und daß mit dem Aufhören dieser sofort unbekannte — wie wir ungenau sagen: unbewußte — Zielvorstellungen zur Macht kommen, die jetzt den Ablauf der ungewollten Vorstellungen determiniert halten. Ein Denken ohne Zielvorstellungen läßt sich durch unsere eigene Beeinflussung unseres Seelenlebens überhaupt nicht herstellen.«[6] Daß dies auch für die »oberflächlichen« Assoziationen (z. B. für assonierende oder

[6] Die Traumdeutung, 4. A., S. 416.

gereimte) gilt, haben vor allem die Traumanalysen immer wahrscheinlicher gemacht; auch sie treten nur auf, wenn sich hinter der oberflächlichen Verbindung eine andere, tieferliegende verbirgt, welche der (unbewußten) Determination entspricht. Damit ist die Bedeutung des Gleichklangs für die Assoziation natürlich nicht bestritten; aber offenbar können derartige Assoziationen in der Regel nur dort zur Geltung gelangen, wo sie sich auf solche, auch den nichtgeordneten Gedankenablauf regelnde Tendenzen stützen können. Nach den Versuchen von Selz wird durch die Mitwirkung klanglicher Bestandteile des Reizwortes die Wirkung des Reizwortsinnes auf die Reproduktion nicht immer ausgeschaltet. »Nur werden unter den Komplexen, denen das Reizwort angehört, infolge der Beschaffenheit der Antizipation in erster Linie solche ansprechen, welche die betreffenden klanglichen Bestandteile ebenfalls enthalten.« [7]

Die Assoziationsgesetze besagen, daß jede Vorstellung usw. einerseits mit allen ihr ähnlichen, anderseits mit allen jenen, welche in enger räumlicher oder zeitlicher Verbindung mit ihr erlebt wurden, in besonderer Weise verknüpft ist, so zwar daß das aktuelle Gegebensein eines Erlebnisses die Tendenz zur Reproduktion ähnlicher oder durch »Kontiguität« mit ihm verbundener Reproduktionsgrundlagen zur Folge hat. Aber die Assoziationsgesetze geben, zumindest in dieser Form, keine ausreichende Erklärung dafür, warum im Einzelfall die Reproduktion gerade in dieser und keiner anderen Richtung erfolgt, da doch jeder psychische Vorgang mit einer ungeheuren Menge anderer assoziativ verbunden sein muß. Die Ergebnisse der experimentellen Psychologie fügen hinzu, daß die Tendenz zur Reproduktion einer assoziierten Vorstellung zunächst von der »Festigkeit« der Assoziation bestimmt wird, dann aber auch von der Art des Gegebenseins jenes Vorgangs, welcher die Reproduktion anregt: von seiner Intensität, seiner Dauer usw. Die Festigkeit der Assoziationen ist ihrerseits (unter anderem) von der Anzahl der Fälle abhängig, in welchen die Verknüpfung der Reproduktionsgrundlagen gestiftet wurde, aber auch von zeitlichen Faktoren, von dem Vorhandensein oder Fehlen inhaltlicher Beziehungen und so fort. Für die Entscheidung darüber, welche assoziierten Reproduktionsgrundlagen aus der Fülle der im Laufe des Lebens mit einem psychischen Vorgang verbundenen im Einzelfalle ausgewählt und aktualisiert wird,

---

[7] Zur Psychologie des produktiven Denkens und des Irrtums, Bonn 1922, S. 434.

ist aber nicht nur die relative Stärke, in welcher die einzelnen Reproduktionsgrundlagen angeregt werden, von Bedeutung, sondern auch ihr gegenseitiges Zusammenwirken: sie verstärken einander, soweit sie auf Reproduktion des gleichen Erlebnisses gerichtet sind, hemmen einander aber im entgegengesetzten Fall. Neben den Reproduktionstendenzen müssen wir seit den Untersuchungen von Müller und Pilzecker[8] den psychischen Vorgängen die besondere Eigenschaft einer »Nachwirkung« im Bewußtsein zuschreiben (Perseverationstendenz); diese spielt vor allem bei psychopathologischen Vorgängen eine große Rolle.

Man bezeichnet den zeitlichen Querschnitt durch die Gesamtheit aller zusammen- und gegeneinanderwirkenden Reproduktions- und Perseverationstendenzen als *Konstellation.* Diese ist also für die Aktualisierung einer bestimmten Reproduktionsgrundlage in einem bestimmten Zeitpunkt zumindest mitbestimmend. Die Assoziationspsychologen machen nun die Entscheidung darüber, welche unter allen assoziativ an einen seelischen Vorgang geknüpften Reproduktionsgrundlagen aktualisiert werden, ausschließlich von den erwähnten Bedingungen abhängig: »Erstens von den Stärkegraden, welche den konkurrierenden Assoziationen, gemäß der Zahl und Verteilungsweise der zugrunde liegenden Wiederholungen usw. an sich zukommen, und zweitens von den Graden der Bereitschaft, in welche die den konkurrierenden Reproduktionstendenzen entsprechenden Vorstellungen durch die vorausgegangenen Erlebnisse versetzt sind« (G. E. Müller[9]).

Es hat sich aber gezeigt, daß die Annahme von assoziativen und perseverierenden Reproduktionstendenzen nicht genügt, um den Denkverlauf in seiner Eigenart zu erfassen; oder zumindest: daß die Einführung eines neuen Faktors als Erklärungsgrundlage die Darstellung der Denkvorgänge wesentlich erleichtert. Wir werden also, nach dem Vorgang von Ach[10], neben den Reproduktionstendenzen den sogenannten »determinierenden Tendenzen« eine selbständige Wirksamkeit zuerkennen. Unter diesen determinierenden Tendenzen versteht Ach Wirkungen, »welche eine Beeinflussung des geistigen Geschehens im Sinne der Zielvorstellung (Absicht, Auftrag, Suggestion u. dgl.) nach sich ziehen. Das einzige wesentliche Merkmal dieses Begriffs ist die Regelung des Ge-

---

8 Ztschr. f. Psychol. Ergzgsbd. I, 1901.

9 Zur Analyse der Gedächtnistätigkeit usw. III, Leipzig 1924, S. 488.

10 Über die Willenstätigkeit und das Denken, Göttingen 1905, und: Über den Willensakt und das Temperament, Leipzig 1910.

schens entsprechend dem Sinn oder der Bedeutung einer Zielvorstellung.«[11] Ach konnte nachweisen, daß assoziative Verbindungen von bedeutender Festigkeit durch entgegenstehende »Aufgaben« (die nur einen Spezialfall der Setzung determinierender Tendenzen darstellen) in ihrer Bedeutung für den Ablauf des psychischen Geschehens ausgeschaltet werden können. Die determinierenden Tendenzen erwirken eine Realisierung im Sinne der übernommenen Aufgabe auch dann, wenn die Aufgabe beim Eintreten des auslösenden Eindrucks (Reizes) nicht mehr bewußt gegenwärtig ist. Die Frage, nach welchen Gesetzen die determinierenden Tendenzen den geordneten Ablauf der intellektuellen Prozesse bestimmen, ist in der Selzschen Theorie der determinierten Wissensaktualisierung und der determinierten Komplexergänzung in Angriff genommen.[12] Übrigens kann die Wirksamkeit der determinierenden Tendenzen auch einer Konstellationstheorie des geordneten Denkens eingegliedert werden; Selz freilich verwirft diese Möglichkeit sehr entschieden.

Das Denken ist also in seinem Ablauf durch eine Fülle von determinierenden Tendenzen bestimmt; es wird damit in die Nähe der volitionalen Akte gerückt. Für die Psychoanalyse ist aber der Nachweis von besonderer Bedeutung, daß solche Tendenzen ihre Herrschaft über den Gedankenablauf ausüben können, ohne daß eine entsprechende Aufgabe oder Richtung im Bewußtsein repräsentiert sein müßte. Auch bei »freier« Instruktion und überhaupt in allen Fällen, in welchen besondere Aufgaben nicht gestellt sind, bleibt das Denken doch durch bestimmte Einstellungen in seinem Ablauf gebunden. Diese »latenten Einstellungen« (Koffka) sind determinierende Tendenzen, welche vom Willen losgelöst entstehen. Häufig (sind) sie auch als Gegebenheiten im Bewußtsein nicht vorhanden«[13]. Koffka bezeichnet sie auch als »unwillkürliche determinierende Tendenzen« oder als »determinierende Tendenzen ohne auslösende Bewußtheit«. Sie können sich auch entgegen der Wirkung einer bewußt übernommenen Aufgabe durchsetzen; bei den Versuchen Koffkas handelt es sich in vielen Fällen »um recht energische Willensentschlüsse, die an der Stärke der LE scheitern«.[14] Wenn die Versuchsperson

---

[11] Über die Begriffsbildung, Bamberg 1921, S. 120.

[12] Über die Gesetze des geordneten Denkverlaufs, Stuttgart 1913, und: Zur Psychologie des produktiven Denkens usw., Bonn 1922.

[13] Zur Analyse der Vorstellungen und ihrer Gesetze, Leipzig 1912, S. 319.

[14] a.a.O., S. 332.

gegen die Wirkung der LE ankämpft, bleibt meistens zunächst »gegen den Willensimpuls die Einstellung siegreich und erst allmählich gewinnt die Vp. wieder die Macht über den Prozeß«.[15] Wir halten zwei Resultate fest, welche beide auf anderen Wegen auch von der Psychoanalyse gewonnen wurden: die Nachweisbarkeit unbewußter Einstellungen und ihre kräftige dynamische Wirksamkeit. Was die letztere betrifft, so macht sie sich in der analytischen Situation viel mächtiger bemerkbar, als es unter den Bedingungen des psychologischen Experiments jemals der Fall sein kann.

Kehren wir zu der oben zitierten Stelle aus Freuds »Traumdeutung« zurück. Freud bedient sich hier wie auch sonst bei Beschreibung des Gedankenablaufs jener Begriffe und jener Terminologie, welche zur Zeit des Erscheinens dieses Werkes noch die allgemein herrschenden waren, nämlich der assoziationspsychologischen. Trotz einer teilweisen Gemeinsamkeit der Grundbegriffe darf aber nicht die psychoanalytische Psychologie im allgemeinen als assoziationspsychologische Richtung angesprochen werden. Es bestehen wichtige Übereinstimmungen auch mit den Anschauungen der Denkpsychologien, worauf Schilder wiederholt nachdrücklich aufmerksam gemacht hat. Dahin gehört ja gerade auch die Lehre von den latenten Einstellungen.

Wir können jetzt sagen: determinierende Tendenzen lenken nicht nur das »geordnete«, sondern auch das »ungeordnete« Denken; in beiden Fällen sind die Reproduktionsgrundlagen und ihre assoziative Verknüpfung nur das Material, das im Dienste der gesetzten Ziele aktualisiert wird. Die Einstellungen können bewußt sein, sie können aber auch vom Unbewußten her ihre Wirkungen entfalten: dies letztere ist z. B. beim Denken gemäß der psychoanalytischen Grundregel der Fall. Der Unterschied zwischen diesem und dem geordneten Denken liegt also nicht im Fehlen oder Vorhandensein determinierender Tendenzen, sondern in der Besonderheit der Strukturen, zu welchen diese im einen und im anderen Falle zusammentreten. Wir haben schon gehört, daß nach der analytischen Auffassung auch »äußerliche« Assoziationen in der Regel nur als Brücken zur Erreichung eines der jeweiligen Einstellung gemäßen Zieles aktualisiert werden, und Lewin[16] konnte es möglich erscheinen lassen, daß auch die sogenannten Assoziationsgesetze nur

---

15 a.a.O., S. 331.
16 Psych. Forschung, I, 1922 und II, 1923.

für den Fall des Gegebenseins eines bestimmten volitionalen Faktors zutreffen.

Wie für die Aktualisierung von Gedanken sind aber determinierende Tendenzen auch für ihre Unterdrückung verantwortlich zu machen. Nach Ach können assoziative Verbände von beträchtlicher Festigkeit durch entgegenstehende Determinationen durchbrochen werden: an die Stelle der assoziativ eingeübten Verbindung tritt dann die aufgabegemäße Reaktion. Solche Kämpfe können sich nicht nur zwischen einer assoziativen Reproduktionstendenz und einer determinierenden Tendenz auspielen, sie können auch zwei oder mehrere entgegengesetzt gerichtete determinierende Tendenzen betreffen. Die dynamische Wertigkeit der determinierenden Tendenzen ist natürlich eine sehr verschieden große. Vergleichen wir eine Gedankenreihe, wie sie uns die Methode des freien Einfalls liefert, mit einer geordneten Gedankenreihe, so sehen wir im ersten Falle eine bunte Menge von (scheinbar!) ungeordneten Erlebnissen, während sich im zweiten alles streng der einen Aufgabe der Erreichung des intellektuellen Zieles unterordnet. Wir müssen annehmen, daß hier alle nicht zielgemäßen assoziierten Gedanken und Vorstellungen von der Aktualisierung ausgeschaltet worden sind, und schreiben diese Wirkung jenen Determinationen zu, welche durch die Einstellung auf das geordnete Denken gesetzt werden. Die Ausschaltung anders gerichteter Tendenzen betrifft übrigens nur zum geringsten Teile schon bewußte Vorstellungen und Gedanken, zumeist werden diese schon vor Erreichung des Bewußtseins gehemmt.

Diese Wirkung ist der Wirkung der *Zensur*, im Sinne Freuds[17], verwandt. Wir verstehen darunter eine psychische Institution, welche im Dienste des Ideal-Ich — einer besonderen Organisationsform im Ich — steht, und welcher die Aufgabe zufällt, alle jene Mächte vom Bewußtsein fernzuhalten, die geeignet wären, die realitätszugewandte Funktion des Ich zu stören. Zu diesen Mächten müssen wir aber auch alle Vorstellungen und Gedanken rechnen, welche nicht sachgerichteten Tendenzen entsprechen, deren Aktualisierung also die Erreichung des logischen Denkziels gefährden würde.

Wenn wir den Patienten in der Analyse zur Befolgung der psychoanalytischen Grundregel zwingen, heben wir damit die Determination zum

---

[17] Siehe z. B.: Vorlesungen zur Einführung in die Psychoanalyse, Leipzig & Wien 3. A. 1920.

geordneten Denken auf. Eine »Aufgabe« steht hier gegen die andere: auf der einen Seite die Richtung auf das sachgerichtete Denken, auf der anderen der Befehl des Analytikers, alle auftauchenden Gedanken zu registrieren, nichts zu verschweigen und so fort. Es pflegt einige Tage oder sogar Wochen zu dauern, bis die zweite Aufgabe die Oberhand gewinnt. Verstärkt wird ihre dynamische Wirkung ohne Zweifel dadurch, daß sie in den Dienst des therapeutischen Zieles gestellt ist, also auch eine Forderung der Realität vertritt: die Abwendung vom realitätsangepaßten Denken ist in diesen Fällen vom Realitätsprinzip selbst diktiert. Hierin liegt ein weiterer, nicht unwichtiger Unterschied gegenüber der psychischen Situation des Tagträumens, welcher geeignet ist, die bedeutendere Erweiterung des Bewußtseins beim analytischen Denken wenigstens zum Teil zu erklären.

So fördert die Methode des freien Einfalls Material zutage, das unter dem Zwang des geordneten Denkens entweder überhaupt unbewußt bleiben muß, oder, soweit es bewußt wird, sich doch der Beachtung entzieht. So manches, was noch vielfach als durch psychoanalytische »Deutungskünste« erschlossen angesehen wird, ist nichts anderes als Beschreibung von Selbstwahrnehmungen, welche der konsequenten Anwendung dieser Methode ihr Dasein verdanken. Nun bilden die Einfälle des Patienten nicht immer einen gleichmäßigen, kontinuierlichen Strom. Es gibt Situationen — in erster Linie sind es solche, in welchen ein neues, stark affektbetontes Thema in Angriff genommen wird — die zu einem Versiegen dieses Stromes führen; der Gedankenzug weist Lücken auf, der Patient schweigt. Die Annahme scheint zulässig und aufklärend, »daß Lücken im Verlauf der Einfälle auf bestimmte Einstellungen schließen lassen, und zwar auf Trieb- und Willenseinstellungen« (Schilder [18]). Wir hörten ja schon, daß die Ausschaltung assoziierter Vorstellungen und entgegenstehender Einstellungen auf die Wirkung determinierender Tendenzen zurückgeführt werden darf, und nehmen an, daß im Falle der Lückenbildung die durch Übernahme der psychoanalytischen Grundregel gesetzte Tendenz sich zu anderen vom Ich ausgehenden (latenten) Einstellungen in Widerspruch gesetzt hat und in diesem Kampfe unterlegen ist. Der Gedanke (oder Wunsch), dessen Aktualisierung im Sinne jener Tendenzen gelegen wäre, wird daher nicht ins Bewußtsein zugelassen; Resultat: die Lückenbildung.

---

18 »Über Psychoanalyse«. Eine Diskussion im »Verein für angewandte Psychopathologie und Psychologie« in Wien, Berlin 1922, S. 48.

Hier stoßen wir zum ersten Male auf den Begriff der *Verdrängung*[19], einen Grundbegriff der psychoanalytischen Theorie; wir werden uns später noch ausführlich mit ihm befassen. Unter den Wirkungen der Verdrängung steht die Abhaltung nicht ich-gerechter Gedanken oder Strebungen vom Bewußtsein und von der Motilität im Vordergrund. Der Begriff deckt sich, wie man sieht, zum Teil mit dem der Zensur, ist aber weiter; überdies ist es zweckmäßig, den Ausdruck »Zensur« für die betreffende »Institution« im Ich (Ideal-Ich) zu reservieren, den Ausdruck »Verdrängung« aber für den psychischen Vorgang selbst zu verwenden. Zwar ist der Verdrängungsbegriff ursprünglich gebildet, um gewissen auffälligen Erscheinungen der Neurosenpsychologie gerecht zu werden, aber es hat sich gezeigt, daß sein Umfang viel mehr umfaßt, und daß er auch für das Normalpsychische von grundlegender Bedeutung ist; verdrängte Erlebnisse spielen in die aktuellen energetischen Verhältnisse der psychischen Systeme dauernd mächtig hinein. Weiter hat die Erfahrung gelehrt, daß der Verdrängung nicht nur der nicht ichgerechte Gedanke oder Wunsch selbst verfällt, sondern auch jene, welche ihm nahestehen, das heißt aber: deren Bewußtwerden geeignet wäre, seine Aktualisierung zu erzwingen. Man stellt sich das am besten so vor, daß zwischen den vom Ich und den von den verdrängten Gedanken ausgehenden Tendenzen ein ständiger Kampf ausgefochten wird, dessen Ausgang darüber entscheidet, ob die mit dem Verdrängten verknüpften psychischen Vorgänge ins Bewußtsein vordringen dürfen und in welchem Verknüpfungsgrad dieser Vorgänge mit dem verdrängten Gedanken die Grenze für ihr Bewußtsein gegeben ist. Auch die vom Ich ausgehenden verdrängenden Tendenzen müssen nicht bewußt sein; ja man kann sagen, daß sie es sehr häufig nicht sind, daß wir sie also aus ihren Wirkungen erschließen müssen. Sie sind dann, als »Einstellungen«, latent. Es ergibt sich daraus, daß wesentliche Ursachen, welche über die Aktualisierung einer Vorstellung, eines Gedankens, eines Wunsches entscheiden, in unbewußten Vorgängen gelegen sein können, und wir fügen gleich hier hinzu, was später noch eingehend ausgeführt werden soll: daß wahrscheinlich in jedem Falle unbewußte Determinanten bei dieser Entscheidung zumindest mitwirken. Wenn wir den Ursachen der Aktualisierung eines bestimmten Gedankens nachspüren, werden wir als nicht nur die vom Ich ausgehenden bewußten, sondern auch die

---

19 Dazu vor allem: Freud, Intern. Ztschr. f. Psa., III (1915) oder: Sammlung kleiner Schriften zur Neurosenlehre, IV, S. 279.

vom Unbewußten her wirkenden Tendenzen aufdecken müssen; über die Unterschiede, welche Freud zwischen *vorbewußtem* und im engeren Sinne *unbewußtem* Denken ansetzt, werden wir noch zu sprechen haben. Freilich ist die Beteiligung dieser Faktoren an den verschiedenen Arten des Gedankenablaufs eine sehr verschiedene.

Wie ist aber eine Kenntnis vom Unbewußten möglich! Wir wollen, bevor wir uns diesem Problem zuwenden, wenigstens einen flüchtigen Überblick darüber zu gewinnen trachten, in welcher Ordnung denn die Erlebnisse zueinander stehen, nach deren dynamischer Wechselwirkung wir gefragt haben. Mit jedem Gegebensein eines Erlebnisses klingt sachlich und persönlich Zugehöriges mit an. Unsere Erlebnisse sind einerseits nach *logisch-sachlichen* Gesichtspunkten miteinander verknüpft, anderseits nach den *räumlich-zeitlichen* Beziehungen ihres Erlebtwerdens. Auch im geordneten Denkverlauf können ja die persönlichen Begleitumstände, etwa der Erwerbung eines Wissens, neben den sachlichen Zusammenhängen hervortreten (Beispiele dafür siehe etwa bei Selz[20]). Diese beiden Systeme, in welchen das Erleben in bezug auf jeden Gegenstand geordnet ist, bezeichnen wir mit Schilder[21] als seine »Sphäre«; sie enthält natürlich nicht etwa nur Vorstellungen, sondern auch Gedanken, Affekte, Triebeinstellungen. Schilder meint, daß die sphärischen Vorgänge in ihrer Gesamtheit erlebt würden; wir halten dem gegenüber an dem unbewußten Charakter bestimmter seelischer Vorgänge fest und werden das im nächsten Abschnitt begründen. In der Peripherie der Sphäre liegt (auch im Falle des geordneten Denkens) das Unbewußte und die dynamisch mächtige Triebhaftigkeit. Läßt die Aufmerksamkeitsspannung nach (wie im Halbschlaf, im Tagtraum), so brechen aus der Sphäre die sonst niedergehaltenen Wünsche hervor und treiben eine nicht nach logischen Gesichtspunkten gegliederte Fülle von Bildern und Gedanken vor sich her; das Denken gewinnt in diesen Zuständen an bunter Mannigfaltigkeit, was es an Schärfe und logischer Ordnung verliert. Der Ablauf der Gedanken ist dann vollständig von der Peripherie der Sphäre her determiniert, sein Zusammenhang also nur von da aus zu begreifen. Den Zugang zu den sphärisch peripheren seelischen Vorgängen erschließt uns aber vor allem die Methode des freien Einfalls.

---

[20] Über die Gesetze des geordneten Denkverlaufs, I, S. 47.
[21] Medizinische Psychologie, Berlin 1924.

Diese psychischen Gebilde sind aber auch im vollwachen und realitätszugewandten Denken vorhanden, wenn auch unbewußt; ihre Wirksamkeit ist eben hier zurückgedrängt und macht sich infolge der determinierenden Kraft intellektueller und anderer realitätsgemäßer Zielsetzungen nur wenig bemerkbar. Sie drängen ja auch im wachen Zustand sofort in den Vordergrund, sobald die Konzentration der Aufmerksamkeit sich vermindert: die Fehlleistungen des Alltags (Freud[22]), das Versprechen, Verschreiben usw. sind die Folgen. Wir haben in ihnen einen der Beweise dafür, daß die durch die herrschenden Zielsetzungen beiseite gedrängten Tendenzen aktiv bleiben und ins Bewußtsein streben, sobald dieser Gegendruck nachläßt. Die psychoanalytische Lehre von der Mächtigkeit unbewußter Zielsetzungen und ihrem Einfluß auch auf die scheinbar rationalsten Handlungen ruht aber nicht allein oder vor allem auf dem Studium der Fehlleistungen. Jede Analyse am Gesunden wie am Kranken bringt dieser Anschauung vielfache Bestätigung.

Wahrscheinlich sind an den Reproduktionsvorgängen auch komplexe Verbände als nicht weiter zerlegbare Einheiten beteiligt. Der Begriff einer »schematischen Antizipation« von Komplexen als Ausgangspunkt der sogenannten »determinierten Komplexergänzung« hat in der Theorie der intellektuellen Prozesse durch Selz[23] Bedeutung gewonnen. Hier liegt in gewissem Sinne eine Übereinstimmung mit der analytischen Psychologie vor, welche lehrt, daß beim »freien Einfall« durch determinierte Prozesse die Ergänzung eines in der Ausgangsvorstellung (sphärisch) mitgegebenen Komplexes erfolgt. Aber diese Gemeinsamkeit der Begriffe ist im einzelnen keine sehr tiefgehende, die Selzsche Theorie soll ja gerade die Charakteristika des geordneten Denkens klarlegen und für den Fall des freien Gedankenablaufs stehen die entsprechenden experimentellen Untersuchungen zum größten Teile noch aus.

Enger scheinen die Beziehungen zu Poppelreuters (konstellationstheoretischer) Auffassung der Reproduktionsvorgänge. Nach dieser Theorie dürften wir uns die Reproduktion nicht einfach als von einem Glied zum nächsten fortschreitend denken: »Die Reproduktionstendenzen gehen nicht nach dem Prinzip der engsten Kontiguität sukzessive von Teil zu Teil, sondern vom Teil sofort auf das Ganze, das heißt auf diejenige Totalvorstellung, welche diesen wiedererlebten Teil, das

---

22 Zur Psychopathologie des Alltagslebens, Berlin 9. A. 1923.
23 a.a.O.

Reproduktionsmotiv, enthält«[24]. Der Verlauf des Reproduktionsvorgangs ist zu bezeichnen »als die Explikation der Teile, die in einer Totalvorstellung enthalten sind, d. h. die Reproduktion geht auf die Totalität und aus dieser Totalität heraus explizieren sich die Teile, die in einer mehr oder weniger unklaren Totalvorstellung impliziert sind«[25]. Hier ist die Übereinstimmung mit der analytischen Lehre, welche ja durch die von einem Element ausgehende Reproduktionsfolge zur Totalität des ursprünglichen »Komplexes« gelangen will, sehr deutlich.

Kennzeichnen wir diese analytische Lehre jetzt genauer. Sie besagt, daß wir von einem Traumelement, einem neurotischen Symptom, einer Fehlleistung ausgehend, durch die Methode des freien Einfalls zu jenen Gedanken vordringen können, welche für das Auftreten und die Art des untersuchten Erlebnisses kausal determinierend sind. Wir haben ja schon gehört, daß auch unbewußte Tendenzen den Gedankenablauf bestimmen, vor allem in jenen Zuständen, welche die Psychoanalyse zum Ausgangspunkt ihrer Untersuchung macht, z. B. im Traum; gerade darum dienen diese Vorgänge ja der Analyse vor anderen als Einbruchsstellen zur Erforschung der unbewußten Prozesse. Die Zusammenhänge, in welche ein manifestes Traumelement hineingestellt ist, bilden nun nach Ansicht der Psychoanalyse ein relativ geschlossenes Ganzes (von einer wirklichen Isolierung im strengen Sinne kann aber natürlich nicht die Rede sein). Mit dem einzelnen Traumelement sind seine sphärischen Verbindungen mitgegeben — der oft gehörte Einwand, daß im Seelenleben doch »alles mit allem« zusammenhänge, ist nicht nur völlig unzulänglich, sondern in dieser Formulierung geradezu irreführend. Die freie Reproduktion, welche an ein Traumelement anknüpft, führt also nicht auf beliebiges assoziativ verbundenes Material, es bleiben hier wie auch sonst die Einstellungen, welche das Element repräsentiert, für die Auswahl und die Abfolge der Einfälle maßgebend, und diese Einstellungen »explizieren« die zum Ganzen des Komplexes gehörigen Gedanken, Vorstellungen und Wünsche. Solche Komplexe sind — in der psychoanalytischen Bedeutung des Wortes, welche sich weder mit der von Selz noch mit der von G. E. Müller gebrauchten deckt — Gruppen von Vorstellungen und Gedanken, welche durch affektive und triebhafte Einstellungen zusammengefaßt sind.

---

[24] Arch. f. d. ges. Psychol., 25 (1912), S. 252.
[25] a.a.O., S. 253.

Die Methode des freien Einfalls ist nichts anderes als eine sukzessive Zerlegung solcher Komplexe. Die Komplexe sind natürlich streng genommen nicht als konstant anzusehen, sie stehen ja mit dem Erleben in ständiger Wechselwirkung; eine relative Unveränderlichkeit gegenüber dem flüchtigen Strom der Oberflächenerlebnisse dürfen wir ihnen aber wohl zuerkennen. Wir können auch sagen: die latente Determination, welche von dem untersuchten Traumelement ihren Ausgang nimmt, hat die Reproduktion des sphärisch Zugehörigen zur Folge; sie tendiert damit also auch auf die Reproduktion von unbewußten Vorgängen. Nun wissen wir schon, daß in der Sphäre unbewußte Tendenzen als die wichtigsten Determinanten des traumhaften oder halbwachen Denkens enthalten sind. Mit dem Bewußtmachen der sphärischen Erlebnisse haben wir also gleichzeitig wesentliche Ursachen für das Auftreten der Traumelemente aufgedeckt. Damit beantwortet sich auch die Frage, die verschiedene Kritiker der Psychoanalyse, zuletzt Raimann[26] gestellt haben, wie es denn möglich sei, »Kausalität zu assoziieren«, das heißt also, durch Assoziation zu den determinierenden Faktoren zu gelangen. Die Möglichkeit, unbewußte Ursachen der untersuchten Elemente aufzudecken, gewährt uns die Methode des freien Einfalls. Hier wirken ja die von der psychoanalytischen Grundregel ausgehenden Einstellungen den verdrängenden Tendenzen entgegen und können uns zur Aktualisierung von Vorgängen verhelfen, welche das realitätszugewandte Denken ins Unbewußte verweist; die Frage aber, wie man über die Grenze der Leistungsfähigkeit dieser Methode des freien Einfalls hinaus zu Aussagen über das unbewußte Seelenleben kommt, soll uns im nächsten Kapitel beschäftigen. Ähnlich wie die Psychoanalyse schließt übrigens auch z. B. Messer[27] bei seinen experimentellen Untersuchungen; Bedeutungszusammenhänge, die nachträglich ins Bewußtsein treten, werden als unbewußt wirkende Mittelglieder angenommen.

Für die kausale Bedeutung der in der Psychoanalyse produzierten Einfälle spricht ferner (wenn auch indirekt) die Erfahrung, daß perseverierende Träume, also solche, welche sich bei einer Person von Zeit zu Zeit immer wieder einstellen, endgültig verschwinden können, wenn sie einmal einer Analyse unterzogen worden sind. Und ein weiterer Wahrscheinlichkeitsbeweis liegt in der Tatsache der sogenannten »Kno-

---

[26] Zur Psychoanalyse, Wien 1925, S. 17.
[27] Arch. f. d. ges. Psychol., VIII (1916).

tenpunkte«, also in dem Umstand, daß die von den einzelnen Traumelementen ausgehenden Gedankenreihen deutlich auf bestimmte Punkte hin konvergieren, und zwar in einem weit größeren Ausmaße, als das sonst bei Assoziationsreihen — trotz der Tendenz zu »sinnvoller Verknüpfung«, die zweifellos besteht, — der Fall zu sein pflegt. Dies letztere Argument bleibt freilich mehr oder weniger Sache des persönlichen Eindrucks, ein quantitativer Vergleich ist hier, wenigstens heute, nicht möglich.

Wenn man zugibt, daß uns der freie Einfall zur Aufdeckung der determinierenden Faktoren verhelfen kann: die Frage bleibt bestehen, inwieweit denn vom Analytiker selbst durch Fragen, Antworten, Befehle oder Deutungen der Gedankengang des Patienten beeinflußt und verfälscht wird. Die mögliche Fremdsuggestion durch den Versuchsleiter bedeutet eine Gefahr für die Zuverlässigkeit der Ergebnisse, deren Bekämpfung ein Problem jeder Psychologie darstellt, die auf introspektive Daten Wert legt. Aber es ist völlig unmöglich, Fragen und Anweisungen ganz auszuschalten; damit sind an die kritische Schulung des Analytikers, dessen Kontakt mit dem Patienten ein besonders inniger ist, hohe Anforderungen gestellt. Jedenfalls muß man sich darüber klar sein, daß die Resultate einer Analyse um so weniger beweiskräftig sind, je mehr Deutungen dem Patienten von seiten des Analytikers zuteil geworden sind, und daß nur vollständig gesicherte Deutungen als in dieser Hinsicht ungefährlich angesehen werden dürfen. Erlaubt die therapeutische Aufgabe in gewissen Fällen eine solche Zurückhaltung nicht — und das ist in der Tat nicht selten der Fall —, so müssen wir natürlich den Erkenntniswert der gewonnenen Resultate entsprechend niedriger einschätzen. Übrigens darf man nicht vergessen, daß unvorsichtig gegebene Deutungen sich recht oft im Lauf der Psychoanalyse selbst widerlegen und früher oder später ausgeschieden zu werden pflegen. Wie es bei psychologischen Experimenten Pflicht des Versuchsleiters ist, »sich mit völlig unbefangener, voraussetzungsloser, aber doch kritischer Hingabe in das Erlebnis der Versuchsperson zu vertiefen« (Ach[28]), empfiehlt Freud[29] dem Analytiker, allen Einfällen seiner Patienten dieselbe »gleichschwebende Aufmerksamkeit« entgegenzubringen, nicht zu wählen, seine Aufmerksamkeit nicht bewußt anzuspannen.

---

[28] Über die Willenstätigkeit und das Denken, Göttingen 1905, S. 18.

[29] Zbl. f. Psa., II (1912) oder: Sammlung kleiner Schriften zur Neurosenlehre, IV, S. 399.

Eine quantitative Auswertung der Ergebnisse ist bei der Methode des freien Einfalls nicht durchführbar und es ist nicht möglich, für ihre Sicherheit einen zahlenmäßigen Ausdruck zu finden. Nur eigene Erfahrung kann hier ein Bild geben. Gewiß sind die Fehlerquellen nicht unbeträchtlich; aber es ist in den Naturwissenschaften immer so gewesen, daß mit Hilfe einer zunächst unvollkommenen Methode Ergebnisse gefördert wurden, welche dann ihrerseits die Mängel der Methode erkennen und korrigieren ließen. Selbstverständlich strebt jede empirische Wissenschaft ständig danach, ihre Methode zu verbessern, aber es wäre ganz unrichtig, die Vollkommenheit der Methode zur Voraussetzung für die Zulässigkeit wissenschaftlicher Untersuchungen zu machen. Die Psychoanalyse wird immer nach Anordnungen und Formulierungen hindrängen müssen, die zur Entscheidung führen, und sie wird nach Wegen Ausschau halten, die eine Nachprüfung ihrer Ergebnisse ermöglichen. Wenn diese auf gesicherten außeranalytischen Wegen eine Bestätigung erfahren, darf die Psychoanalyse das als Bewährungsbeweis für ihre Methode in Anspruch nehmen. Gar nicht selten gelingt es, durch Feststellung objektiver Daten (etwa durch Aussagen anderer, verläßlicher Personen) sich eine Bestätigung der Annahmen zu holen, welche man aus dem analytischen Material mit Hilfe der analytischen Methode gewonnen hat. Ein nicht unwichtiges Gebiet analytischer Lehren ist, wie schon hervorgehoben, experimentell überprüfbar und zum Teil auch überprüft worden. Diese Versuche, welche wir später besprechen werden, haben eine Bestätigung der analytischen Aufstellungen ergeben.

V

DAS UNBEWUSSTE

Die Vorgänge, welche als unbewußt bezeichnet werden, sind von sehr verschiedener Art und sehr verschiedener dynamischer Wertigkeit. Gemeinsam ist ihnen allen das negative Merkmal, daß die »Bewußtseinsqualität« fehlt, und das positive, daß sie mit dem bewußten Psychischen in einer besonders engen Beziehung stehen, daß sie mit ihm irgendwie vergleichbar sind. Das nächste, was über diese Vorgänge ausgesagt werden kann, ist der Umstand, daß sie — abgesehen von der fehlenden Bewußtheit — in der Regel ganz so verlaufen, als ob sie Bewußtseinsvorgänge wären, und daß ihre Beschreibung nur in der Sprache der Psychologie möglich ist.

Von den vergangenen Erlebnissen ist uns immer nur ein kleiner Teil gleichzeitig im Bewußtsein gegenwärtig; es kann aber das meiste von dem, was derzeit latent ist, unter gewissen Bedingungen wieder bewußt werden. In der Zeit zwischen den Phasen der bewußten Gegebenheit nennen wir die Erlebnisse *unbewußt*. Das gilt für all dasjenige, was wir als unsern »Gedächtnisbesitz« bezeichnen. An dieser Stelle kann es aber nicht unsere Aufgabe sein, die schwierigen Probleme, die sich an die Tatsache des Gedächtnisses knüpfen, und das Für und Wider der psychologischen oder physiologischen Erklärungsversuche zu diskutieren; man vergleiche darüber die ausgezeichnete kritische Zusammenstellung bei Becher[1]. Ob man von allem, was jemals erlebt wurde, sagen kann, daß es unzerstörbar erhalten werde, kann hier dahingestellt bleiben. Neuere Versuche (Schilder[2]) zeigen jedenfalls, daß der Bereich, innerhalb dessen eine Wiedererweckung vergangener Erlebnisse möglich ist, viel weiter ausgedehnt werden darf, als man gemeinhin angenommen hat. Im Verlauf längerer Psychoanalysen gelingt es, Erlebnisse aus der Zeit der »infantilen Amnesie« bis ins dritte, ja vielleicht bis ins zweite Lebensjahr hinunter wieder bewußt zu machen; daß es sich nicht um phantasierte Erlebnisse handelt, ist man häufig in der Lage objektiv festzustellen. Der Zugang zu längst vergessen geglaubten Kindheitserlebnissen

---

[1] Gehirn und Seele, Heidelberg 1911.

[2] Arch. f. Psychiatrie, 72 (1924).

steht ferner im Schlafzustand wenigstens zum Teil offen; dies ist durch ein großes Traummaterial belegt. Schließlich entscheidet für das Erhaltenbleiben des Erlebten auch die Möglichkeit der Behebung eines Teiles der sogenannten »organischen Amnesien« (der epileptischen und auch jener nach Suspensionsversuchen, die wir nach Wagner-Jauregg[3] gleichfalls als organisch anzusehen haben) in der Hypnose (Schilder).

Unbewußt sind weiter jene Tatbestände, welche mit den Begriffen der Konstellation und der determinierenden Tendenz gemeint sind. Erfahrungen der experimentellen Psychologie über den Denkverlauf lehren uns, »daß die Aufeinanderfolge der im Bewußtsein hervortretenden Erlebnisse nur mit größter Vorsicht der Erklärung der gesetzmäßigen Zusammenhänge zugrunde gelegt werden darf, weil sie häufig nur ein unvollständiges Bild von den realen Prozessen gibt« (Selz[4]).

Einen Sonderfall der Wirkung determinierender Tendenzen stellen die Erscheinungen der posthypnotischen Suggestion dar. Hier wird, wenn der Auftrag zur Amnesierung des hypnotischen Befehls gegeben wurde, die befohlene Handlung zwar ausgeführt, von der Versuchsperson aber in einer zumeist oberflächlichen Weise rationalisiert, indem an Stelle der wirklichen kausalen Determination, nämlich des übernommenen Befehls, andere Vorgänge von ihr als Ursache der Ausführung bezeichnet werden. Die posthypnotische Suggestion ist somit ein Beispiel dafür, daß ein seelischer Vorgang ins Unbewußte sinken kann, ohne seine Wirksamkeit oder die Richtung seiner Wirksamkeit zu verlieren.

Daß vergessene Erlebnisse für die psychische Dynamik nicht bedeutungslos sind, daß ihnen vielmehr ein mächtiger Einfluß auf das Seelenleben zuerkannt werden muß, zeigten aber am sinnfälligsten die Hysteriestudien von Breuer und Freud[5]. Sie lehren, daß affektbetonte Erlebnisse, welche der Vergessenheit anheimgefallen und oft jahrelang unbewußt geblieben sind, hysterische Symptome erzeugen und ihren Fortbestand unterhalten können, und daß es gelingt, die Symptome zum Verschwinden zu bringen, wenn die Erinnerung an den traumatischen Vorgang geweckt wird.

Aus der Erkenntnis der dynamischen Bedeutung, welche einem Teil des Unbewußten zukommt, einem anderen aber fehlt, erwuchs Freuds

---

[3] Jahrb. f. Psychiatrie, 8, W. kl. W. 1891, 53.
[4] Über die Gesetze des geordneten Denkverlaufs, Stuttgart 1913, S. 84.
[5] Hysteriestudien, Wien 3. A. 1916.

Lehre von der Verdrängung, welche zur Grundlage der psychoanalytischen Wissenschaft und Technik geworden ist. Sie — und die Lehre vom Widerstand — haben jenes weite Reich unbewußter Vorgänge erschlossen, dessen Erforschung der Psychoanalyse vorbehalten war: das Unbewußte als das *Verdrängte*. Bevor wir uns aber diesem eigentlich »psychoanalytischen Unbewußten« zuwenden, müssen wir uns die Frage vorlegen, ob wir denn überhaupt das Recht haben, von einem unbewußten Seelischen zu sprechen.

Die Annahme, daß unser Denken, unsere Wünsche in irgendeiner Form vorhanden sein müssen, auch wenn sie uns nicht bewußt gegenwärtig sind, daß ein Etwas ihre bewußte Gegebenheit überdauert, ist eine notwendige Voraussetzung jeder Psychologie. Ohne sie wäre der Versuch Zusammenhänge im Seelischen festzustellen ein aussichtsloses Beginnen. »Der psychische Prozeß als kausal bestimmte Kette von Geschehnissen kann nicht als ein Prozeß aufgefaßt werden, der unbewußte Momente ausschließt, sondern als einer, der bewußte Momente einschließt« (Burkamp[6]). Einige Beispiele, aus welchen die Notwendigkeit hervorgeht, unbewußte Vorgänge der Erklärung psychischer Erscheinungen zugrunde zu legen, haben wir ja schon erwähnt. Fraglich kann also nur sein, ob sich die Einordnung solcher unbewußter Vorgänge ins Gebiet des Psychischen rechtfertigen läßt.

Für nicht wenige Psychologen und Philosophen ist das Psychische durch das Bewußtsein definiert; ein unbewußtes Seelisches ist auf diesem Standpunkt naturgemäß eine *contradictio in adiecto*. Da sie aber jene Tatsachen, welche zur Aufstellung unbewußter Vorgänge geführt haben, nicht leugnen können, sind sie genötigt die unbewußten Prozesse ins Bereich des Organischen zu verlegen.

Gegen eine solche Lösung der Frage, welche zwar auf den ersten Blick durch ihre Einfachheit besticht, ist nun aber mancherlei einzuwenden. Zunächst, daß eine Definition des Psychischen, welche sich auf die »Bewußtseinsqualität« stützt, so lange nicht gegeben werden darf, als man sich über das Problem des Unbewußten nicht nach jeder Richtung hin Klarheit verschafft hat. Das heißt: wenn sich die Psychologie ihre Selbständigkeit als empirische Wissenschaft bewahren und sich nicht auf eine bestimmte philosophische Grundanschauung über das Wesen des Psychi-

---

[6] Die Kausalität der psychischen Prozesse und der unbewußten Aktionsregulationen, Berlin 1922, S. 257.

schen festlegen lassen will, darf sie nicht aus einer umstrittenen Definition der Psyche Gründe gegen die Möglichkeit eines unbewußten Seelischen ableiten; sie wird vielmehr erst zur Frage des Unbewußten Stellung nehmen und auf Grund ihrer Stellungnahme die Definition, wenn notwendig, revidieren müssen. Solange so grundlegende Fragen wie die Stellung des Unbewußten zur Psychologie nicht geklärt sind, wird man mit allen inhaltlichen Bestimmungen des Seelischen, ob sie ihren Gegenstand durch das Merkmal des Bewußtseins bestimmen oder der Intentionalität oder durch seine Beziehung auf ein Ich, zurückhaltend sein müssen; (auch die zunächst bestrickende Definition des Unbewußten als des potentiell Bewußten enthält noch eine Voreingenommenheit). Eine Bestimmung, welche dieser Forderung genügt und wesentlich nur auf die Abgrenzung des psychologischen Bereichs vom logischen ausgeht, ist dagegen die von Rickert[7]: »Psychisch sollten nur jene Vorgänge genannt werden, die in dem nicht körperlichen Leben einzelner Individuen zeitlich ablaufen.«

Noch wesentlicher ist aber ein anderer Einwand, welcher gegen die Verweisung des Unbewußten ins Organische geltend gemacht werden muß. Alle jene Vorgänge, welche zur Annahme eines Unbewußten geführt haben, lassen sich nur mit psychologischen Begriffen beschreiben und nur psychologischen Gesetzmäßigkeiten einordnen. Mit den Begriffen der Gehirnphysiologie ist dies Tatsachengebiet, von einigen Grenzfällen abgesehen, unmittelbar schlechterdings nicht zu fassen. Aussagen über ein solches »organisches Unbewußtes« würden damit ebenso schwierig und auf das Gröbste beschränkt, wie es überhaupt schwierig ist, aus psychologisch bezeichneten Tatbeständen auf hirnphysiologische Vorgänge Schlüsse zu ziehen. Dabei sehen wir noch ganz davon ab, daß für eine Einordnung des Unbewußten in das Organische jeder Anhaltspunkt fehlt, es sei denn die Unverträglichkeit des Begriffs eines unbewußten Seelischen mit einer bestimmten Definition der Psychologie. Es ergibt sich daraus, daß schon aus heuristischen Gründen jene Anschauung vorzuziehen ist, welche eine psychische Natur der unbewußten Vorgänge annimmt. Diese Hypothese ist also »legitim« (Freud).

Wenn der Psychologe, besonders auf jenen Teilen seines Forschungsgebietes, welche die Psychoanalyse bearbeitet, zu einer psychologischen Auffassung des Unbewußten gedrängt wird — und an der Fruchtbar-

---

7 Die Grenzen der naturwissenschaftlichen Begriffsbildung, S. 126.

keit dieser Auffassung kann nicht gezweifelt werden — so ist damit noch nicht der Beweis geliefert, daß keine andere als diese Anschauung möglich ist. Ein solcher Beweis ist auf dem Boden der Psychologie überhaupt nicht zu führen; es konnte sich hier nur darum handeln nachzuweisen, daß und warum die Zurechnung der unbewußten Vorgänge zum Seelischen die ungleich zweckmäßigere Annahme ist, und daß sie nicht als in sich widerspruchsvoll bezeichnet werden kann. Darüber hinaus ließe sich freilich vielleicht zeigen, daß auch aus erkenntnistheoretischen Gründen die Gleichsetzung von bewußt und psychisch falsch ist. Ich muß Kronfeld[8] darin beipflichten, daß der Bewußtseinsbegriff »für uns ein rein empirischer Befund am Psychischen ist. Nirgends ist seine apriorische Notwendigkeit wissenschaftstheoretisch verankert. Keine kategoriale Schematisierung erzwingt ihn, und es wäre ein Denkfehler, Psychisches durch ihn zu definieren«.

Für die Bedeutung, welche dem Unbewußten zugemessen wird und für seine Einordnung in weitere Zusammenhänge und Gesetzmäßigkeiten ist zweifellos auch die Arbeitsrichtung der einzelnen Forscher maßgebend gewesen; es ist kein Zufall, daß die Grundlagen der Psychoanalyse, welche die Bedeutung des Unbewußten mehr als jede andere psychologische Richtung betont, aus dem Studium der Neurosenpsychologie erarbeitet wurden. Wenn so Viele vor dem Problem des Unbewußten die Flucht ins Organische ergreifen, so wirkt dabei überdies sicher auch der immer noch sehr verbreitete irrige Gedanke mit, daß ein anatomischer oder physiologischer Befund sozusagen eine tatsächlichere Tatsache sei als ein psychologischer.

Man hat die Einführung eines unbewußten Psychischen damit rechtfertigen wollen, daß seine Annahme erst den geschlossenen Kausalzusammenhang auf seelischem Gebiet ermögliche. Diese Rechtfertigung müssen wir ablehnen, denn ein solcher Versuch steckt sich ein Ziel, das unerreichbar ist. Ein lückenloser Kausalzusammenhang im Psychischen läßt sich nur auf dem Boden eines »universellen Parallelismus« vertreten, welcher über das Gebiet des Unbewußten im Sinne der Psychologie hinaus, jedem Vorgang in der Körperwelt einen seelischen Vorgang zuordnet, oder etwa auf dem Boden eines spiritualistischen Monismus. Das unbewußte Seelische der Psychologie kann einen geschlossenen Kausalzusammenhang im Psychischen nicht begründen. Dies haben in

---

[8] Das Wesen der psychiatrischen Erkenntnis, Berlin 1920, S. 164.

der Diskussion über das Unbewußte Bumke[9] und Roffenstein[10] vor kurzem wieder mit Recht hervorgehoben. Überall unterliegt das Psychische (oder, vom Standpunkt des Parallelismus gesehen, der zugeordnete Großhirnvorgang) Einwirkungen von der Körperseite her, und umgekehrt gehen ununterbrochen vom Psychischen (oder dem Prozeß im Großhirn) Wirkungen über den Körper zur Außenwelt. Die Parallelismushypothese muß zu dem Ergebnis kommen, daß eine vollständige Parallelisierung auch durch Hinzunahme des unbewußten Seelischen (in unserem Sinne) auf der psychischen Seite nicht zu erreichen ist. Die Wechselwirkungslehre aber leugnet ja vorweg die geschlossene psychische Kausalität, wie sie auch die geschlossene physische leugnet.

Aus unseren Überlegungen wird aber noch eines klar: die Entscheidung für oder gegen die seelische Natur des Unbewußten hat mit der Möglichkeit der »Entwürdigung« des Psychischen zu einem Epiphänomen organischer Vorgänge unmittelbar gar nichts zu tun. Die parallelistischen Lehren vom Leib-Seele-Problem werden immer zu einer Degradierung des Seelischen zum Epiphänomenen neigen, wenn sie nicht panpsychistisch sind, und zwar ganz abgesehen von ihrer Stellung zur Frage des Unbewußten.

Von einem lückenlosen Kausalzusammenhang im Psychischen kann, wie gesagt, keine Rede sein. Es wäre aber die Annahme irrig, daß die Möglichkeit der Psychologie als selbständiger Wissenschaft durch diese Feststellung in Frage gestellt werde. Sie wird dies natürlich ebensowenig, wie die Unmöglichkeit, von einer geschlossenen »biologischen Kausalität« zu sprechen, die Selbständigkeit der Biologie als Wissenschaft berührt.

An dieser Stelle müssen wir eines geistreichen Versuchs gedenken, die Vorstellung von der Geschlossenheit der psychischen Kausalreihe dennoch zu ermöglichen. Nach der Lehre Schilders[11] ist der psychische Kausalzusammenhang unzerstörbar und erleidet keine Unterbrechung von organischer Seite her. Schilder stützt diese Anschauung auf die Begriffe des »Wirkungswertes« und der »Niveauänderung«: Erlebnisse haben einen Wirkungswert; dieser Wirkungswert ist abhängig von Triebhaltungen und vorausgegangenen Erlebnissen einerseits, von der körperlichen Situation anderseits. Die Auswirkung der Erlebnisse ist

---

9 Das Unterbewußtsein, Berlin 1922.
10 Ztschr. f. d. ges. Neurol. & Psych., 80 (1922).
11 Medizinische Psychologie für Ärzte und Psychologen, Berlin 1924.

also sowohl vom Physischen als vom Psychischen her bestimmt. Der Begriff des Wirkungswertes ist aber durchaus körperlich gemeint. Die somatischen Faktoren durchbrechen nicht die psychische Kausalreihe, sondern ändern nur das Niveau ihrer Auswirkung. So kommen nach dem Einbruch eines (organischen) schizophrenen Prozesses »die gleichen Probleme zur Auswirkung, welche die Persönlichkeit vorher beschäftigt haben, nur findet diese Auswirkung auf einem anderen psychischen Niveau statt«.

Es ist ein großes Verdienst Schilders, an dem Gedanken der Kontinuität des Erlebens auch auf dem Gebiete der Intoxikationen und organischen Prozesse festgehalten und sie auch bei den groben Hirnzerstörungen aufgewiesen zu haben. Die präpsychotischen Konflikte werden auch in die schwersten Formen organischer Psychosen sehr häufig mit hinüber genommen und erfahren da ihre Bearbeitung. Auch im Handeln des Paralytikers kommt noch seine individuelle Vorgeschichte zum Ausdruck. Es scheint mir aber, daß auch diese Tatsache sowie die Begriffe der Niveauänderung und des Wirkungswertes, welche zweifellos wesentliche psycho-physische Zusammenhänge in glücklicher Weise zusammenfassen, *nicht* zur Annahme eines lückenlosen Kausalzusammenhanges führen können. Denn erstens ist ja das Problem des somatischen Einbruchs energetisch mit Zuhilfenahme des Begriffs eines bloß körperlich gedachten Wirkungswertes nicht erschöpfend darzustellen; es kommen hier vielmehr rein psychische Energieverschiebungen in Betracht, welche der Begriff der Niveauveränderung nicht deckt, und von welchen man sagen muß, daß sie durch einen organischen Faktor kausal bestimmt sind. Zweitens wird nicht nur die Auswirkung des Erlebens sondern auch das Erleben selbst durch den Eingriff des körperlichen Agens abgeändert. Nun ist aber eine Vereinigung dieser Tatsachen zwar mit der Auffassung des Psychischen als eines geschlossenen energetischen Systems, nicht aber mit der Annahme eines lückenlosen Kausalzusammenhanges denkbar.

Aber etwas anderes können wir aus diesen Überlegungen lernen. Die unbefangene Betrachtung psychischer Abläufe ergibt in der Tat den Eindruck einer relativen Selbständigkeit gegenüber der Einwirkung somatischer Einflüsse. Daß dieser relativen Selbständigkeit ein geschlossener Kausalzusammenhang nicht entsprechen kann, haben wir festgelegt. Worauf beruht dann also diese scheinbare Autonomie, und welches ist überhaupt das Verhältnis des »somatischen Einbruchs« zum seelischen Geschehen? Wir erinnern daran, daß eine relative Selbständigkeit gegenüber »äußeren« Einflüssen nicht auf das psychische Gebiet beschränkt ist; sie findet sich überall dort, wo wir von Organismen sprechen. Ein Reiz kann niemals die Ursache einer biologischen Veränderung sein. Er ist immer nur die auslösende Ursache, durch welche potentielle Bereitschaften aktualisiert werden. Und dies Verhältnis der Reize zu den Bedingungen ihrer Wirksamkeit ist auf psychologischem und auf biologischem Gebiet dasselbe. Dies ist auch die Ansicht von Lipps[12]; er zeigt es am Beispiel der Empfindungen: diese »sind eben doch nicht einfache Ergebnisse der Reize; sie sind ebensowohl Ergebnisse der psychischen Organisation und des Gleichartigen in derselben« und weiter: »sie sind freilich der Psyche durch Reize abgenötigte Vorgänge, aber sie sind darum nicht minder Betätigungsweisen der Psyche.«

Diese Auffassung setzt eine Kontinuität der psychischen Vorgänge — in den zeitlichen Grenzen, welche wir gewohnt sind dem seelischen Leben zuzumessen — allerdings voraus. Die Annahme einer Kontinuität der persönlichen psychischen Dispositionen ist aber nur möglich, wenn der Begriff des Psychischen über den Bereich des Bewußten hinaus auf das Unbewußte — nicht im metaphysischen sondern im psychologischen Sinne — ausgedehnt wird. Hierin also liegt ein weiterer Grund für die Zurechnung des Unbewußten zum Gebiet des Seelischen, nicht aber in der Forderung nach dem lückenlosen psychischen Kausalzusammenhang, welche auch unter Zugrundelegung eines psychischen Unbewußten niemals erfüllt werden kann (es sei denn, wie gesagt, auf dem Boden eines metaphysischen universellen Parallelismus).

Um den ursächlichen Zusammenhang des seelischen Lebens herzustellen, welcher uns das Fortwirken der Vergangenheit in der Gegenwart erklärt, müssen wir also die Lücken im bewußten Zusammenhang durch Zwischenschaltung unbewußter Glieder ergänzen, und wir sind berechtigt, dies Unbewußte als psychisch zu bezeichnen, soweit wir es mit psychologischen Begriffen besser zu fassen imstande sind als mit denen der Gehirnphysiologie. Überall, wo dies möglich ist, werden wir den Rekurs auf das Organische vermeiden.

Der Begriff des unbewußten Seelischen hat sich der Psychoanalyse nicht aus metaphysischen Spekulationen ergeben, sondern er hat sich ihr aus der empirischen Beschäftigung mit einem bestimmten Material als der zweckmäßigste aufgedrängt. Es ist aber selbstverständlich, daß

---

[12] Ztschr. f. Psychol., 25 (1901).

in den Kampf um das Unbewußte metaphysische Standpunkte immer wieder hineinspielen; und es ist Bleuler[13] zuzugeben, daß die Divergenz der Auffassungen und die Heftigkeit, mit welcher sie vertreten werden, ihre wesentliche Ursache darin haben, daß »man meint, um das Unbewußte zu kämpfen, während man in Wirklichkeit seine Anschauungen über Gehirn und Seele verteidigt, ohne dies klarzulegen«. In ihrer allgemeinsten Form schließt weder die Parallelismus- noch die Wechselwirkungslehre die Annahme eines unbewußten Seelenlebens aus, keine von beiden erfordert sie anderseits. Es ist auch die Ansicht Hellpachs[14] abzulehnen, nach welcher die Wechselwirkungslehre die Auffassung von der psychischen Natur des Unbewußten überflüssig macht. Freilich müssen besondere Ausprägungen der Lehren vom psychophysischen Zusammenhang die Stellungnahme in der einen oder anderen Richtung begünstigen.

Unser Erleben ist unendlich reicher als der Teil, welchen wir zu beachten gewöhnt sind. Der geübten und sachkundigen Introspektion erschließen sich neue Gebiete. Die »systematische Selbstbeobachtung« der Würzburger Schule hat zur »Entdeckung« ganzer Erlebnisklassen geführt, welche die Psychologie bis dahin nicht gekannt hatte. Unser Erleben gliedert sich weiter nach Bewußtseinsstufen (Westphal[15]). Ein Wissen kann uns bloß gegeben sein, wir können es beachten und schließlich ausdrücklich konstatieren. Es ist selbstverständlich, daß wir Erlebnisse auf niedriger Bewußtseinsstufe und all dasjenige, was nur der Alltagsbeoachtung entgeht, nicht in den Bereich des Unbewußten einbeziehen. Man mag zugeben, daß nicht wenige von den Erscheinungen, welche man gemeinhin als unbewußt zu bezeichnen pflegt, in der Tat nichts anderes sind als schwach bemerkt. Aber erst an der Grenze gewissenhaftester Introspektion haben wir das Unbewußte anzusetzen.

Fraglich kann die Zurechnung zum Unbewußten bei der Beurteilung der Automatismen sein. Bei fortschreitender Übung wird die seelische Arbeit an den Einzelgliedern der Handlung geringer, und sie sinken auf eine niedrige Stufe der Beachtung. Diese Alltagserfahrung, daß die Teilphasen eingeübter Handlungen mit zunehmender Geläufigkeit aus dem Bewußtsein verschwinden, wird durch Ergebnisse der experimentellen Psychologie bestätigt. Sie gilt ebenso vom motorischen Verhalten

---

13 Ztschr. f. d. ges. Neurol. & Psych., 64 (1921).
14 Ztschr. f. Psychol., 48 (1908).
15 Arch. f. d. ges. Psychol., 21 (1911).

wie von intellektuellen Prozessen (Selz[16]). Wo sich der Lösung der Aufgabe Hemmnisse entgegenstellen, machen sich aber die Teilvorgänge wieder stärker bemerkbar. Kretschmer[17] bezeichnet die Tatsache der Ausschaltung von Zwischengliedern bei zunehmender Übung, welche sich auf biologischem Gebiet ganz allgemein nachweisen läßt, mit einem glücklichen Ausdruck als Gesetz der formelhaften Verkürzung. Diesen Vorgängen gegenüber ist, zumindest soweit es sich um Bewegungsreihen handelt, die Auffassung Schilders zulässig, nach welcher es sich um ein »Absteigen ins Organische« handelt. Das heißt: die Teilphasen und ihre Aufeinanderfolge werden mit zunehmender Geläufigkeit oft körperlich festgelegt und dieser Vorgang ist dann nicht reversibel.

Kehren wir zum *Unbewußten der Psychoanalyse* zurück. Erfahrungen, die bei der Analyse von Träumen und neurotischen Symptomen gewonnen sind, haben Freud[18] dazu geführt, innerhalb des Unbewußten eine Trennung vorzunehmen. Der Gesichtspunkt, nach welchem diese Trennung erfolgt, ist die Bewußtseinsfähigkeit der psychischen Gebilde. Jene Vorstellungen und Gedanken, welche zwar zeitweilig latent sind, aber ohne Widerstand zu finden jederzeit bewußt werden können, wenn bestimmte Bedingungen gegeben sind, heißen jetzt *vorbewußt*; die anderen aber, welche nur nach Wegräumung gewisser Hemmnisse ins Bewußtsein eindringen können, nennt man *unbewußt* im engeren Sinne. Diese Unterscheidung gründet sich also auf ihr Verhalten zu der als Zensur bezeichneten Funktion, welche die Grenze zwischen Unbewußtem und Vorbewußtem bewacht. Die psychischen Vorgänge, welche im engeren Sinne unbewußt sind, bezeichnet man als zugehörig zum *System Ubw*; dies System Ubw scheidet sich vom System Vbw durch seine besondere Arbeitsweise. Für das Vorbewußte aber gelten dieselben Gesetze, welche auch im bewußten Seelenleben gelten. Eine Untersuchung, welche sich die Frage vorlegt, in welchem dieser Systeme ein psychischer Vorgang sich abspielt, bezeichnet Freud als *topisch*.

Betrachten wir nach diesem Gesichtspunkt die Beispiele unbewußter Vorgänge, welche wir im Beginn dieses Kapitels angeführt haben, so müssen wir sagen: dem System Vbw ist z. B. all das zugehörig, was wir als unser Wissen bezeichnen, soweit es nicht aktuell im Bewußtsein ge-

---

16 Über die Gesetze des geordneten Denkverlaufs.

17 Medizinische Psychologie, Leipzig 1922.

18 Intern. Ztschr. f. Psa., I (1913) und III (1915) oder: Sammlung kleiner Schriften zur Neurosenlehre, IV, S. 157 u. 294.

genwärtig ist; dem System Ubw z. B. jene vergessenen affektbetonten Erlebnisse, auf welche Breuer und Freud die Symptome ihrer Hysterischen zurückführen konnten.

Die Arbeitsweise des Ubw unterscheidet sich von jener des Vorbewußten und des Bewußten. Sie ist nach Freud[19] durch folgende Merkmale charakterisiert: Widerspruchslosigkeit, Primärvorgang, Zeitlosigkeit und Ersetzung der äußeren Realität durch die psychische. Das heißt: im Unbewußten bestehen Triebregungen unvereinheitlicht nebeneinander, deren Ziele unvereinbar sind. Es gibt in diesem System »nur mehr oder weniger stark besetzte Inhalte«, aber »keine Grade von Sicherheit«. Die Energiequanten, welche an den unbewußten Vorstellungen haften, werden leichter von einer auf die andere übertragen (*Verschiebung*), als es die Verhältnisse des Bewußtseins gestatten, und es kann leichter eine Vorstellung die Besetzungsenergie mehrerer anderer auf sich vereinigen (*Verdichtung*); dies bezeichnet Freud als *Primärvorgang*. Schließlich werden sie durch die Zeit nicht wesentlich abgeändert und sind in der Hauptsache dem Lustprinzip unterworfen; »ihr Schicksal hängt nur davon ab, wie stark sie sind und ob sie die Anforderungen der Lust-Unlustregulierung erfüllen«.

Das Bewußtsein (im deskriptiven Sinn) hat zu den Systemen Vbw und Ubw kein eindeutiges Verhältnis. Wir haben gehört, daß dem Vorbewußten die Bewußtseinsqualität fehlt, obwohl es sich nach seinem Systemcharakter so verhält wie das Bewußte. Anderseits ist die Arbeitsweise des Systems Ubw zwar im wesentlichen auf das im deskriptiven Sinne Unbewußte beschränkt, sie kann sich aber in einzelnen Fällen auch an bewußtem Material abspielen. Freud warnt daher davor, die Bedeutung des Symptoms »Bewußtsein« zu überschätzen. Man muß sich immer darüber Rechenschaft geben, ob man den Gegensatz bewußt-unbewußt im deskriptiven oder im systematischen Sinne meint.

Den Hauptbestandteil des Unbewußten bilden *Triebrepräsentanzen*, und zwar vorwiegend solche, welche sich im Laufe der Entwicklung als unverträglich mit den Anforderungen jener Mächte erwiesen haben, welche die Zensur und damit den Zugang zum System Vbw beherrschen; also vor allem jene Durchgangsstadien der Sexualentwicklung, welche vom Standpunkt der erreichten Reife aus als anstößig empfunden werden. Der Kern des Unbewußten ist das Verdrängte. Das Wesen

---

[19] a.a.O.

der *Verdrängung* aber ist die Fernhaltung anstößiger Regungen vom Bewußtsein. Für das Verdrängte ist es charakteristisch, daß es mächtige Wirkungen auf das Bewußtsein ausübt, ohne selbst bewußt werden zu können. Die Verdrängung geht vom Ich aus, welches, solange der Mensch psychisch gesund bleibt, auch den Zugang zur Motilität beherrscht; dagegen muß dem Unbewußten die stärkere Wirksamkeit auf das vegetative Nervensystem zugeschrieben werden. Dabei versteht die Psychoanalyse, wie schon hieraus hervorgeht, unter dem »Ich« weder das Ich-Erleben, noch auch etwa das Ganze des Seelenlebens. Vielmehr meint sie damit ein in seiner Funktion spezifisches, dynamisch-energetisch charakterisiertes Teilgebiet der psychischen Person.

Das Verhältnis des Bewußten zum Unbewußten muß nicht in allen Fällen ein gegensätzliches sein. Es kann sich ein bewußtes, zielgerichtetes Handeln oft auf gleichgerichtete unbewußte Strebungen stützen. Diese Unterstützung vonseiten des Unbewußten verleiht einem solchen Handeln ein besonderes dynamisches Gewicht. Man spricht dann davon, daß der Mensch »mit dem vollen Einsatz seiner Person« tätig ist. Freilich wird eine solche Vereinheitlichung der Tendenzen niemals eine im strengen Sinne vollständige sein können. Aber man darf darum nicht, wie Allers[20] es tut, folgern, daß die Analyse das sogenannte »echte Erleben« (Pfänder[21]) aus theoretischen Gründen ausschließen muß. Das echte Erleben ist phänomenologisch zu charakterisieren. Wenn die Psychoanalyse nachweist, daß eine vollständige Vereinheitlichung der Tendenzen, wie sie als Bedingung eines solchen Erlebens vorausgesetzt wird, tatsächlich nicht vorkommt, so soll und kann damit natürlich gegen die Möglichkeit dieser Erlebnisart nichts ausgesagt sein, nur die dem phänomenologischen Tatbestand zugrunde gelegte Theorie ist damit als falsch erkannt.

Der enge Zusammenhang zwischen Verdrängung und System Ubw hat sich der Psychoanalyse aus ihrer Befassung mit der Neurosenpsychologie ergeben, und er besteht noch heute zu Recht. Im weiteren Fortschreiten der analytischen Arbeit wurde aber Freud zu der Annahme geführt, daß das Ubw noch andere Anteile der Persönlichkeit in sich faßt als das Verdrängte. Auch ein Teil des Ich ist unbewußt, und zwar nicht latent, wie das Vorbewußte, sondern zugehörig zum System Ubw, das heißt, es stellen sich seinem Bewußtwerden kräftige Widerstände in

---

20 Über Psychoanalyse, Diskussion, Berlin 1922.
21 Jahrb. f. Philos. u. phänomen. Forschung, I (1913).

den Weg. Diese Fortsetzung des Ich ins Ubw bezeichnet Freud[22] im Anschluß an Nietzsche und Groddeck als das *Es*.

Auch das *Schuldgefühl*, das Resultat der Spannung zwischen Forderung und Leistung, kann unbewußt sein und ist es wohl zum Teil bei jedem Menschen. Es bleibt im allgemeinen richtig, daß die niedrig gewerteten Triebregungen ihr wesentliches Bereich im Unbewußten haben; aber der Satz darf nicht mehr dahin umgekehrt werden, daß sich das hochbewertete, ethische Verhalten auf das Bewußtsein beschränkt. Das *Gewissen* kann unbewußt sein. »Würde jemand den paradoxen Satz vertreten wollen, daß der normale Mensch nicht nur viel unmoralischer ist, als er glaubt, sondern auch viel moralischer, als er weiß, so hätte die Psychoanalyse, auf deren Befunden die erste Hälfte der Behauptung ruht, auch gegen die zweite Hälfte nichts einzuwenden« (Freud[23]).

Die nahen Beziehungen des Unbewußten zum Triebleben, insbesondere, aber nicht ausschließlich, zur Sexualität, geben ihm seine ungeheure determinierende Kraft und erklären die Beherrschung des Bewußtseinslebens durch die Vorgänge des Unbewußten. Gegenüber einer Psychologie, die diesen Sachverhalt nicht sieht, hat schon Nietzsche[24] von der »lächerlichen Überschätzung und Verkennung des Bewußtseins« gesprochen. Da die Triebentwicklung des Menschen eine typische ist und bestimmte Phasen der Triebgestaltung bei *jedem* Menschen durchlaufen werden, da ferner die Entscheidung über die Zulassung ins Bewußtsein großenteils von Faktoren abhängt, welche die Anforderungen der Gesellschaft gegenüber den asozialen Triebregungen vertreten und daher als weitgehend konstant anzusehen sind, ergibt sich für das Ubw eine charakteristische Gleichförmigkeit der Inhalte. Die Psychologie des Unbewußten kann daher mit einer recht beschränkten Zahl von Begriffen arbeiten — und sie darf es, weil für sie der dynamische Gesichtspunkt im Vordergrund steht, also die Triebkraft und die Triebrichtung jener unbewußten Regungen. Daneben aber als wichtiges Problem die zeitliche Ordnung im Wechselspiel von Triebgestaltung und Verdrängung.

Den wesentlichen Inhalt des Unbewußten stellen Vorstellungen und Triebregungen dar. Dagegen sind nach Freud die Affekte niemals als

---

22 Das Ich und das Es, Leipzig & Wien 1923.

23 a.a.O., S. 67.

24 Fröhliche Wissenschaft, I. Buch, 11.

im strengen Sinne unbewußt anzusehen; sie haben nur eine »Ansatzmöglichkeit« im Unbewußten. Welches ist nun das entscheidende Merkmal, durch welches eine Vorstellung im Ubw sich von einer im Vbw unterscheidet? Freuds Ansicht ist, daß die bewußte Vorstellung Sachvorstellung und Wortvorstellung umfasse, während die unbewußte nur Sachvorstellung sei. Dies wäre eine Kennzeichnung der Systeme Vbw und Ubw, welche von der »Bewußtseinsqualität« unabhängig wäre. Nun ist die Bedeutung der Wortvorstellungen für das Denken nicht anzuzweifeln, wesentlich auch für seine Entwicklung. Doch haben experimental-psychologische Untersuchungen, vornehmlich die von Ach[25] und K. Bühler[26] erwiesen, daß es nicht möglich ist, die gedanklichen Vorgänge auf Vorstellungen und ihre Verbindungen zu beschränken. Es gibt ein unanschauliches Wissen von Gegenständen und Sachverhalten, und es scheint, daß dies der für das Denken wesentliche Bestandteil ist. Vorstellungen sind nur Hilfen, oft auch Ergebnisse der Hemmung von Denkvorgängen. Der Vorstellungsprozeß tritt in dem Maße zurück, als er durch die Möglichkeit von »Wissensaktualisierungen« entbehrlich wird (Selz[27]). Überdies ist ein Auftreten von Sachvorstellungen ohne Wortvorstellungen im Bewußtsein eine häufige Erscheinung. Eine Charakterisierung des bewußten Denkens durch die Wortvorstellungen ist aus diesem Grunde nicht durchführbar.

Es ist nicht uninteressant, daß die engen Beziehungen, welche Freud zwischen Wort und Bewußtsein herstellt, sich ähnlich auch bei Nietzsche[28] angedeutet finden: »Der Mensch, wie jedes lebende Geschöpf, denkt immerfort, aber weiß es nicht; das bewußt werdende Denken ist nur der kleinste Teil davon, sagen wir: der oberflächlichste, der schlechteste Teil: — denn allein dieses bewußte Denken geschieht in Worten, das heißt in Mitteilungszeichen, womit sich die Herkunft des Bewußtseins selber aufdeckt«.

Daß das Denken in Bildern die primitivere Form ist gegenüber einem Denken in Worten, kann als gesichert gelten. Bildhafte Vorstufen des Gedankens zeigt uns in reichstem Maße die Schizophrenie. Diese Bilder tragen häufig symbolischen Charakter. Es sind zum Teil dieselben, welchen wir bei der Untersuchung der Träume, der Mythen, der Bräuche

---

25 Über die Willenstätigkeit und das Denken, Göttingen 1905.
26 Arch. f. d. ges. Psychol., 9 (1907).
27 Gesetze des geordneten Denkverlaufs, Stuttgart 1913.
28 Fröhliche Wissenschaft, V. Buch, 354.

des Primitiven begegnen. Man hat auch das symbolische Denken »die Sprache des Unbewußten« genannt; das Unbewußte stellt ja den archaischen Anteil der menschlichen Persönlichkeit dar. Die gleichen unfertigen, symbolischen Gedankengebilde, wie wir sie bei den Primitiven und den Schizophrenen finden, bilden aber, nach Ansicht Schilders[29], beim normalen Kulturmenschen Durchgangsphasen des Denkprozesses.

Es liegt im Wesen des Ubw, daß es als solches nicht bewußt werden kann; aber es sendet unaufhörlich Abkömmlinge ins Vbw, Abkömmlinge, die mit den unbewußten Vorstellungen in Verbindung stehen, und diese »vorbewußten Mittelglieder« sind der analytischen Bearbeitung zugänglich und bilden das Ausgangsmaterial ihrer Untersuchungen. Dahin gehören auch jene »Ersatzbildungen«, welchen die Aufnahme ins Bewußtsein gestattet ist. Die Arbeitsweise des Ubw kann aber für uns unter besonderen Bedingungen auch unmittelbar erkennbar werden. Diese Bedingungen (das Herabsinken der seelischen Tätigkeit auf eine primitivere Stufe) sind im Traum, in der Neurose und in der Psychose erfüllt. Hier liegen daher für die Psychoanalyse die vornehmsten Einbruchsstellen zur Erforschung des unbewußten Seelenlebens. Der Traum ist nach Freud die *via regia* zum Unbewußten.

Auch schwierige intellektuelle Arbeit kann ohne begleitendes Bewußtsein geleistet werden; wir haben es aber hier nicht mit dem System Ubw zu tun, vielmehr mit jenem Teil des deskriptiven Unbewußten, welcher als vorbewußt bezeichnet wurde. Fälle von intellektueller Arbeit während des Schlafzustandes sind vielfach glaubwürdig berichtet, und es kann wohl als erwiesen gelten, daß das Unbewußte im weiteren Sinne auch denkt und rationale Fähigkeiten besitzt. Ja man kann sagen, daß das meiste von dem, was wir im Alltagsleben als »Einfall« bezeichnen, nicht als Schlußpunkt eines bewußten Denkprozesses auftritt, sondern fertig und plötzlich aus dem Unbewußten hervorbricht. Solche »Einfälle« können sich dem Bewußtsein auch als fremd gegenüberstellen. Aber nicht das ist das Wesentliche, daß diese psychischen Abläufe nicht gewollt oder zwangsmäßig sind, sondern daß sie den Menschen, ohne (zumindest im Zeitpunkt ihres Erscheinens) bewußt vorbereitet zu sein, als fertige Gebilde plötzlich überfallen. Was Dichter und Philosophen über Zustände »schöpferischer Inspiration« berichten, stellt diesen Seelenzustand oft in reinster Ausprägung dar. Eines der wunderbarsten

---

[29] Ztschr. f. d. ges. Neurol. & Psych., 59 (1920).

Bekenntnisse in dieser Richtung verdanken wir Nietzsche[30]: »Hat Jemand Ende des neunzehnten Jahrhunderts einen deutlichen Begriff davon, was Dichter starker Zeitalter *Inspiration* nannten? Im anderen Falle will ich's beschreiben. — Mit dem geringsten Rest von Aberglauben in sich würde man in der Tat die Vorstellung, bloß Incarnation, bloß Mundstück, bloß Medium übermächtiger Gewalten zu sein, kaum abzuweisen wissen. Der Begriff Offenbarung, in dem Sinn, daß plötzlich, mit unsäglicher Sicherheit und Feinheit, Etwas sichtbar, hörbar wird, Etwas, das Einen im Tiefsten erschüttert und umwirft, beschreibt einfach den Tatbestand. Man hört, man sucht nicht; man nimmt, man fragt nicht, wer da gibt; wie ein Blitz leuchtet ein Gedanke auf, mit Notwendigkeit, in der Form ohne Zögern — ich habe nie eine Wahl gehabt«. Eine große Anzahl von Dokumenten dieser Art hat Birnbaum[31] gesammelt.

Wir haben gezeigt, daß sich die Annahme eines unbewußten Seelischen entgegen den Anschauungen eines großen Teils der Philosophen und Psychologen rechtfertigen läßt. Wir haben weiter skizziert, was die Psychoanalyse über Inhalte und Arbeitsweisen des Unbewußten zu sagen hat. So wird die Frage dringend, wie es denn überhaupt möglich ist, zu Aussagen über das Unbewußte zu kommen.

Die Annahme eines Unbewußten hat sich uns zunächst ergeben aus der Tatsache, daß der Kausalzusammenhang im Bewußtsein Lücken aufweist, deren Ausfüllung unter Zugrundelegung von Vorgängen möglich ist, welche mit psychologischen Begriffen beschreibbar sind und sich (bis zu einem gewissen Grade) den Gesetzen des bewußten Seelenlebens fügen. Das Unbewußte wird also mit Hilfe von Analogieschlüssen erkannt. Daran ist nichts bemerkenswert; jede Naturwissenschaft verallgemeinert über das ihr unmittelbar Gegebene hinaus. Die Elemente, welche der Erklärung des Unbewußten zugrunde gelegt werden, sind dem einzig wahrnehmbaren Psychischen, dem Bewußtsein entnommen. Der Wert der Hypothesen liegt hier, wie auch sonst, in der Möglichkeit, welche sie bieten, den gesetzmäßigen Zusammenhang der Erscheinungen zu begreifen. Dieser Forderung genügt die psychoanalytische Auffassung des Unbewußten auf breitem Gebiet besser als andere Hypothesen. Bedingung derartiger Hypothesen ist freilich die Geltung der Gesetzmäßigkeitsvoraussetzung auch auf psychischem Gebiet. Mit

---

30 Ecce Homo, Leipzig 1911, S. 90.

31 Psychopathologische Dokumente, Berlin 1920.

der Möglichkeit der Einordnung ihrer wissenschaftlichen Gegenstände in gesetzmäßige Zusammenhänge ist die Bewährung der Hypothesen gegeben.

Die Anschauung, welche gelegentlich im Kampf um das Unbewußte geäußert wurde, es dürfe sich bei der Analogisierung, welche die Psychoanalyse vornimmt, nur um eine Übertragung der Erfahrungen am bewußten Material handeln, jeder Schritt darüber hinaus sei unzulässig und von einer besonderen Arbeitsweise unbewußter Systeme dürfe daher nicht die Rede sein, ist falsch. Nur den allgemeinsten Charakter des Psychischen müssen die Hypothesen über das Unbewußte ihrem Gegenstand belassen, nicht aber die einzelnen Gesetzmäßigkeiten des bewußten Seelenlebens in die Beschreibung des Unbewußten hinübernehmen; so ist es durchaus möglich, durch Analogieschlüsse zu dem Resultat zu kommen, daß die Beweglichkeit der Besetzungen im System Ubw eine größere sein muß als im Bewußtsein usw. Ausgangs- und Endpunkt der Hypothesenbildung ist auch in den Naturwissenschaften von der Körperwelt an Wahrnehmungen geknüpft, und doch scheut sich die Chemie nicht, z. B. von Bewegungsgesetzen der Elektronen zu sprechen, welche nur für diese gelten.

Niemand wird seine Zustimmung zu einer Theorie der Materie davon abhängig machen, daß er vorher die der Erklärung zugrunde gelegten Elemente gesehen oder getastet haben müsse; ähnlich aber verhält man sich vielfach gegenüber den psychoanalytischen Theorien vom Unbewußten. Das beruht auf einer Verkennung des Wesens naturwissenschaftlicher Theorienbildung überhaupt, vornehmlich aber auf einer Überschätzung der Bestätigung durch die Wahrnehmung gegenüber der Bestätigung durch das Denken.

Eine Verifizierung des Unbewußten als Unbewußtes ist wahrnehmungsmäßig nicht möglich. Auch dies mag ein Grund für Viele sein, ihm eine organische Deutung zu geben, weil damit die Illusion der Wahrnehmbarkeit gegeben ist. Das Unbewußte wird denkend bestimmt, es ist immer »Hinzugedachtes«. Wenn man davon spricht, daß im Traum, in der Schizophrenie Unbewußtes erlebt wird, so ist diese Ausdrucksweise ungenau. Darin haben Hellpach[32] und Kronfeld[33] selbstverständlich recht. Erlebt wird nur Bewußtes. Gemeint ist mit jener Ausdrucksweise etwas anderes, und zwar kann es zweierlei sein: ent-

---

[32] Ztschr. f. Psychol., 48 (1908).

[33] Das Wesen der psychiatrischen Erkenntnis, Berlin 1920.

weder, daß vergangene Erlebnisse, welche dem Individuum im wachen Normalzustande nicht zugänglich, also unbewußt waren, zur bewußten Gegebenheit gebracht werden; oder aber, daß sich an den Erlebnissen des Traumes und der Schizophrenie Züge erkennen lassen, welche wir der Arbeitsweise des Ubw zugeschrieben haben. Ich darf hier an dasjenige erinnern, was die Psychoanalyse über die notwendige Unterscheidung des deskriptiven vom systematischen Unbewußten lehrt.

Daraus ergibt sich auch, auf welche Weise Annahmen über unbewußte Vorgänge verifiziert werden können. Derzeit unbewußte Gedanken, Vorstellungen, Wünsche, welche von der Analyse erschlossen sind, können ihre nachträgliche Bestätigung finden. Zunächst dadurch, daß die Erlebnisse erinnert werden, daß sie in ihrer ursprünglichen Gestalt wieder bewußt werden können; wir sprachen schon davon, daß auf diese Weise bei jeder Analyse wesentliche Teile der sogenannten »infantilen Amnesie« aufgehellt werden. Die Zuverlässigkeit des Richtigkeitsbewußtseins, sein mögliches Verhältnis zur objektiven Richtigkeit der Erinnerung sind dabei zu berücksichtigen (siehe dazu G. E. Müller[34]). Es kommt auch nicht selten vor, daß Stellungnahmen des Analysierten, oder überhaupt Situationen, in welchen er sich befunden hat — und zwar kommen vor allem Situationen aus der frühesten Kindheit in Betracht —, die von der Analyse hypothetisch angenommen wurden, durch die Aussagen anderer Personen nachträglich bestätigt werden können.

Ein Teil der analytischen Hypothesen — und zwar ein viel wesentlicherer, als die Gegner der Psychoanalyse anzunehmen pflegen — läßt sich also in jedem einzelnen Fall teils durch die Erinnerung des Analysierten, teils durch Mitteilungen von Personen seiner Umgebung verifizieren. Die analytische Hypothesenbildung greift aber darüber hinaus. Manche infantile Szenen, und zwar solche, welche für die Neurosenanalyse von höchster Bedeutung sind, werden »nicht als Erinnerungen reproduziert, sie sind Ergebnisse der Konstruktion« (Freud[35]). Die Ansicht, nach welcher alle Elemente einer Hypothese wahrnehmungsmäßig verifiziert werden müßten, haben wir als unrichtig bereits zurückgewiesen. Die Bildung solcher Konstruktionen, wie sie diese Freudschen »Urszenen« darstellen, ist methodologisch einwandfrei; wir werden sie, wie

---

[34] Zur Analyse der Gedächtnistätigkeit usw., III, Leipzig 1924.

[35] Geschichte einer infantilen Neurose, Sammlung kleiner Schriften zur Neurosenlehre, IV, S. 632.

jede wissenschaftliche Konstruktion, nach ihrem Erklärungswert zu beurteilen haben. Auch die Überzeugung von der Richtigkeit einer Deutung beim Analysierten ist nicht notwendig an die Erinnerungsgewißheit gebunden.

Breiten Gebieten der Kindheitsentwicklung gegenüber versagt also die Introspektion des Analysierten. Wie verhält sich aber die Psychoanalyse gegenüber den vom Patienten selbst durch Introspektion als evident bezeichneten Zusammenhängen? Die Frage fällt mit der nach dem Verhältnis der verständlichen Zusammenhänge zu den kausalen zusammen. Wir erinnern an unser Ergebnis, daß das Ziel der Psychoanalyse die Aufstellung gesetzmäßiger Zusammenhänge ist, und daß ihr auf diesem Wege die verständlichen Zusammenhänge nur als vorläufige Annahmen nutzbar gemacht werden können. Dadurch sind wir davor gewarnt, Angaben der Analysierten über die Verständlichkeit oder Nichtverständlichkeit von Deutungen zu überschätzen. Die Analyse gewinnt ihre Auffassungen von seelischen Zusammenhängen induktiv und trägt sie in Form von Hypothesen an den einzelnen Fall heran.

Die vielfältigen Äußerungen in Mimik, Haltung, Tonfall, welche den Stempel der individuellen Persönlichkeit tragen, und in welchen sich uns das Wesen eines Menschen verrät, werden von diesem selbst zum Teil nicht wahrgenommen oder nicht beachtet. Alle diese Äußerungen aber gehören zum Material der Psychoanalyse. Sie kann auch auf Grund ihrer Kenntnis von — häufig unbewußten — Zusammenhängen jene Umdeutungen korrigieren, welchen ununterbrochen das Handeln jedes Menschen von seiten bestimmter Tendenzen seines Ich unterliegt; sie kann sekundäre Rationalisierungen, welche die wirklichen Zusammenhänge verfälschen, als solche klarstellen und die tatsächlichen Beziehungen an ihre Stelle setzen. Von den Vorgängen, welche in unserem Seelenleben ablaufen, bietet uns das Bewußtsein nur einen Ausschnitt. Und dieser Ausschnitt zeigt uns nicht die seelischen Abläufe als solche, sondern sie werden im Dienste bestimmter Zielsetzungen entstellt. Einfachstes Beispiel dafür ist wieder das Verhalten bei der posthypnotischen Suggestion. Die wirkliche Ursache der befohlenen Handlung ist vergessen, an ihrer Stelle wird eine andere vorgeschoben, welche die Ausführung als »verständlich« erscheinen läßt. Abgesehen von der Wirkung unbewußter Vorgänge ist es vor allem die dynamische Seite der Erlebnisse, die determinierende Kraft, welche unseren Entschlüssen, unseren Affekten zukommt, die in der Selbstbeobachtung eine fast durchweg unrichtige Beurteilung findet. Die Wirksamkeit unserer Erlebnisse ist durch vorangegangene Erlebnisse und Triebhaltungen bestimmt, welche zum Teil unbewußt sind, sie spiegeln sich im Bewußtsein nur sehr unvollkommen wieder. Die Psychoanalyse kann nicht das vielfach übermalte Bild, welches ihr die Introspektion des Patienten entgegenhält, in dem Ausmaße zum Maßstab ihrer Ergebnisse machen, wie es ihre Kritiker immer wieder verlangt haben. Diese relative Unabhängigkeit von der Introspektion, welche oft vermeintliche Zusammenhänge zerstört und andere, induktiv und durch Einbeziehung des unbewußten Psychischen gewonnene, an ihre Stelle setzt, gibt der Psychoanalyse die Möglichkeit, in einer spezifischen Richtung für die praktische Menschenkenntnis fruchtbar zu werden.

Auch auf einen anderen Problemkreis werfen diese Überlegungen ein neues Licht: Einheit des Bewußtseins ist nicht Einheit der Person; das beweist unwiderleglich die Psychologie der unbewußten Prozesse. Ganz allgemein führt die Psychoanalyse zur Anerkennung seelischer Schichten von verschiedener dynamischer Bedeutung und Funktion, das heißt zu einer »mehrdimensionalen« Betrachtung des Seelenlebens.

Die Agnoszierung durch das Bewußtsein kann also, wie wir gehört haben, nicht zur Voraussetzung für die Zulässigkeit von Annahmen über das unbewußte Geschehen gemacht werden. Natürlich respektiert der Analytiker die Einfälle seines Patienten. Das ist ja Voraussetzung seiner Technik, und die Psychoanalyse denkt gar nicht daran, die Introspektion auszuschalten. Wo dem Analytiker aber auf Grund von Erfahrungen, welche sich ihm an einem umfangreichen Material immer wieder bestätigt haben, alle Einfälle des Patienten den Schluß auf das Vorliegen gewisser Zusammenhänge nahelegen, wird er gegenüber einer auf Grund der Introspektion erfolgenden Ablehnung seiner Deutung von seiten des Patienten sehr vorsichtig sein müssen. Die Introspektion kann für die Lehre vom Unbewußten eine Kontrolle abgeben, aber anderseits sind die Regeln der Psychoanalyse wieder eine Kontrolle für die Zuverlässigkeit der Introspektion — das hat man zumeist übersehen. Es kommt hinzu, daß die Fähigkeit zur Selbstbeobachtung verschiedenen Individuen in sehr verschiedenem Ausmaße gegeben ist. Nehmen wir an, es wäre uns eine induktiv gewonnene analytische Hypothese überdies aus der Introspektion vieler in dieser Richtung begabter oder geübter Menschen bestätigt worden — haben wir, wenn die Verhältnisse sonst die gleichen sind, Grund, das Fehlen der Anerkennung bei anderen, vielleicht weniger guten Selbstbeobachtern gegen unsere Annahmen zu verwerten?

Es gibt noch andere Kriterien für die Richtigkeit der analytischen Hypothesen von den unbewußten Seelenvorgängen. Zunächst ist, freilich nur auf beschränktem Gebiet, eine Verifizierung durch das Experiment möglich. Die Psychoanalyse lehrt, daß zwischen Symbol und Symbolisiertem nicht nur ein Sinnzusammenhang besteht, sondern daß darüber hinaus eine Gesetzlichkeit nachweisbar ist, der zufolge es erlaubt ist, aus dem Auftreten bestimmter Symbole im Bewußtsein auf das Gegebensein bestimmter unbewußter Vorgänge zu schließen, daß mit anderen Worten hier auch ein kausaler Zusammenhang aufgewiesen werden kann. Diese Hypothese nun konnte experimentell bestätigt werden (Roffenstein[36], Betlheim und Hartmann[37], Nachmansohn[38]). Damit ist der Symboldeutung eine völlig einwandfreie Unterlage gegeben. Daß trotzdem die schematische Übertragung auf den einzelnen Fall, wie bei der Anwendung jeder Hypothese, zu Fehlern führen kann, ist ja selbstverständlich.

Ebenso wie in anderen Naturwissenschaften ist auch in der analytischen Lehre vom Unbewußten für jene hypothetischen Elemente, welche nicht wahrnehmungsmäßig verifiziert werden können, eine Bestätigung oder Widerlegung dadurch möglich, daß die Konsequenzen, welche sich aus dieser Hypothese ergeben, an anderweitig und unabhängig von ihr gewonnenen Tatsachen nachgeprüft werden. Ein Beispiel: die Untersuchung des Traumes hat Freud zu der Annahme geführt, daß gewisse Merkmale der Traumpsychologie dem Charakter des Traumes als eines regressiven Vorganges zuzuschreiben sind, daß sie einer primitiven Arbeitsweise des Seelischen entsprechen. Man müßte also erwarten diese Merkmale dort wiederzufinden, wo primitive Stufen seelischer Tätigkeit in Erscheinung treten. Die Untersuchung der Sitten Primitiver, der Mythen, auf pathologischem Gebiete aber hauptsächlich der Schizophrenie haben diese Annahme durchaus bewahrheitet. Dies gilt auch vom Inhaltlichen. So sind die typischen Symbole, zu deren Verständnis Freud durch die Analyse des Traumes geführt wurde, in ihrer Bedeutung durch Ergebnisse der Ethnographie auf der einen, der Schizophrenieforschung auf der anderen Seite bestätigt worden.

Kehren wir noch einmal zum Begriff des Unbewußten und seinem Verhältnis zum Bewußtsein zurück. Von den Bedeutungen des Wortes

---

[36] Ztschr. f. d. ges. Neurol. & Psych., 87 (1923).
[37] Arch. f. Psychiatrie, 72 (1924).
[38] Ztschr. f. d. ges. Neurol. & Psych. ,98 (1925).

»Bewußtsein« sind hier zwei für uns wesentlich. Wir stellen sie als die erkenntnistheoretische und die psychologische einander gegenüber. Im ersten Sinne ist damit das Subjekt des Erkennens gemeint, welchem alle Gegenstände der Erfahrung als Objekte gegeben sind. Der Satz: »etwas ist in meinem Bewußtsein gegeben«, bezeichnet in dieser Bedeutung nichts Psychisches, dies Bewußtsein umfaßt das Körperliche ebenso wie das Seelische. Im zweiten Sinne gebraucht, bedeutet aber der Satz die Konstatierung eines psychischen Vorgangs. In diesem Sinne verwendet ihn auch die Psychoanalyse, soweit sie eben Erfahrungswissenschaft von psychischen Gegenständen ist. Die beiden Bedeutungen fließen nun aber bei Freud[39] in einen Begriff zusammen. So kommt er, wie schon vor ihm Lipps[40], dazu, das Unbewußte der Psychoanalyse als das eigentlich *reale* Psychische zu bezeichnen und ihm das Bewußte als *Erscheinung* gegenüberzustellen. Das Unbewußte wird zu einem »Ding an sich«, das Bewußtsein aber zu einem Sinnesorgan zur Wahrnehmung psychischer Qualitäten. Man mag eine solche metaphysische Konzeption, welche ein Unbewußtes als Absolutes den psychischen Vorgängen zugrunde legt, verschieden beurteilen; wichtig ist es aber, daran festzuhalten, daß das metaphysische Unbewußte nicht jenes Unbewußte sein kann, das Gegenstand der analytischen Forschung ist. Dieses können wir zwar als real bezeichnen, aber es ist nicht möglich, ihm die psychischen Vorgänge im Bewußtsein in dem Sinne gegenüberzustellen, wie Wesen und Erscheinung sich gegenüberstehen. Das Bewußtsein der Psychoanalyse ist ja nicht bloß wahrnehmendes Erkennen, sondern psychischer Vorgang, dessen Funktionen und dessen energetische Beziehungen Gegenstand der Untersuchung sind. Das Bewußtsein in diesem Sinne ist aber nicht weniger und nicht mehr real als das (psychologische) Unbewußte. Nun kann man zwar auf dem Standpunkt stehen, daß das Psychische wesentlich bewußtseinstranszendent ist; aber es ist nicht möglich, einen psychischen Vorgang als Erscheinung einem anderen psychischen Vorgang als Wesen gegenüberzustellen.

Der Gegensatz bewußt-unbewußt, welchen die Psychoanalyse ihren Untersuchungen tatsächlich zugrunde legt, kann also nur auf psychologische Tatbestände zielen. »Bewußtsein« im erkenntnistheoretischen Sinne aber meint etwas ganz anderes, das ebensowenig Gegenstand der Psychoanalyse wie der Psychologie überhaupt sein kann.

---

[39] Intern. Ztschr. f. Psa., III (1915) oder: Sammlung kleiner Schriften zur Neurosenlehre, IV, S. 294.

[40] z. B. Leitfaden d. Psychologie, Leipzig 3. A. 1909.

VI

ÜBER PSYCHISCHE DYNAMIK

Wir haben gesehen, daß das Unbewußtwerden einer Vorstellung oder eines Gedankens das Resultat des Zusammenwirkens mehrerer Faktoren ist, von welchen der Inhalt der betreffenden Vorstellung einerseits, die als Zensur (im weitesten Sinne) bezeichnete Funktion anderseits, die hier für uns wesentlichen sind. Bestimmte Triebregungen aus der individuellen Vorzeit, welche zu anderen, später gereiften psychischen Gebilden im Verhältnis inhaltlicher Gegensätzlichkeit stehen, verschwinden aus dem Bewußtsein, sie verfallen der Amnesie. Solche amnesierte Gebilde sind aber damit nicht für das Bewußtsein erledigt; wir sind vielmehr zu dem Schlusse gekommen, daß zur Erklärung mannigfacher seelischer Zustände die Annahme des Fortwirkens dieser nunmehr unbewußten Regungen auf das Bewußtsein notwendig ist.

Während Gedanken, deren Inhalt zum verbotenen Triebziel in enger Beziehung steht, unbewußt bleiben, können wir andere, welche zu ihm im Verhältnis einer weniger nahen Verwandtschaft stehen, im Bewußtsein nachweisen. Bestimmte Veränderungen im Bewußtseinsquerschnitt können also als Resultat eines Mit- und Gegeneinanders psychischer Vorgänge gefaßt werden, als deren Ursache die Psychoanalyse seelische Kräfte ansetzt. Wir dürfen sagen: der Bewußtseinsquerschnitt ist (zumindest teilweise) das Resultat eines psychischen Kräftespiels. Diese Art, das Seelenleben zu begreifen, welche die topische ergänzt und erst eine gesetzmäßige Ordnung unserer Beobachtungen über die Topik psychischer Gebilde ermöglicht, bezeichnet Freud als die dynamische. In letzter Linie können wir die Kräfte als Äußerungen energetischer Beziehungen auffassen; von dieser Seite der psychoanalytischen Theorie wird noch die Rede sein. Physikalische Analogien dürfen bei jener Betrachtungsweise Anwendung finden, solange man der grundlegenden Unterschiede der Gegenstandsbereiche eingedenk bleibt.

Das Psychische ist für die Psychoanalyse wesentlich zielgerichtetes Streben; aber nicht bloß in dem Sinne, in welchem ein Ziel als Ziel meines Strebens vom Ich anerkannt wird. Im Überwinden von Hindernissen, welche der Erreichung seines Zieles entgegenstehen, leistet das Streben Arbeit. Diese Arbeit bestimmt sich aus der Mächtigkeit des

Widerstands und dem Zeitfaktor. Auch dort, wo ein Streben bewußt nachweisbar ist, ist das Bewußtsein des Kraftaufwands kein direkter Maßstab für die Arbeitsleistung. Es ist zwar anzunehmen, daß sich der dynamische Faktor irgendwie im Erleben spiegelt, aber in einer recht undurchsichtigen und mittelbaren Weise.

So ist die Verknüpfung von Willenserlebnis und Willenshandlung erlebnismäßig eine in sich beruhende, welche nicht auf einen Vorgang außerhalb zurückweist. Aber für die naturwissenschaftliche Psychologie muß dieser Zusammenhang selbst zum Problem werden, denn sie sucht die objektive Dynamik der seelischen Abläufe zu erfassen.

Der Kraftbegriff der Psychoanalyse meint also die Wirkungen, welche Vorstellungen, Gedanken, Affekte usw. aufeinander ausüben. Nicht aber die Seele als Ursache der einzelnen psychischen Funktionen. Er hat mit dem Vermögensbegriff der älterer Psychologen nichts zu tun.

Eine mathematische Bestimmung der quantitativen Wirkungen psychischer Kräfte ist auf breitestem Gebiet undurchführbar. Wir erinnern an dasjenige, was wir über die Möglichkeit der Quantifizierung im Psychischen überhaupt gesagt haben. Aber wir können durch Berücksichtigung von Wirkung und Zeit wenigstens einen groben Maßstab für die dynamische Rangordnung im Seelischen gewinnen. Ein einfaches Beispiel: es sei die Reaktion eines Patienten auf die Berührung eines bestimmten Themas ein tagelanges Schweigen in der Analyse und eine vollständige Veränderung des affektiven Gehabens, wie das ja im Laufe fast jeder Analyse vorkommt; nach »Beseitigung des Widerstands«, das heißt also, nachdem die Beziehung der aktuellen psychischen Situation zu gewissen Gedanken und Wünschen aufgeklärt ist, nimmt der Patient aber sein normales Verhalten wieder an und die Einfälle erfolgen ungestört wie vorher. Ein anderes Mal ruft die Berührung eines gewissen Themas nur ein minutenlanges Ausbleiben der Einfälle hervor, das ebenso wie im ersten beseitigt wird. Wir werden hier, im Vergleich der beiden Verhaltungsweisen, einen stärkeren und einen schwächeren Widerstand feststellen und auf die größere oder kleinere dynamische Bedeutung der durch die Analyse bewußtgemachten zugrundeliegenden Regungen schließen. Im weiteren Verlauf der Analyse kann unsere Annahme bestätigt oder widerlegt werden, indem wir die Stellung dieser Regungen im ganzen der Person und den Umfang ihrer Wirksamkeit feststellen.

Wir können so eine Ordnung der Triebregungen nach quantitativen Gesichtspunkten geben, aber natürlich keine exakte quantitative Beziehung feststellen, welche mathematisch faßbar wäre. Wir erinnern daran, daß in der experimentellen Psychologie Messungen zwar eine gewisse Rolle spielen, daß man aber auch hier — im Gegensatz zu älteren Richtungen — heute nicht mehr gesonnen ist, »den Zahlenwerten zuliebe tiefere psychologische Einsichten zu opfern« (Lindworsky [1]).

Die dynamische Seite der Erlebnisse ist ja auch in der experimentellen Psychologie Gegenstand der Untersuchung gewesen. Die grundlegenden Arbeiten von Ach [2] über die Bedeutung der Determination haben neben der phänomenologischen Seite auch das dynamische Moment eingehend untersucht und die Wirkungen der Determination auf den Vorstellungsablauf geklärt. Wir haben gehört, daß nach seinen Untersuchungen durch die determinierenden Tendenzen der geordnete Denkverlauf gewährleistet wird. Der Begriff: Wirkungsgrad des Wollens, den Ach einführt, meint einen dynamischen Faktor, nämlich das Verhältnis der Leistung zum Willen, oder mit anderen Worten »das Verhältnis der Realisierung zur beabsichtigten Realisierung«.

Der Wirkungsgrad ist abhängig von der Stärke der Determination und von den Widerständen, welche sich der Verwirklichung des Gewollten entgegenstellen. Alle jene Kräfte, welche den Ablauf des seelischen Geschehens beherrschen, können als Widerstände auftreten, also assoziative und perseverierende Reproduktionstendenzen und natürlich auch determinierende Tendenzen, welche die durch den untersuchten Willensakt gesetzten durchkreuzen. Dieser Widerstand wirkt dahin, daß die Verwirklichung des Gewollten verzögert wird, oder daß der Erfolg ausbleibt und an seiner Stelle eine Fehlreaktion zustande kommt. Die Einwände, welche gegen die Aufstellungen Achs, besonders gegen seine Lehre vom assoziativen Äquivalent der Determination von Selz [3], Lewin [4], Lindworsky [5] erhoben worden sind, dürfen an dieser Stelle unberücksichtigt bleiben.

Diese Auffassung psychischer Abläufe als Resultat eines Kräftespiels an sich unbewußter Vorgänge (der determinierenden und der Repro-

---

1 Ztschr. f. Psychol., 89.

2 Über die Willenstätigkeit und das Denken, Göttingen 1905 und: Über den Willensakt und das Temperament, Leipzig 1910.

3 Ztschr. f. Psychol., 58 (1911).

4 Psychol. Forschung, I und II, 1922 und 1923.

5 Der Wille, Leipzig 3. A. 1919.

duktionstendenzen) entspricht durchaus jener Betrachtungsweise, wie sie Freud seit seiner Verwerfung der hypnotischen und ihrer Ersetzung durch die eigentlich psychoanalytische Methode angewendet und in konsequenter Arbeit allmählich auf alle Hauptgebiete seelischer Tätigkeit ausgedehnt hat. Die Determination des Vorstellungsablaufs durch zielgerichtete Tendenzen ist ja eine der grundlegenden Tatsachen, welche sich ihm aus der Anwendung dieser Methode ergeben haben. Mit der Hervorhebung der Bedeutung des dynamischen Moments und besonders des Einflusses, welche Einstellungen und Tendenzen für den Vorstellungsablauf zukommt, hat also die Psychoanalyse, wie Schilder[6] mit Recht sagt, Resultate der denkpsychologischen Schule vorweggenommen.

Allerdings gelten die Untersuchungen Freuds nicht dem Willensakt, sondern der Wirkung von triebhaften Einstellungen. Auch im Trieberleben ist oft ein Ziel bewußt; die Persönlichkeit lebt in ihren Trieben, auch wenn sie sie verurteilt. Freilich aber unterscheidet sich dies Erleben vom spezifischen Erleben des Willensaktes. Trotz dieser phänomenologischen Verschiedenheit aber sind Trieb und Wille, unter dynamischem Gesichtspunkt betrachtet, als wesensverwandt anzusehen. Auch die Triebhaltung setzt Determinationen, welche in den Vorstellungsablauf eingreifen, ja sogar in viel umfassenderem Maße als das von den Willensakten gilt.

In einem Punkt weicht die Anschauung der Psychoanalyse von den Anschauungen vieler Experimentalpsychologen wesentlich ab, und zwar in der Frage nach der Bewertung der phänomenologisch spezifischen Qualitäten und Intensitäten für die Beurteilung des dynamischen Faktors. Es ist wohl richtig, daß, um wieder ein Beispiel aus der Willenspsychologie zu wählen, die stärkere determinierende Tendenz einen Ausdruck in dem stärkeren Hervortreten des »aktuellen Moments« des Willenserlebnisses finden kann. Aber das gilt natürlich nur *ceteris paribus,* das heißt aber hier: unter Vernachlässigung der gesamten inhaltlichen Wirklichkeit des Seelenlebens.

Unter den Bedingungen der analytischen Untersuchung aber, welche der Inhaltlichkeit des Seelischen näher kommt, als es die Voraussetzungen des Laboratoriumsexperiments zulassen, lernt man, daß die Wirksamkeit vergangener Erlebnisse, durch welche die Stärke einer Deter-

[6] Medizinische Psychologie für Ärzte und Psychologen, Berlin 1924.

mination mitbestimmt wird, und ebenso all dasjenige, was in der Triebstruktur des Menschen seinen Niederschlag gefunden hat und hier erkennbar zusammenwirkt, nicht in eindeutiger Weise im phänomenologischen Bestand der Trieb- oder Wissenshandlung repräsentiert ist. Man erkennt weiter, wie bestimmte Triebstrukturen die Determination in der Richtung auf bestimmte Ziele in gesetzmäßiger Weise fördern, auf andere aber in gesetzmäßiger Weise hemmen. Denn die Psychoanalyse untersucht nicht in erster Linie die Dynamik der Triebhandlung, sondern geht von der Untersuchung der Schicksale, Wandlungen und Wirksamkeiten einzelner, besonderer durch Ziel und Gegenstand charakterisierter Triebregungen aus.

Auch Experimentalpsychologen stehen ja auf dem Standpunkt, daß die Fehlerquellen, welchen die Beobachtung der Bewußtseinsphänomene unterliegt, erst durch die Aufstellung gesetzmäßiger Abhängigkeitsbeziehungen auszuschalten sind, welchen die Erscheinungen eingeordnet werden, und es wird die methodische Forderung erhoben, »die deskriptive (phänomenologische) Analyse 1. durch die genetische Analyse und 2. durch die Funktionsanalyse zu ergänzen, das heißt durch den Nachweis der Verlaufsgesetze, aus denen sich die spezifische Funktion einer zu untersuchenden Klasse psychischer Vorgänge ergibt« (Selz [7]).

Aber die inhaltliche Gesetzlichkeit mußte der experimentellen Psychologie entgehen, die ja notwendig auf eine isolierende Betrachtung in dem Sinne ausgeht, daß sie die mögliche Bestimmtheit ihrer Versuchsergebnisse durch inhaltliche Determinationen auszuschalten strebt. Natürlich ergeben sich auch aus der inhaltlichen Fragestellung der Psychoanalyse Gesichtspunkte für die formale Dynamik der Triebe. Aber ihre Dynamik bietet, gerade wegen der größeren Wirklichkeitsnähe ihres Untersuchungsgegenstandes, der experimentellen Methode weniger Raum. Es ist deswegen für sie von Wert, wenn die allgemeinen Voraussetzungen, auf welchen die Lehren ihrer Dynamik beruhen, in jenen rein formal orientierten Untersuchungen der Experimentalpsychologie eine Bestätigung finden.

Es war aber eine der entscheidenden Leistungen Freuds, daß er aus den Allgemeinheiten einer dynamischen Auffassung des Psychischen zu konkreten inhaltlichen Fragestellungen und Formulierungen den Weg gefunden hat, welche den Eigenheiten seelischer Abläufe gerecht wer-

---

[7] Zur Psychologie des produktiven Denkens und des Irrtums, Bonn 1922, S. 272.

den. Die Abgrenzung bestimmter dynamischer Systeme und die Feststellung der Abhängigkeiten ihrer Funktion von der Richtung auf bestimmte Gegenstände des Wünschens, Hoffens, Fürchtens usw. ist für die analytische Forschungsrichtung charakteristisch.

Das älteste Bestandstück der psychoanalytischen Dynamik ist der *Verdrängungsbegriff*. Er ist aus dem Tatsachenkreis der Hysteriestudien erwachsen. Zunächst bedeutete er eine Korrektur, welche Freud an der Breuerschen Theorie der »hypnoiden Zustände« vorgenommen hat. Der Begriff — nicht das Wort, Freud sprach damals von »Abwehr« — ist also älter als die psychoanalytische Methode und nicht mit ihren Hilfsmitteln gewonnen, freilich durch sie immer wieder bestätigt; dies sei gegenüber einigen Kritikern der analytischen Methode festgestellt. Die Anwendung der analytischen Methode fügte der Lehre von der Verdrängung die Lehre vom Widerstand hinzu, welchen erst sie in den Kreis der Betrachtung ziehen und als Folge der Verdrängung erkennen konnte.

Die Verdrängung als dynamischer Vorgang ist wohl jener Teil der analytischen Theorie, welcher sich in der Psychiatrie am ersten und vollkommensten durchgesetzt hat; ihre pathogenetische Rolle in der Ätiologie der Neurosen freilich ist keineswegs allgemein anerkannt. Von Nietzsche, welcher durch die Verbindung genialer psychologischer Intuition mit einer spezifisch biologisch orientierten Auffassung vom Seelenleben mehr als jeder andere Anschauungen der Psychoanalyse vorweggenommen hat, wurde dem Tatbestand der Verdrängung die bekannte aphoristische Fassung gegeben: »›Das habe ich getan‹, sagt mein Gedächtnis. ›Das kann ich nicht getan haben‹ — sagt mein Stolz und bleibt unerbittlich. Endlich — gibt das Gedächtnis nach« [8].

Freud [9] nimmt an, daß der eigentlichen Verdrängung eine *Urverdrängung* vorangeht, welche darin besteht, daß der Vorstellung, welche eine bestimmte anstößige Triebregung repräsentiert, der Zugang zum Bewußtsein gesperrt wird. Die eigentliche Verdrängung betrifft dann jene Gedanken, welche der verdrängten Triebregung ähnliche Einstellungen erwecken, und ist eigentlich ein Nachdrängen. Freud meint, daß für das Schicksal solcher Gedanken nicht nur die Kräfte des Ich verantwortlich zu machen sind, sondern daß daneben das Urverdrängte auf

---

[8] Jenseits von Gut und Böse, IV. Hauptstück, 68.

[9] Intern. Ztschr. f. Psa., III (1915) oder: Sammlung kleiner Schriften zur Neurosenlehre, IV, S. 279.

sie eine Anziehung ausübt. Vorstellungen aber, welche in genügend loser Verbindung zum Verdrängten stehen, werden ins Bewußtsein zugelassen: »Es ist, als ob der Widerstand des Bewußten gegen sie eine Funktion ihrer Entfernung vom ursprünglich Verdrängten wäre.«

So sind der Traum, das neurotische Symptom *Kompromißbildungen.* Sie müssen einerseits den determinierenden unbewußten Triebregungen genügen, anderseits der Zensur und der Macht des Ichs, welche hinter ihr steht. Dies doppelte Gesicht zeigen aber auch viele seelische Gebilde des wachen Normalzustandes, auch solche im Bereich der »höheren« seelischen Funktionen.

Dem Verdrängten wohnt die Tendenz inne, Ersatzbildungen ins Bewußtsein zu schicken. Man spricht von einer *Wiederkehr des Verdrängten.* Die verdrängten Triebregungen würden immer wieder ins Bewußtsein durchbrechen, wenn nicht ein beständiger Gegendruck vonseiten des Bewußtseins diesem Streben entgegenwirken würde. Ohne eine *Gegenbesetzung* im Vbw könnte der Erfolg der Verdrängung kein dauerhafter sein. Eine verdrängte Vorstellung behält ihre Besetzungsenergie wenigstens teilweise; die vorbewußte Besetzung wird ihr entzogen. Der Übergang von einem System zum anderen vollzieht sich nach Freud durch Veränderungen in der Energiebesetzung.

Der Trieb ist psychologisch nicht nur durch Vorstellungen repräsentiert, sondern auch durch einen bestimmten Affektbetrag, welcher den Vorstellungen anhaftet. Das Schicksal dieses Affektbetrages kann sich aber bei der Verdrängung von dem der Vorstellung trennen. Er kann einerseits vollständig unterdrückt werden, anderseits eben als Affekt zum Ausdruck kommen; ein typisches Schicksal ist die Verwandlung dieses quantitativen Faktors der Triebrepräsentanz in *Angst.* Doch scheint bei der Entstehung von Angst in der Regel eine Stellungnahme des Ich das Primäre zu sein. Gewiß ist die Quelle des Angsteffektes sehr häufig nicht in der verdrängten, sondern in den verdrängenden Regungen zu suchen; das Ich wäre demnach die eigentliche »Angststätte« (Freud[10]).

Auch Freuds Begriff der Verdrängung hat sein Analogon in Ergebnissen und Begriffen der Experimentalpsychologie. Wir haben schon gehört, daß Achs determinierende Tendenzen unter den in Bereitschaft stehenden Gedanken und Vorstellungen eine Auswahl treffen, und zwar

---

10 Hemmung, Symptom und Angst, Leipzig & Wien 1926.

eine Auswahl in dem Sinne, daß »der geordnete, der Zielvorstellung entsprechende Ablauf des geistigen Geschehens bewirkt wird«[11]. Dies kann auch so gefaßt werden, daß man sagt: durch determinierende Tendenzen werden assoziative Reproduktionstendenzen gehemmt und Vorstellungen vom Bewußtsein ferngehalten. Durch bestimmte Einstellungen können Vorstellungen, welche nicht im Sinne der Determination liegen, unterdrückt werden. Schon bei Breuer[12] finden wir die Verdrängungen als Negativ, der Aufmerksamkeitskonzentration als dem entsprechenden positiven Vorgang gegenübergestellt.

Koffka[13] unterscheidet die Wertigkeit der Erfüllungs- und der Durchgangsvorstellungen und meint damit ein dynamisches Moment. Die auftauchende Durchgangsvorstellung, welche in irgendeiner Beziehung der gestellten Aufgabe nicht genügt, wird verworfen. In diesem Falle sind die unterdrückten Vorstellungen vorher bewußt gewesen.

Es scheint aber nach den Untersuchungen von Selz[14], daß diese Art der Aufgabelösung durch Zurückdrängung von nicht im Sinne der Aufgabe gelegenen bewußten Vorstellungen eine relativ geringfügige Rolle spielt. Überdies sind auch diese Durchgangsvorstellungen — ihr Auftreten wird von Selz als »innere Fehlreaktion« bezeichnet — zum Teil selbst Resultate determinierter intellektueller Prozesse und nicht auf assoziative Reproduktionstendenzen zurückzuführen. Auch die Ergebnisse dieser Untersuchungen lehren, daß die nicht aufgabegemäßen Vorstellungen vom Bewußtsein ferngehalten werden. Sie werden aber nach dieser Anschauung zumeist nicht nach ihrem Auftauchen aus dem Bewußtsein hinausgedrängt, sondern gar nicht zum Bewußtsein zugelassen.

Nun bildet ja den Tatbestand der Verdrängung der Vorgang, daß Vorstellungen oder Gedanken, welche den Zielsetzungen der Person nicht entsprechen, entweder aus dem Bewußtsein gedrängt werden, oder daß ihnen der Zutritt ins Bewußtsein gesperrt wird. Man kann also auch hier sagen, daß ein Teilgebiet psychoanalytischer Ergebnisse durch die erwähnten Resultate der experimentellen Psychologie bestätigt wurde.

---

11 Über die Willenstätigkeit und das Denken, S. 207.

12 Studien über Hysterie, Wien 3. A. 1916, S. 187.

13 Zur Analyse der Vorstellungen und ihrer Gesetze, Leipzig 1912.

14 a.a.O.

Freilich spielt im analytischen Begriff der Verdrängung, wie wir gesehen haben, das affektive Moment und, wie wir noch sehen werden, die Regulierung durch das Lustprinzip eine große Rolle. Freud hat ja den Versuch gemacht, die mannigfachen »Einstellungen« und »Tendenzen« auf die Triebregung (in erweiterter begrifflicher Fassung) als Grundfall und biologisches Zentrum zu beziehen und aus ihr herzuleiten. Dieser biologische Gesichtspunkt eröffnet auch einen Zugang zum Verständnis mancher Gedächtnisstörungen — vielleicht auch eines Teils der sogenannten »organischen«.

Affekt und Lust-Unlustregulierung treten naturgemäß unter den Bedingungen des psychologischen Experiments zurück. Wo es die ganze Energie der Versuchsperson beansprucht, können die Resultate freilich, wie Bühler[15] mit Recht sagt, einige Ähnlichkeit mit der außerexperimentellen Wirklichkeit gewinnen. Aber die Einstellung auf bestimmte Gegenstände des Wünschens und Begehrens, wie sie im wirklichen Leben auch für unser Denken von grundlegender Bedeutung ist, muß sich ja doch dem psychologischen Experiment entziehen; von den biologischen Interessen, welche wir im Material der Psychoanalyse wirksam finden, ist eben das Wesentliche bewußt ausgeschaltet.

Die Kräfte, welche zur Verdrängung einer Vorstellung geführt haben und ihr auch weiterhin den Zutritt ins Bewußtsein verwehren, machen sich gegenüber dem Versuche der analytischen Technik, die Vorstellung ins Bewußtsein zurückzurufen, als Widerstand geltend. Der Widerstand äußert sich zunächst in einem Ausbleiben der Einfälle, aber nicht nur darin. Das ganze Verhalten des Patienten der Analyse und dem Analytiker gegenüber ist in diesem Zustand verändert. Der phänomenologische Tatbestand ist hier ein sehr charakteristischer, wenn auch schwer beschreibbar, und ist durch das negative Merkmal, daß keine Einfälle auftreten, nur sehr unvollkommen bezeichnet. Hier wären phänomenologisch gerichtete Untersuchungen notwendig und fruchtbar. Das Gebaren des Analysierten entspricht dem Zustande der Ablehnung und produziert alle seine Kennzeichen: von bloßer Interesselosigkeit bis zur Kritik und zur affektiv gefärbten Auflehnung gegen Psychoanalytiker und Psychoanalyse.

Im Assoziationsexperiment konnte Jung[16] nachweisen, daß Vorstellungen, welche verdrängtes Material anklingen lassen, gewisse Verän-

---

[15] Arch. f. d. ges. Psychol., 9 (1907).

[16] Diagnostische Assoziationsstudien, Leipzig 1906.

derungen im Ablauf der Assoziationen verursachen. Gefühlsbetonte »Komplexe« zeigen sich im Experiment durch charakteristische Störungen an. Verzögerungen, mangelhafte nachträgliche Reproduktion der assoziierten Vorstellung weisen auf das Zugrundeliegen eines Komplexes hin. Solche Versuche bekräftigen die Deutung, welche Freud den gleichen Phänomenen, die ihm bei der Anwendung der psychoanalytischen Methode begegnet waren, als Äußerung des Widerstandes gegen das Auftauchen von verdrängtem Material gegeben hatte. Die fehlerhafte Reproduktion aber im besonderen bestätigt eine Regel, welche Freud[17] für die Wahl desjenigen Traumbestandteils gegeben hat, den wir bei der Traumdeutung als ersten zur Untersuchung einstellen. Er rät, die Erzählung des Traums wiederholen zu lassen und an jener Stelle mit der Deutung zu beginnen, welche bei dieser Wiederholung abgeändert oder ausgelassen wurde, weil gerade darin ein Hinweis auf verdrängtes Material gegeben sei.

Daß Vorstellungen, welche dem Komplex zugehören oder nahestehen, die Reaktionszeiten verlängern und also zu »Lückenbildungen« im Assoziationsablauf führen, haben die Versuche Jungs gezeigt. Bei der analytischen Arbeit kann man nun beliebig oft die Erfahrung machen, daß nachdem es gelungen ist, die unbewußte affektbetonte Vorstellung bewußt zu machen, die Einfälle wieder frei zu strömen beginnen. Die Zurückführung der Lückenbildung auf die Wirkung verdrängter Vorstellungsgruppen ist also methodisch zulässig, und es ist unrichtig, demgegenüber, wie Allers[18] will, von einer petitio principii zu sprechen. Der Begriff der Verdrängung hat sich überdies, wie wir gesehen haben, ursprünglich gar nicht aus der Anwendung der Methode des freien Einfalls ergeben, sondern aus den Resultaten der Breuer-Freudschen Hysteriestudien; das hat auch Pappenheim[19] mit Recht gegen die Überlegungen von Allers eingewendet. Die Abkehr von bestimmten gefühlsbetonten Erlebnissen und ihre Verweisung ins Unbewußte kann man ja an den Amnesien Hysterischer mit Hilfe der Hypnose jederzeit feststellen, auch ohne sich der psychoanalytischen Methode zu bedienen.

Aus der dynamischen Struktur des Seelenlebens sind erst jene »Mechanismen« zu begreifen, deren grundlegende Wichtigkeit für das psy-

---

17 Die Traumdeutung, Wien, 3. A., 1914.

18 Über Psychoanalyse, Diskussion im Verein f. angew. Psychopath. & Psych. in Wien, Berlin 1922.

19 ebenda.

chische Geschehen des Traumes, der Neurose, der Psychose, aber auch des wachen Normalzustandes Freud[20] aufgedeckt hat: die *Verschiebung* und die *Verdichtung*. Der Ausdruck: »Ich lasse meinen Zorn an jemand aus« ist sprachgebräuchlich, und die vorwissenschaftliche Wortbedeutung bezeichnet eine richtige Auffassung. In dem Ausdruck ist auch die Unlust, welche der aufgestaute Affekt mit sich bringt und die Erleichterung, welche seinem »Auslassen« folgt, zumeist mitgemeint. Die wissenschaftliche Fassung dieser Beziehung im Begriff des »Abreagierens« und die Kenntnis ihrer Bedeutung für die Psychopathologie verdanken wir der Arbeit von Breuer und Freud. Jener Satz besagt darüber hinaus, daß sich der Affektbetrag bis zu einem gewissen Grade von dem Gegenstand, welchem er ursprünglich gegolten hat, loslösen und an einem andern Gegenstande seine Erledigung finden kann: er kann verschoben werden. Aber im Unbewußten spielt, das hat die Psychoanalyse gelehrt, dieser Prozeß offenbar eine wesentlich größere Rolle und geht leichter vor sich als im Bewußtsein. Wir sagten schon, daß bei der Verdrängung Vorstellung und Affektbetrag ein gesondertes Schicksal erfahren können. Es kann geschehen, daß die Vorstellung, an welche ein Affektbetrag gebunden war, der Verdrängung verfällt, an ihrer Stelle aber eine andere, mit Rücksicht auf ihre Beziehung zu bestimmten Triebregungen ähnliche, im Bewußtsein mit dem Affekt verknüpft wird. Man kann ganz allgemein sagen, daß Einstellungen, welche einem bestimmten Objekt gelten, die Tendenz zeigen, auf ähnliche ausgedehnt zu werden. Von hier aus ist auch der Vorgang der *Übertragung*[21] (von Trieberregungen auf den Analytiker) zu verstehen, welchem für Behandlungsverlauf und therapeutischen Erfolg in der Psychoanalyse eine entscheidende Bedeutung zukommt.

Als ein relativ einfaches Beispiel der Verschiebung kann auf dem Gebiet der Psychopathologie der Mechanismus der in das Gebiet der Angsthysterie gehörigen Tierphobie gelten. Die ursprüngliche Regung, eine Liebesregung verbunden mit ängstlicher Scheu gegenüber dem Vater, verfällt der Verdrängung. An ihrer Stelle tritt eine *Ersatzbildung* auf, und zwar ein Tier, das einerseits durch bestimmte gedankliche Brücken mit der Vorstellung des Vaters verbunden ist und anderseits die

---

[20] Vorlesungen zur Einführung in die Psychoanalyse; Die Traumdeutung.

[21] Siehe hierzu vor allem Freud, Zb. f. Psychoanalyse, II (1912) oder: Sammlung kleiner Schriften zur Neurosenlehre, IV, S. 386.

Bedingung erfüllt, mögliches Angstobjekt zu sein. »Die Ersatzbildung des Vorstellungsanteils hat sich auf dem Wege der Verschiebung längs eines in bestimmter Weise determinierten Zusammenhangs hergestellt. Der quantitative Anteil ist nicht verschwunden, sondern hat sich in Angst umgesetzt. Das Ergebnis ist eine Angst (z. B.) vor dem Wolf an Stelle eines Liebesanspruchs an den Vater« (Freud[22]). Natürlich verlaufen in keinem Falle einer Tierphobie die Dinge so einfach, wie sie hier schematisch dargestellt sind; und weiter ist zur Ergänzung des Gesagten an neuere Feststellungen Freuds[23] zu erinnern, die ergeben haben, daß der Anstoß zur Verdrängung seinerseits in einem vom Ich ausgehenden Angstaffekt seinen Ursprung haben kann.

Jeder Traum kann uns für den Vorgang der Verschiebung Beispiele liefern. Die dem Traum zugrundeliegenden latenten Gedanken sind meist nur durch Nebensächliches oder durch Anspielungen im bewußten Traum vertreten und nur selten finden ihre wesentlichen Elemente den Weg in den manifesten Trauminhalt. Der manifeste Traum ist »anders zentriert« (Freud) als die latenten Traumgedanken. Die Affektbetonung wird durch die Traumarbeit von wesentlichen Elementen auf unwesentliche verschoben; in den latenten Traumgedanken ist aber die Beziehung zur Vorstellung eine adäquate.

Ebenso gehören Wortneubildungen wie auch die Herstellung von Mischpersonen zu den gewöhnlichsten Ergebnissen der Traumarbeit. Wir haben es hier mit einem Sonderfall des als Verdichtung bekannten psychischen Mechanismus zu tun. Es wird ja ganz allgemein aus einer Fülle von latenten Traumelementen nur ein geringer Bruchteil in den manifesten Trauminhalt aufgenommen: der bewußte Traum ist das Ergebnis einer ungeheuren Verdichtungsarbeit. Diese Verdichtung ist von vielen Autoren festgestellt worden. Die Wortneubildungen des Traumes hat auch Kraepelin[24] beschrieben, ohne sie aber in einen dynamischen Zusammenhang einzuordnen.

Der Mechanismus der Verdichtung ist nicht auf den Traum beschränkt. Wir finden ihn in den *Fehlleistungen*, den *neurotischen Symptomen*, den Wortneubildungen der Schizophrenen wirksam. Stransky[25] hat experi-

---

[22] Intern. Ztschr. f. Psa., III (1915); ebenfalls im IV. Band der Sammlung kleiner Schriften, S. 290.

[23] Hemmung, Symptom und Angst, Leipzig & Wien 1926, S. 39.

[24] Psychologische Arbeiten, V, Leipzig 1910.

[25] Über Sprachverwirrtheit, Halle 1905.

mentell nachgewiesen, daß das Nachlassen der Aufmerksamkeit beim Gesunden das Auftreten von Verdichtungen oder »Kontaminationen« begünstigen kann.

Wir haben schon gehört, daß die Kräfte, welche die psychische Dynamik unterhalten, sich unmittelbar oder mittelbar zum größten Teil von Triebregungen herleiten. Es wäre nun von höchster Bedeutung zu wissen, von welchen allgemeinen Bedingungen es abhängt, ob sich die Mächte des Ich, welche das Bewußtsein beherrschen, zu einer bestimmten Triebregung in der Weise in Gegensatz stellen, daß sie jenes Schicksal erfährt, welches wir als Verdrängung kennengelernt haben.

Nach Freud[26] unterliegt die psychische Dynamik einer Regulation, welche ihren Ausdruck in den Vorgängen der Lust-Unlustreihe findet. Es besteht im Psychischen eine Tendenz zum Lustgewinn und zur Vermeidung von Unlust, welche aber niemals zur absoluten Herrschaft über das Seelenleben gelangen kann. Von seiten bestimmter Kräfte werden ihre Absichten ständig durchkreuzt. Das hängt einerseits mit den Anforderungen zusammen, welche die Realität an den seelischen Organismus stellt, auf der anderen Seite mit den komplizierten Entwicklungsvorgängen der Persönlichkeit. Davon sowie von der energetischen Bedeutung des Lustprinzips und seiner Zurückführung auf eine noch allgemeinere Gesetzlichkeit werden wir noch ausführlich zu sprechen haben.

Gewisse Triebregungen, und zwar vor allem Anteile des »schwer erziehbaren« Sexualtriebs, geraten bei der Durchsetzung ihrer Triebansprüche in Konflikt mit jener höheren Organisationsform, welche für die als Ich bezeichnete seelische Instanz wesentlich ist, und welche die Ansprüche der Realität gegenüber den Triebregungen vertritt. Die Erreichung eines Triebziels, welche ja an sich immer mit Lust verbunden sein müßte, kann dann infolge der Gegensätzlichkeit der psychischen Systeme von den höheren Instanzen als unlustvoll empfunden werden. Mit der Triebverdrängung werden also in diesem Falle die Anforderungen der Lust-Unlustregulierung erfüllt.

---

26 Vorlesungen zur Einführung in die Psychoanalyse, und: Jenseits des Lustprinzips, Wien 2. A. 1921.

VII

DIE SYMBOLISCHE DARSTELLUNG

Das Wort »Symbol« ist ungemein vieldeutig. Die meisten Arten der bildlichen Ausdrucksweise, gleichnishafte Redewendungen, Methaphern, Embleme, verabredete Zeichen und vieles andere bezeichnet man als symbolisch, ja sogar der sprachliche Ausdruck im allgemeinen ist in diesen Begriff einbezogen worden. Überall dort, wo die Darstellung eines Gegenstandes durch einen anderen geschieht, der ihm ähnlich oder verwandt ist oder auch beides gleichzeitig, wird der Ausdruck »Symbol« gebraucht. Die Fahne ist ein Symbol des National- oder Staatsgefühls, die weiße Farbe ein Symbol der Unschuld oder Reinheit, die schwarze (in Europa) ein Symbol der Trauer, das Feuer ein Symbol der Liebe, Stangen und Stöcke Symbole des männlichen, höhlenartige Gebilde des weiblichen Genitales, Zahlen und geometrische Figuren haben ihre symbolische Bedeutung und so fort. Alle angeführten Beispiele, auch die sexualsymbolischen, sind ganz allgemeines Sprachgut, das heißt also auch vor- und außeranalytisch gebräuchlich.

Die Psychoanalyse verwendet das Wort in einem nach bestimmter Richtung engeren Sinne. Das analytische Symbol ist zunächst gekennzeichnet durch Bildhaftigkeit und Prägnanz. Es hat ferner seine besondere Beziehung zum Unbewußten: das liegt zum Teil an seiner Eignung zur Darstellung verdrängter seelischer Vorgänge, daher ist es »stellvertretender anschaulicher Ersatzausdruck für etwas Verborgenes, mit dem es sinnfällige Merkmale gemeinsam hat oder durch innere Zusammenhänge assoziativ verbunden ist« (Rank und Sachs[1]). Das Symbol kann also die Züge verdrängter Regungen an sich tragen, jedoch immer in entstellter Form. Man darf aber darum nicht allgemein sagen, die Symbolbildung sei Resultat der Verdrängung; dagegen sprechen z. B. die schizophrenen Symbole. Symbole eignen sich aber aus dem Grunde besonders zur indirekten Darstellung verdrängter Vorgänge, weil sie, wie wir noch hören werden, Ergebnisse regressiver Prozesse sind; und diejenigen unter ihnen, welche infolge ihrer Eigenschaft als primitive see-

---

[1] Die Bedeutung der Psychoanalyse für die Geisteswissenschaften, Wiesbaden 1913, S. 11.

lische Gebilde unverständlich sind, scheinen oft gerade darum im Bewußtsein zulässig zu sein. Die Entstellung z. B. der latenten Gedanken im Traum durch symbolische Darstellung ist der Entstehung durch Zensurwirkung nicht unter- sondern nebenzuordnen.

Zwischen Symbol und Symbolisiertem besteht häufig ein offenkundig sinnhafter Zusammenhang. Eine Anzahl von Symbolen ist also Ausdruck, ihre Beziehung zum Dargestellten ist eine einsichtige. Aber dieser Zusammenhang muß demjenigen, in dessen Erleben das symbolische Gebilde auftritt, nicht als Bedeutungszusammenhang gegeben sein. Es ist im Gegenteil für viele Symbole (im Sinne der Psychoanalyse) charakteristisch, daß ihre Deutung durch den Analytiker beim Patienten dem stärksten Widerstand begegnet und von ihm zunächst mit Entrüstung abgelehnt wird. In solchen Fällen symbolischer Darstellung fehlt also nicht bloß die bewußte Intention zur Mitteilung, sondern es wird auch der vom Analytiker aufgezeigte Zusammenhang verworfen. Dennoch vermitteln auch solche Symbole noch eine Bedeutung, sie sind für den Beobachtenden sinnvoll. Nicht selten wird übrigens vom Patienten auch dann, wenn der Zusammenhang als solcher von ihm als sinnvoll zugegeben wird, die stellvertretende Funktion des Symbols für den symbolisierten Gedanken nicht anerkannt, selbst wenn die Deutung gut gesichert ist. Auch in solchen Fällen muß man aber noch an die Möglichkeit denken, daß doch eine unbewußte Tendenz zur Mitteilung an der Symbolbildung beteiligt ist. Nicht bei den Traumsymbolen — zumindest dann nicht, wenn der Traum außerhalb einer Analyse geträumt wurde — wohl aber bei den »symbolischen« Symptomen der Neurotiker; (als symbolisches Symptom ist es z. B. aufzufassen, wenn eine Hysterische bei jedem Schritt ausgleitet, weil sie von dem Gedanken an ein wirkliches oder mögliches »Straucheln« auf sexuellem Gebiet gequält wird). Im »Geständniszwang« (Reik[2]), in der unbewußten Tendenz zum Selbstverrat (der auch nachträglich nicht als solcher verstanden werden muß), haben wir jedenfalls einen seelischen Vorgang von allgemeinster Verbreitung vor uns. Auch zum Verständnis der Fehlleistungen, der mimischen und der Ausdrucksbewegungen ist mit Reiks Theorie des Geständniszwangs ein guter Zugang gewonnen.

Die Psychoanalyse läßt als Symbole aber auch bildliche Ausdrucksweisen gelten, bei welchen nicht einmal für den Beobachter ein assoziativer oder ein Bedeutungszusammenhang unmittelbar erkennbar ist,

---

2 Geständniszwang und Strafbedürfnis, Leipzig & Wien 1925.

wenn diese Bilder nur sonst die Funktionen erfüllen, welche für die Einordnung in ihren Symbolbegriff Voraussetzung sind. In dieser Richtung nimmt also die Analyse, welche in anderer Hinsicht seinen Umfang wesentlich eingeschränkt hat, eine bedeutsame Begriffserweiterung vor. So kann etwa das Feuermachen im Traum als (analytisches) Symbol des Geschlechtsverkehrs auftreten. Der Bedeutungszusammenhang ist hier nicht ohne weiteres durchsichtig. Aber in bestimmten Volksbräuchen, etwa der Inder, ist die Beziehung bewußt gegeben, der eine Vorgang wird durch den anderen dargestellt. In der Schröderschen Übersetzung des *Rigveda*[3] findet sich folgende Stelle, welche auf die Feuererzeugung Bezug hat: »Dies ist das Quirlholz; das Zeugende (das männliche Reibholz) ist zubereitet! Bringe die Stammesherrin (das weibliche Reibholz) herbei; den Agni wollen wir quirlen nach alter Art. In den beiden Reibhölzern ruht der Wesenskern (Agni) gleich der Leibesfrucht, die schön hineingesetzt ist in die schwangeren Frauen ... In sie, die die Beine ausgespreizt hat, fährt als ein Kundiger ein (das männliche Holz).«

In solchen Fällen läßt sich also die Symbolbedeutung der Vorstellung entwicklungsgeschichtlich ableiten. Dieser genetische Gesichtspunkt ist aber auch für die Beurteilung jener Symbole wesentlich, deren sinnhafte Deutung keine Schwierigkeiten bietet: er kann uns die Erklärung dafür geben, warum unter der großen Zahl möglicher und sinnvoller bildlicher Darstellungen nur eine (relativ) kleine tatsächlich als Symbol verwendet wird, oder warum, hinsichtlich der Häufigkeit ihres Auftretens, bestimmte Symbole vor anderen bevorzugt sind. Sowohl die individuelle als auch die stammesgeschichtliche Entwicklung muß dabei berücksichtigt werden.

Denn der letzte Sinn der Symbolbeziehung ist nach Freud ein genetischer: »Was heute symbolisch verbunden ist, war wahrscheinlich in Urzeiten durch begriffliche und sprachliche Identität vereint. Die Symbolbeziehung scheint ein Rest und Merkzeichen einstiger Identität.«[4] Die Symbolgemeinschaft reicht über die Sprachgemeinschaft hinaus. »So tritt z. B. das auf dem Wasser fahrende Schiff in den Harnträumen ungarischer Träumer auf, obwohl dieser Sprache die Bezeichnung ›schiffen‹ für ›urinieren‹ fremd ist.« (Freud[5], nach einer Mitteilung Ferenczis.)

---

[3] Zitiert nach Rank und Sachs, Die Bedeutung der Psychoanalyse für die Geisteswissenschaften, S. 13.

[4] Die Traumdeutung, 4. A., S. 261.

[5] ebenda.

Vom genetischen Gesichtspunkt aus und durch seine Verwurzelung in den archaischen Schichten des Seelenlebens ist das Symbol von den im übrigen ähnlichen psychischen Bildungen zu scheiden, welche als Verdichtungen uns bereits bekannt sind. Beide sind Mittel der indirekten Darstellung, beide sind Kompromißbildungen, beide sind überdeterminiert. Im Einzelfall kann die Einordnung in die eine oder andere Gruppe Schwierigkeiten bereiten.

Wesentlich für die Kennzeichnung der Symbole im psychoanalytischen Sinn und gleichfalls zu ihrer Abgrenzung gegenüber den anderen Mitteln bildhafter indirekter Darstellung geeignet ist ihre Typik, die Tatsache, daß die Bedeutung einer großen Zahl von ihnen nicht nur für das einzelne Individuum gilt, sondern über die Grenzen von Individuum, Volk und Rasse hinausreicht. Auch dies hängt wieder mit der genetischen Bedeutung der Symbole zusammen. In je tieferen Schichten des Seelenlebens wir hinabsteigen, um so mehr verschwinden die individuellen psychischen Differenzen, um so mehr treten die Gemeinsamkeiten in den Vordergrund. Und an der Wurzel der Symbolik stehen ja Gedanken, Wünsche, Triebhaltungen, die wir als »allgemein menschlich« anerkennen müssen.

Als Beispiele solcher typischen Symbole führen wir an: König und Königin stellen Vater und Mutter dar; Stöcke, Stangen, Messer, Schlüssel, Zigaretten, Krawatten das männliche, Schränke, Öfen, Zimmer das weibliche Genitale; Stiegensteigen den Koitus; Häuser den menschlichen Körper; die Geburt wird durch eine Beziehung zum Wasser dargestellt und so fort. Viele andere typische Symbole mag man in den Werken von Freud[6] und Stekel[7] nachlesen.

Die Lehre von den typischen Symbolen hat im Kampf um die Psychoanalyse einen breiten Raum eingenommen. Man hat sich oft über die vermeintliche Konsequenz lustig gemacht, daß man auf diese Weise ja Träume deuten könne, wie man eine chiffrierte Schrift entziffere. Wir müssen uns also fragen, ob die behauptete Gleichförmigkeit im Seelenleben, welche ja die Vorbedingung der typischen Deutbarkeit ist, tatsächlich zu Recht besteht.

Eine gewisse Gleichmäßigkeit nicht nur der Formen, sondern auch der Inhalte des psychischen Geschehens ist zunächst notwendige Voraussetzung

---

[6] Die Traumdeutung; Vorlesungen zur Einführung in die Psychoanalyse.
[7] Die Sprache des Traumes, Wiesbaden 1911.

zung jeder Psychologie. Aber es läßt sich auch zeigen, daß diese Gleichförmigkeit viel weiter reicht, als gemeinhin angenommen wird. So haben z. B. Versuche von Marbe[8] mit der Instruktion, die Versuchspersonen sollten so rasch als möglich eine beliebige Zahl zwischen 1 und 10 später zwischen 11 und 20 usw.) aufschreiben, eine deutliche Gesetzmäßigkeit in dem Sinne ergeben, daß weitaus am häufigsten Zahlen notiert wurden, deren letzte Ziffer 5 war; die übrigen Ziffern wurden um so seltener angegeben, je weiter sie in der Zahlenreihe von 5 entfernt sind.

Die überwiegende Mehrzahl der Versuchspersonen, welche von Marbe aufgefordert waren, den Namen einer bestimmten Farbe aufzuschreiben, notierte »rot«.

Bei Massenversuchen mit der Aufgabe, von einer bestimmten Anzahl vorgezeigter Spielkarten eine zu merken, zeigte sich eine deutliche Bevorzugung des As, es folgten dann (nach der Häufigkeit geordnet) die höheren Zahlen, die Figuren, die kleinen und zuletzt die mittleren Zahlen. Diese Versuche wurden nachgeprüft und bestätigt. Man kann daher die gewählte Karte auf Grund des gefundenen typischen Verhaltens in einem höheren Prozentsatz der Fälle erraten, als eine Wahrscheinlichkeitsrechnung ergeben würde, welche diese Gesetzmäßigkeit unberücksichtigt läßt.

Auf Grund der »egomorphen« Methode, der Erwägung: welche Karte (z. B.) hätte *ich* unter den gegebenen Verhältnissen gewählt? gelang es Marbe, Leistungen zu vollbringen, welche durchaus den Eindruck des »Gedankenlesens« erwecken können.

Die Ursachen der gefundenen Gleichförmigkeit des seelischen Geschehens liegen außerhalb der Fragestellung Marbes. Doch wäre es prinzipiell nicht unmöglich, sie auf analytischem Gebiet festzustellen, ähnlich wie Freud[9] und andere die Determination scheinbar zufälliger Zahlen- oder Namenseinfälle untersucht haben. Bevor diese Arbeit aber geleistet ist — und mit ihr eine Ableitung aus ganz allgemein voraussetzbaren Triebeinstellungen oder affektiven Haltungen möglich wird —, muß uns diese Gleichförmigkeit viel befremdender scheinen als die Typik der Symbole! Denn »alle Symbole dienen zur Darstellung des eigenen Ich und der nächsten Blutsverwandten oder der Phänomene von

---

8 Ztschr. f. Psychol., 56 (1910).
9 Zur Psychopathologie des Alltagslebens.

Geburt, Liebe und Tod. Mit anderen Worten, sie stellen die denkbar primitivsten Ideen und Interessen dar« (Jones[10]), also gerade jene psychischen Haltungen, denen wir die weiteste Allgemeinheit zuschreiben müssen. Wenn wir aber sehen, wie die Typik der psychischen Vorgänge auch an weit weniger primitiven, viel peripherer gelegenen und viel komplexeren seelischen Gebilden in Erscheinung tritt, werden wir keinen Grund haben, sie dort anzuzweifeln, wo es sich um die Darstellung ubiquitärer Gedanken und Triebhaltungen handelt.

Die Typik der Symbole beweist nicht, daß nun etwa eine Zigarette im Traum regelmäßig das männliche Glied darstellen müsse; in sehr vielen Fällen wird es aber tatsächlich der Fall sein. In anderen kann sie auch in ihrer ursprünglichen Bedeutung vorkommen, wenngleich es wahrscheinlich ist, daß die Symbolbedeutung zumindest mit anklingt. Die Auswahl unter typischen Symbolen von gleicher Bedeutung läßt sich oft erst nach langwieriger analytischer Arbeit aufklären. Hier spielen eben individuelle Determinanten eine Rolle, welche ja auch in der Bildung individueller Symbole zum Ausdruck kommen können. Von den individuellen Symbolen führen dann fließende Übergänge zu anderen Mitteln der indirekten bildhafen Darstellung.

Daß die Mehrzahl der typischen Symbole die Geschlechtsorgane oder geschlechtliche Vorgänge darstellt, erklärt sich daraus, daß es vor allem die sexuellen Triebe sind, welche im Laufe der Entwicklung der Verdrängung verfallen. Später verpönte Sexualregungen der Vorzeit bilden ja, wie wir schon gehört haben, den wesentlichen Inhalt des Unbewußten. Dazu tritt als weitere Erklärungsmöglichkeit — wir erinnern hier an dasjenige, was wir über den genetischen Sinn der Symbole gesagt haben — die ungeheure Bedeutung, welche den Vorgängen der geschlechtlichen Betätigung und der Fortpflanzung von den Primitiven beigemessen wird. Mit diesem Rekurs auf das Denken der Primitiven soll nun aber durchaus nicht etwa die Vererbung von Vorstellungen behauptet sein; er basiert vielmehr lediglich auf der Feststellung der Psychoanalyse, daß jene seelischen Arbeitsweisen und Ansatzmöglichkeiten des Denkens, welche beim Primitiven in ihrer Funktion offen zutage liegen, auch beim Kulturmenschen nachgewiesen werden können, sofern es gelingt, die tiefsten Schichten seines Unbewußten (»kollektives Unbewußtes« nach Jung) aufzudecken.

---

10 Intern. Ztschr. f. Psa., V (1919).

Übrigens ist die Erkenntnis der Sexualsymbolik — wie der Symbolik überhaupt — zwar auf dem Gebiete der Neurosen und Psychosen geistiges Eigentum der Psychoanalyse, aber dieselben Symbole finden wir im Mythos, im Folklore, im Witz in derselben Bedeutung wieder. Die meisten Symbole, deren Deutung durch die Analyse heftigem Widerspruch begegnet ist, werden hier oft mit bewußter Bedeutungserfassung verwendet. Und es überwiegen hier die Sexualsymbole nicht minder als im Traum und Geistesstörung.

Auf diesen Gebieten kann sich derjenige, welcher nicht selbst die analytische Technik handhaben will oder kann, und welchem psychotisches Material nicht zugänglich ist, die Überzeugung von der Wichtigkeit und Allgemeinheit der symbolischen Darstellung befestigen. Das Bewußtsein ihrer Bedeutung für die Bildung des Traumes war im vorwissenschaftlichen Denken seit den ältesten Zeiten wohl niemals ganz erloschen. Eingang in die Wissenschaft hat aber der Gedanke erst mit Freuds »Traumdeutung« gefunden.

Den breitesten Raum nehmen Symbole und symbolähnliche Gebilde im Denken der Schizophrenen ein. Die bunte Mannigfaltigkeit, welche dem schizophrenen Denken im Gegensatz zu dem des erwachsenen gesunden Kulturmenschen das Gepräge gibt, ist nicht unwesentlich durch das Auftreten dieser mannigfaltigen symbolischen Bildungen mitbestimmt. Es treten ja hier an Stelle des bildarmen, unanschaulichen Denkens des Normalen überhaupt vielfach anschauliche Vorstellungen in den Vordergrund. Die Deutung der Symbole wird oft vom Patienten selbst gegeben. Oder sie ergibt sich sozusagen von selbst, wenn nämlich ein Gedanke das eine Mal unverhüllt, gleich darauf aber in symbolischer Form auftritt. Symbol und Symbolisiertes werden dabei häufig gar nicht unterschieden, sie vertreten einander und im Laufe desselben Gedankenganges wird gleichsinnig bald der eine und bald der andere Ausdruck gebraucht. In anderen Fällen treten als gleichbedeutend mehrere Vorstellungen auf, welche alle als Symbole auf denselben Gegenstand als Symbolgrundlage hinweisen. Ein und derselbe Vorgang kann bei diesen Kranken oft in einer ungeheuren Zahl von Symbolen seine Darstellung finden. Die Beziehung solcher äquivalenter Vorstellungen zueinander und zum symbolisierten Vorgang oder Gegenstand sind zwar zumeist sinnvoll und relativ leicht durchsichtig zu machen; aber die Möglichkeit ihrer gegenseitigen Vertretung und ihre gleichsinnige Verwendung lassen ihre Einordnung in den seelischen Zusammenhang auch dort zu, wo der Bedeutungszusammenhang nicht ohne weiteres auf der Hand liegt.

Man darf sich nicht vorstellen, daß die Symbole von den Schizophrenen in ihrer darstellenden Funktion bewußt erlebt würden. Das ist weder hier noch überhaupt bei den eigentlich »analytischen« Symbolen, auch nicht in Traum und Neurose, die Regel.

Es gibt wohl unter den Symbolen, deren Verständnis sich Freud bei der Analyse der Traumvorgänge erschlossen hat, keines, dessen Bedeutung und dessen psychische Zusammenhänge nicht auch aus der Untersuchung des schizophrenen Denkens bestätigt worden sind. Aber die Vertiefung in die Psychologie des schizoprenen Prozesses führt auch zur »Entdeckung« neuer, teils offenbar typischer, teils individueller Symbole. Weil sich hier eine Deutung von seiten des Beobachters vielfach erübrigt und entweder vom Patienten selbst vollzogen wird, oder sich doch aus der Stellung im seelischen Zusammenhang ohne besondere psychologische Hilfsannahmen ergibt, dürfen wir diese methodisch völlig einwandfrei gewonnenen Ergebnisse der Schizophrenielehre als Bestätigung der analytischen Symboldeutung ansehen. Zahlreiche Beispiele für das symbolische Denken der Schizophrenen sind in den bekannten Arbeiten von Jung[11], Bleuler[12], Schilder[13] und in vielen anderen niedergelegt.

Das symbolische Denken steht in besonders enger Beziehung zu den Vorgängen des Unbewußten, und es ist uns schon bekannt, daß nach Freud das Wesen der Symbole überhaupt genetisch zu fassen ist. Nun steht aber das bildhafte Denken ganz allgemein dem primitiven näher als das anschauungslose, welches sich wesentlich in Bewußtheiten, in unanschaulichem Wissen und in Bedeutungserlebnissen abspielt, und für welches die Vorstellungsbilder ja nur als Hilfen in Betracht kommen. Das bilderreiche, mit Symbolen überladene Denken der Schizophrenen können wir als Ergebnis einer »Unabgeschlossenheit des Denkprozesses« (Schilder[14]) auffassen. Wenn die endgültige, abschließende Gestaltung des Denkaktes wegfällt, treten vorbereitende Teilerlebnisse in Erscheinung. Zu ihnen gehören die Symbole. Wo die Zuwendung zur Realität noch unentwickelt ist oder nachläßt, dringen das Triebhafte, das Unbewußte, die persönliche Vergangenheit in den Vordergrund. »Die Möglichkeit, den Dingen zu folgen, der Struktur der Wirklichkeit gerecht zu

---

11 Psychologie der Dementia praecox, Halle 1907.
12 Dementia praecox oder Gruppe der Schizophrenien, Wien 1911.
13 Wahn und Erkenntnis, Berlin 1918, und: Seele und Leben, Berlin 1923.
14 Seele und Leben, Berlin 1923.

werden, ist aber eine spät erworbene (sowohl phylogenetisch als auch ontogenetisch), und auch im Denken ist die Tendenz zur Realität erst möglich, wenn die Vergangenheit erledigt und durchlaufen ist« (Schilder[15]).

Das Vorwiegen des Anschaulichen, Bildhaften ist nun nicht nur für das Denken der Schizophrenen und der Naturvölker bezeichnend. Es spielen nach den Untersuchungen von Jaensch[16] »Anschauungsbilder«, Vorstellungen von fast halluzinatorischer Lebhaftigkeit, auch beim jugendlichen Kulturmenschen eine Rolle, welche sich dann mit zunehmendem Alter verliert. Überall also, wo wir es mit unfertigem Denken, mit Vorstufen des abgeschlossenen, entwickelten Denkverlaufs zu tun haben, treten die anschaulichen Elemente in den Vordergrund. Zur Einführung in die Beziehungen des schizophrenen zum archaischen Denken sei auf die Werke von Freud[17], Jung[18], Schilder[19], Storch[20] und Bychowski[21] hingewiesen.

Symbolische Bilder spielen aber beim erwachsenen gesunden Kulturmenschen auch abgesehen vom Traum eine gewisse Rolle: so in den Grenzzuständen zwischen Schlafen und Wachen. Silberer[22] hat festgestellt, daß wenn man sich im schlaftrunkenen Zustand zum Nachdenken zwingt, eigenartige hypnagogische Erscheinungen auftreten können, welche symbolischen Charakter tragen. Diese »autosymbolischen« Phänomene stellen teils die Inhalte des Denkens, teils die aktuelle psychische Funktion dar. Z. B. folgendermaßen: »Ich denke an das Vordringen des menschlichen Geistes in das schwierige, dunkle Gebiet des Mütterproblems (Faust, II. Teil). Symbol: Ich stehe auf einer einsamen, in ein dunkles Meer weit vorgeschobenen Steinestrade. Das Wasser des Meeres verschmilzt im Horizont fast mit der ebenso tief getönten geheimnisvollen schweren Luft.« Oder: »Ich denke über irgend etwas nach, gerate jedoch, indem ich mich in gedankliche Nebenwege einlasse, von meinem eigent-

---

15 ebenda, S. 67.

16 z. B. Ztschr. f. Psychol., 85 (1920).

17 Jahrb. f. psa. & psychopathol. Forschung, III (1911) oder: Sammlung kleiner Schriften zur Neurosenlehre, III.

18 Wandlungen und Symbole der Libido, Wien 1912.

19 Wahn und Erkenntnis, Berlin 1918.

20 Das archaisch primitive Erleben im Denken der Schizophrenen, Berlin 1922.

21 Metaphysik und Schizophrenie, Berlin 1923.

22 Jahrb. f. psa. & psychopathol. Forschung, I (1909) und III (1912).

lichen Thema ab. Als ich nun zurück will, stellt sich die autosymbolische Erscheinung ein. Symbol: Ich klettere mitten in Bergen herum. Die näheren Berge verdecken meinem Blick die ferneren, von denen her ich gekommen bin, und zu denen ich zurück gelangen möchte.« Diese Symbole sind individuelle Bildungen; sie sind wohl wenigstens zum Teil auch für den Erlebenden bedeutungserfüllt, werden als »Darstellung« erlebt. Durch Bildhaftigkeit und einen gewissen Grad von Prägnanz nähern sie sich den Symbolen im engeren analytischen Sinn, der besondere Wert von Silberers Beobachtungen liegt aber darin, daß diese Bilder im wachen Denken auftreten und zwar in engem Zusammenhang mit dem bewußten Sinn des Gedachten.

Noch weiter von den eigentlichen Symbolen der Psychoanalyse entfernt liegen jene symbolischen Bilder, welche unter anderem G. E. Müller bei Lernversuchen festgestellt hat. Es zeigt sich, »daß beim Lernen und Hersagen neben den eigentlichen Vorstellungen der Komplexe nicht selten noch symbolische Komplexbilder auftraten, welche durch ihr Aussehen die Wert- oder Eindringlichkeitsverhältnisse der Komplexbestandteile oder den Grad der Leichtigkeit ihrer Zusammenfassung veranschaulichten«[23]. Wenn etwa das Mittelglied eines dreigliedrigen Komplexes eindringlicher war als die Seitenglieder, so hatte das symbolische Bild die Form eines auf einer Seite ruhenden gleichseitigen Dreiecks. Auch bei der Bildung der Diagramme ist eine Tendenz zur Symbolisierung mitbeteiligt. Ähnliche Symbolisierungen wie G. E. Müller haben auch Kaffka, Selz und andere beschrieben.

Derartige Bildungen zeigen weder die gleiche anschauliche Fülle wie die Symbole der Psychoanalyse, noch weisen sie, wie diese, auf die archaischen Schichten des Seelenlebens zurück. Sie sind sozusagen nur »abgeschwächte« Symbole und interessieren uns hier nur als Ausläufer einer im menschlichen Denken überhaupt bedeutsamen Tendenz zur Symbolisierung und weiter durch die Rolle, welche sie im Denkverlauf spielen. Ihr Auftreten ist durchaus nicht als Seltenheit anzusehen. Dem widerspricht nicht, daß das Gerüst der Denkvorgänge in unanschaulichen Erlebnissen zu suchen ist. Die Bilder treten als Hilfen auf, nicht selten an jenen Stellen, an denen der Denkverlauf gehemmt wird, oder an denen eine Mehrheit von Tendenzen nicht zur Einheit zusammengefaßt werden kann. Doch ist die Beziehung zwischen Bild und Ge-

---

[23] Zur Analyse der Gedächtnistätigkeit usw. III, Leipzig 1924, S. 385.

danke, vor allem die Bedeutung, welche anschaulichen Erlebnissen überhaupt für das geordnete Denken zukommt, heute noch kontrovers. Allers[24] betrachtet die Vorstellungen »nicht als Vorstadien, sondern als Abwege« des Denkens. Dagegen konnte A. Flach[25] zeigen, daß ihre Versuchspersonen erst mit den Symbolisierungen und durch diese zum Sinnverständnis vordrangen. Und jene Lehre von der Gedankenentwicklung, welche an den Namen Schilders geknüpft ist[26] — sie steht den Anschauungen Freuds nahe — nimmt an, daß der Gedanke durchaus nicht von den Bildern unabhängig ist und vor seinem Abschluß in jedem Falle eine bildreichere, mit anschaulichen Erlebnissen erfüllte Phase durchläuft: »Jeder einzelne Gedanke wird zunächst nach Urväterweise gedacht«. Der Denkprozeß wiederholt in grobem Umriß die phylogenetische Entwicklung. Das Denkresultat aber ist einfacher als seine Vorstufen. Zu diesen gehören, auch beim normalen Kulturmenschen, symbolische Bilder. Wo sich aber solche Bilder als Abschluß eines Gedankens präsentieren, setzen wir mit Freud als Ursache regressive Vorgänge an, welche zu einer (teilweisen) Wiederbelebung primitiver, archaischer seelischer Arbeitsweisen führen.

Aus all dem muß klar geworden sein, daß die Symbole für die Psychoanalyse nicht nur Ausgangspunkt sinnhafter Deutungen sind, sondern daß diese versucht, ihre gesetzmäßigen Beziehungen innerhalb der kausalen psychischen Zusammenhänge festzulegen. Die Berechtigung der Deutung im einzelnen hat sich zunächst aus der Analyse der Träume ergeben, aber die Traumsymbole finden sich ja auch im Folklore, in der Schizophrenie usw. wieder, und hier hat man die Möglichkeit, die angenommenen Zusammenhänge zwischen Symbol und Symbolisieren zu verifizieren.

Eine indirekte Bestätigung für Freuds Auffassung der Traumsymbolik erbringen Pötzls[27] Versuche über die Beziehung der Träume zum indirekten Sehen. Die psychoanalytische Symbollehre ist aber auch auf experimentellem Wege unmittlbar bestätigt worden. In Versuchen von Schrötter[28] und von Roffenstein[29] wurde den Versuchspersonen in der

---

[24] Ztschr. f. d. ges. Neurol. & Psych., 76 (1922).
[25] Arch. f. d. ges. Psych., 52 (1925).
[26] Ztschr. f. d. ges. Neurol. & Psych., 59 (1920).
[27] Ztschr. f. d. ges. Neurol. & Psych., 37 (1917).
[28] Zbl. f. Psa. II, 1912.
[29] Ztschr. f. d. ges. Neurol. & Psych., 87 (1923).

Hypnose der Auftrag erteilt, ein bestimmtes sexuelles Erlebnis in entstellter Form zu träumen. Für den Auftrag wurde Amnesie befohlen. Es kam nun vor, daß die sexuellen Erlebnisse unverändert in den manifesten Trauminhalt hinübergenommen wurden. In anderen Fällen aber zeigten sich Entstellungen, welche mit den analytischen Traumsymbolen auf das genaueste übereinstimmen.

Zwei Beispiele aus der Arbeit Roffensteins seien wegen der Bedeutung, welche methodisch den experimentellen Symbolstudien zukommt, an dieser Stelle mitgeteilt. »Traumsuggestion: Fellatio mit ihren früheren Dienstgeber, Herrn X. Traum: »Ich sitze in der Küche, plötzlich läutet es, der Herr ruft mich. Ich gehe in sein Zimmer. Er fordert mich auf, auf einem Sessel Platz zu nehmen. Auf dem Tisch sehe ich viele Bananen. Der Herr fordert mich auf zu essen. Ich nehme mir eine und schäle sie. Sie hat mir ausgezeichnet geschmeckt.« Oder: »Traumsuggestion: Koitus mit dem Vater. Traum: Ich habe von meinem Vater geträumt, so als ob er mir einen großen Koffer geschenkt hätte, einen Reisekoffer, dazu hat er mir einen großen Schlüssel gegeben, einen sehr großen Schlüssel sogar, er hat so wie ein Haustorschlüssel ausgesehen. Ich habe dabei ein so banges Gefühl gehabt, dabei habe ich mich gewundert, daß er so groß ist, er konnte ja gar nicht passen. Ich habe dann den Koffer aufgemacht. Da ist eine Schlange herausgesprungen, gerade in meinen Mund. Ich habe laut aufgeschrien und bin dann erwacht.« Es ist selbstverständlich, daß sich Roffenstein eine Versuchsperson gewählt hatte, welche von den Lehren der Psychoanalyse keinerlei Kenntnis besaß.

Um die hypnotische Suggestion und vor allem den Auftrag zur Entstellung, durch welche die Versuchsbedingungen kompliziert und unübersichtlicher werden, zu vermeiden, haben Betlheim und ich[30] bei Korsakoffkranken folgende Versuchsanordnung gewählt. Wir ließen Prosastücke grob sexuellen Inhalts lernen und nach verschieden langer Zeit reproduzieren. Die Entstellungen, welche bei diesen Reproduktionen stattfanden, waren zum Teil Resultat der Verschiebung auf assoziativ verwandte Vorstellungen der gleichen Sphäre, zum Teil aber (und gerade beim sexuellen Material!) standen sie zur gelernten Vorstellung im Verhältnis des Symbols zum Symbolisierten. So wurde z. B. das Prosastück: »Ein junges Mädchen ging allein auf dem Felde spazieren. Da kam ihr ein junger Mann entgegen, überfiel sie und warf sie zu

---

[30] Arch. f. Psychiatrie, 72 (1924).

Boden. Das Mädchen sträubte sich, aber es nützte nichts. Der Mann hob ihre Röcke empor und steckte sein steifes Glied in ihre Scheide. Nach dem Verkehr ließ er das laut weinende Mädchen liegen und floh« von einer Patientin in folgender entstellter Weise reproduziert: »Zwei Mädchen sind über eine Stiege hinauf, zwei Burschen sind dann hintennach hinauf, die haben dann die Mädchen geheiratet, weil die eine schwanger war, die andere ist zu Hause gegangen.« Eine andere Korsakoffkranke ersetzte bei der Reproduktion die gelernten Worte »steckte sein steifes Glied in ihre Scheide« durch »steckte das Messer in ihre Scheide«; einige Tage später antwortet sie, nach der gelernten Geschichte befragt: »Sie hat er gestochen« und ein anderes Mal: »Sie haben auf sie geschossen.« In einem dritten Fall werden beim Hersagen der gelernten Geschichte die Worte »steifes Glied« durch »Zigarette« ersetzt und so fort.

In jüngster Zeit hat endlich Nachmansohn[31] über experimentelle Symbolträume berichtet. Er bediente sich derselben Versuchsanordnung wie Roffenstein und erhielt die gleichen Ergebnisse.

Auf Grund der angeführten Experimente darf heute die Existenz der (analytischen) Symbole und die analytische Deutung zumindest eines Teiles von ihnen als ein völlig gesichertes Stück psychologischer Erkenntnis bezeichnet werden. Ja wir dürfen darüber hinaus, da sich die Symbollehre mit Hilfe der analytischen Methode ergeben hat, die Resultate dieser Versuche auch als einen Beweis für die Zuverlässigkeit der Methode ansehen.

---

[31] Ztschr. f. d. ges. Neurol. & Psych., 98 (1925).

VIII

TRIEBLEHRE

Eine allgemein anerkannte, klare Umgrenzung dessen, was wir unter einem Trieb verstehen, gibt es bis heute nicht. Aber auch bei dem Versuch, diesen Begriff innerhalb des engeren Kreises der eigentlich analytischen Psychologie zu definieren, stoßen wir auf kaum überwindbare Hindernisse. Der Trieb ist, in der Fassung Freuds, ein Grenzbegriff zwischen Organischem und Psychischem. Vielleicht ist die Erwartung nicht unberechtigt, daß erst die Vervollständigung der analytischen Erfahrungen durch eine tierpsychologische und organisch-biologische Triebwissenschaft uns zu gültigen Formulierungen auf diesem dunklen Gebiete verhelfen wird. Doch bleibt jene Schwierigkeit wesentlich auf die allgemeinsten begrifflichen Abgrenzungen beschränkt; das Tatsachenmaterial, das die Psychoanalyse auf triebpsychologischem Gebiet zutage gefördert hat, ist ein ungeheuer großes und bedeutsames und seine — unabweisbare — Ordnung unter vorläufigen Gesichtspunkten durchaus möglich.

Da es außerhalb der Psychoanalyse eine systematische Triebpsychologie heute nicht gibt, ist deren Kenntnis — schon, aber nicht nur aus diesem Grunde! — für den Psychologen als Ergänzung anders gerichteter psychologischer Disziplinen eine Notwendigkeit. Ihr Ausgangspunkt auf dem Gebiete des Trieblebens war bestimmend für die Erwerbung einer Fülle von Gesichtspunkten und Einsichten, die auch auf andere Gebiete des Seelenlebens Anwendung finden dürfen. Daß die Analyse die erste psychologische Lehre gewesen ist, die sich diesem schwierigen Gegenstand nähern durfte, kann uns nicht wundernehmen: der Zugang zu seiner Erforschung war eben erst über die Psychologie der unbewußten Prozesse zu gewinnen.

Versuchen wir, den Trieb zu charakterisieren, so ist das erste allgemeine Merkmal, das ihn kennzeichnet, in seinem Gerichtetsein zu finden. Jedem triebhaften Geschehen schreiben wir eine Tendenz zu, eine Richtung auf einen Zustand, welchen wir als das *Triebziel* bezeichnen. Das Drängende, das die Triebe ganz allgemein charakterisiert, können wir auch das Aktivitätsmoment nennen. Damit ist nicht etwa nur das Trieberlebnis gemeint; man muß sich davor hüten, den Trieb selbst, der ein notwendiger Hilfsbegriff theoretischer Psychologie ist, mit seiner phänomenologischen Repräsentanz zu verwechseln. Auch dann, wenn im Erleben ein Bewußtsein des Triebhaften gegeben ist, handelt es sich niemals um eine wirklich adäquate Repräsentierung seines dynamischen und energetischen Moments. Der Triebbegriff reicht also weit über das Gebiet des bewußt Gegebenen hinaus, und zwar nicht nur in seiner analytischen Fassung: bei dieser Einbeziehung von unbewußten Vorgängen bleibt die Psychoanalyse in Übereinstimmung mit dem Sprachgebrauch wie mit der biologischen Begriffsbestimmung.

Für die dynamische Betrachtungsweise der Psychoanalyse rücken alle jene psychischen Abläufe, welche als Trieb, Impuls, Drang usw. von der Sprache differenziert werden, zu einem Untersuchungsgegenstand zusammen. Übrigens ist die Zuordnung dieser Ausdrücke zu bestimmten seelischen Verhaltensweisen eine durchaus schwankende; gelegentlich werden sie alle synonym gebraucht. Sie gegeneinander eindeutig abzugrenzen bleibt ein Problem, das heute vor allem die phänomenologische Psychologie angeht. Ein bedeutsamer Anfang in dieser Richtung liegt vor (Kronfeld[1]).

Das Moment des Gerichtetseins kann aber nicht einfach dem Triebhaften gleichgesetzt werden. Man hat gute Gründe, etwa die (ebenfalls gerichtete) Willenshandlung von der Triebhandlung zu sondern. So kommt im Gegensatz zum Willen dem Trieb eine besondere Resonanz im Körperlichen zu, und wir werden darauf aufmerksam gemacht, ein kennzeichnendes Moment der Triebvorgänge darin zu suchen, daß sie sich in der vitalpsychischen Sphäre abspielen. Vom Standpunkt einer biologischen Psychologie gesehen, bedeutet das gleichzeitig, daß ihnen eine strukturell zentrale Rolle im Seelenleben zukommt.

Die Verknüpfung des Triebs mit der Körpersphäre ist einmal in der nahen Bedingtheit seiner aktuellen Manifestationen durch organisches Geschehen nachweisbar. Freud[2] vergleicht ihn den physiologischen Reizen und will ihn geradezu als Sonderfall dem übergeordneten Reizbegriff einordnen; die spezifische Differenz gegenüber anderen Reizen sei aber darin gelegen, daß er nicht als momentane, sondern als konstante Kraft wirke und nicht aus der Außenwelt, vielmehr aus dem Inneren des Organismus stamme. Daraus folgt ein weiteres Merkmal:

---

[1] Ztschr. f. d. ges. Neurol. & Psych., 92 (1924).

[2] Triebe und Triebschicksale, Intern. Ztschr. f. Psa., III (1915) oder: Sammlung kleiner Schriften zur Neurosenlehre, IV, S. 252.

die Unmöglichkeit, sich dieser Art von Reizen durch die Flucht zu entziehen. Ihre Aufhebung (Befriedigung) »kann nur durch eine zielgerechte (adäquate) Veränderung der inneren Reizquelle« erreicht werden. Den somantischen Vorgang, der in diesem Sinne als »Reiz« wirkt, bezeichnet Freud als die Quelle des Triebs.

Eine weitere Beziehung des Triebs zum Somatischen liegt in den körperlichen Äußerungen, welche seine Befriedigung begleiten; sodann ist aber auch das eigentliche Trieberlebnis, vor der Entspannung, zumeist mit charakteristischen Organempfindungen verschmolzen. Dies gilt wieder nur für den »Schulfall«, in welchem der Triebablauf phänomenologisch repräsentiert ist. Ist er dies nicht, übt er seine Wirkung zur Gänze im Unbewußten aus, so fehlen in der Regel (nicht immer!) auch die somatischen Begleiterscheinungen. Dagegen kann es keinem Zweifel unterliegen, daß auch dann, wenn er von seiner eigentlichen Befriedigung abgelenkt und auf Gebiete verschoben wird, die von seinem ursprünglichen Ziel weit abliegen (dieser Fall ist vor allem bei den Sexualtrieben häufig) — daß auch dann für das Auftreten und die Intensität solcher transponierter Triebe körperliche Vorgänge von maßgebender Bedeutung sein können.

Gewiß ist auch der Willensakt in der Regel von Empfindungen begleitet (Spannungsempfindungen usw.). Aber die willensmäßige Zuwendung hebt sich doch offenbar besser von den begleitenden Empfindungen ab als die triebmäßige (siehe dazu auch Schilder[3]). Mit diesem Unterschied hängt nun ein anderer zusammen, der uns ein weiteres Charakteristikum der Triebe zu ergeben scheint; er betrifft das Verhältnis des Triebs zu seinem Objekt. Freud[4] hat mit Recht hervorgehoben, daß man sich die Verknüpfung von Trieb und Triebobjekt meist als eine zu innige vorstelle (dies gilt in erster Linie von den Sexualtrieben). Ziel des Triebs ist die Entspannung, die Befriedigung; der Gegenstand aber, auf welchen er sich richtet, vor allem das Mittel, diese Befriedigung zu erreichen. Voraussetzung für die Wahl eines Gegenstandes zum Triebobjekt ist in erster Linie seine Eignung, die Erreichung des Triebziels zu vermitteln.

Freilich erfährt diese Eigenschaft der Triebe, ihre Objekte im Dienste des Strebens nach Befriedigung zu wechseln, mancherlei Einschränkungen. Wir haben uns ja bisher nur auf den paradigmatischen Fall des un-

---

[3] Medizinische Psychologie für Ärzte und Psychologen, S. 132.

[4] Drei Abhandlungen zur Sexualtheorie, S. 12.

gehemmten Triebs bezogen. Daß zielabgelenkte Triebäußerungen, etwa in Gestalt der »zärtlichen« Begegnungen, die Bindung an ein Liebesobjekt auch dann aufrecht erhalten können, wenn es eine direkte Befriedigung nicht oder nicht mehr ermöglicht, ja daß eine solche Bindung den Verzicht auf jede unmittelbare Triebbefriedigung überhaupt erzwingen kann, ist der Psychoanalyse natürlich bekannt. Ich erinnere nur an die analytische Psychologie der Selbstaufopferung für das Objekt und der Verliebtheit[5]. Ebenso wird dem Wechsel des Liebesobjekts durch die Tatsache der oft schon in den frühesten Entwicklungsperioden erfolgenden *Fixierungen* (siehe Kapitel X) entgegengearbeitet. Daher ist auch der Fall der individuellen Liebe, welche sich im »Wechsel der Leidenschaften« erhält, aus den Voraussetzungen der Psychoanalyse zu begreifen — und somit auch die psychologische Seite der Monogamie. Das muß hier ausdrücklich zur Abwehr gegenüber der Ansicht Schelers[6] hervorgehoben werden, es könne der Psychoanalyse — wie anderen naturalistischen Liebestheorien — die individuelle Liebe entweder gar nicht oder nur als »Abirrung«, als »Vergaffung« begreiflich werden. Wir können diese Kritik Schelers nicht als berechtigt anerkennen, da die Analyse ja nicht nur die Richtung der Triebe auf Befriedigung berücksichtigt, sondern auch die gesetzmäßigen Vorgänge der Triebhemmung und der Triebfixierung kennt und zu erklären sucht; ganz abgesehen davon, daß die von Scheler mit der Wahl des Ausdrucks (»Abirrung«, »Vergaffung«) supponierte negative Wertung jener Phänomene der Psychoanalyse keinesfalls immanent ist.

Halten wir uns an das Triebschema, welches wir weiter unserer Darstellung zugrunde legen wollen, so besteht die Anschauung von der relativ lockeren Bindung des Triebs an sein Objekt ohne Zweifel zu Recht. Gewiß erlaubt auch die Willenshandlung einen Wechsel der Objekte, an welchen und durch welche ihr Ziel erreicht werden soll. Aber hier tritt doch offenbar der Gegenstand selbst stärker in den Vordergrund, der Wille richtet sich (im Grundfall) auf Gegenstände, nicht auf Befriedigungen. Auf andere Unterschiede, welche Trieb und Wille voneinander abzugrenzen erlauben, so auf die Rolle der Motivation und

---

[5] Freud, Massenpsychologie und Ich-Analyse, Leipzig & Wien 1921.

[6] Wesen und Formen der Sympathie, S. 211. — Gewiß ist Scheler unter den Kritikern der Psychoanalyse einer der objektivsten und wohl derjenige, welcher am schärfsten und tiefsten in ihre Problematik eingedrungen ist — ohne damit freilich den Mangel voll ausgleichen zu können, der sich aus dem Fehlen eigener Anschauung vom analytischen Tatsachenkreis notwendig ergibt.

auf die Spezifität der Erlebnisweisen (etwa das »Ich will wirklich« Achs) kann hier nur eben hingewiesen sein.

Die Sonderung des Triebhaften von den Phänomenen des Wollens konnte uns zu Abgrenzungszwecken dienlich sein. Jedoch sind die Gemeinsamkeiten, welche Trieb und Wille trotz ihrer qualitativen Eigenart verbinden, für die analytische Auffassung wesentlicher als die Unterschiede. Auch die Willenshandlung kann weitgehend als Wirkung triebhafter Stellungnahmen begriffen werden, und die psychischen Energiemengen, welche dem Willensakt zur Verfügung stehen, dürften zum wesentlichen Teil ihren Ursprung im Triebleben haben. Ja weit darüber hinaus werden von der Psychoanalyse die Gesetzmäßigkeiten der Triebsphäre als Erklärungsgrundlage auf den weitesten Gebieten des Seelenlebens herangezogen.

Wir haben schon gehört, daß eine Richtung der neueren Psychologie (ausgehend von Ach) der Wirkung determinierender Tendenzen im psychischen Geschehen den breitesten Spielraum zuerkennt. So erwies sich zunächst die »Aufgabe« als eine »volitionale Bewußtheit«, die determinierende Tendenzen setzt, aber diese Tendenzen sind ebenso im »primären« Willensakt und auch im Gedankenablauf wirksam. Die Psychoanalyse, welche in der Erkenntnis der maßgebenden Bedeutung solcher Tendenzen für den Denkverlauf mit der genannten Psychologenschule übereinstimmt, macht einen Schritt darüber hinaus mit der Annahme, daß auch diese Einstellungen in letzter Linie zum großen Teil in triebhaften Zuwendungen wurzeln und von hier aus zu begreifen sind.

Wie weitgehend der Denkverlauf von triebhaften Einstellungen beherrscht sein kann, hat uns die Lehre vom »freien Einfall« gezeigt. Und wir haben gehört, daß dem geordneten Denken ein (zumeist unbewußt verlaufender) Auswahlprozeß zugrunde liegt, der alle nicht aufgabegemäßen Gedanken und Vorstellungen unterdrückt. Wir konnten ihn zur Verdrängung in Beziehung bringen, durch welche ja nicht-ich-gerechte Strebungen vom Bewußtsein ferngehalten werden. Auch hier sind im weitesten Sinne triebhafte oder biologische Interessen im Spiele, und zwar Ich-Interessen, welche im Dienste des Realitätsprinzips die Erfassung der Sachstrukturen garantieren. Die Betrachtung unter triebpsychologischen Gesichtspunkten konnte auch in den psychologischen Aufbau der Begriffe und Urteile, vor allem in die Bedingtheiten ihrer pathologischen Abartung, einiges Licht bringen (Schilder[7]).

---

7 Seele und Leben, Berlin 1923.

Viele Gedächtnisstörungen werden erst aus ihrer Beziehung zu Triebhaltungen einer Erklärung zugänglich. Wir haben gelernt, manche Gedächtnisausfälle als Wirkung der Verdrängung zu begreifen: so die Amnesien Hysterischer und die häufige posthypnotische Amnesie. Die triebhafte Abwendung des Ich von affektbetonten Erlebnissen bestimmter Art kann beim Hysteriker ihre Ausschaltung aus dem Gedächtnis erzwingen. Ähnlich klärt sich jenes Vergessen des Normalen auf, das wir zu den »Fehlleistungen« rechnen; das Auftreten der vergessenen Vorstellung selbst (oder einer ihr nahe verwandten anderen) im Bewußtsein wäre mit Unlustgefühlen verknüpft, und ihr Ausfallen dient somit in diesen Fällen der Forderung des Lustprinzips, welches wir ja als Regulator triebhafter Einstellungen schon kennen gelernt haben. Auch das Lernen und Behalten ist von Interessen, von Stellungnahmen abhängig; es verläuft anders, je nach dem gesteckten Ziele, je nachdem wir uns etwa ein Erlernen für kurze oder für lange Zeit vornehmen usw. Wie in der Psychologie des Denkens darf also auch hier, beim Erinnern und Vergessen, die Abhängigkeit vom Lustprinzip, von Triebeinstellungen, von — in letzter Linie — biologischen Interessen nicht übersehen werden. Fügen wir hinzu, daß das Gleiche vom Wissen gilt: leeres Wissen »füllt sich«, wird lebendig und produktiv, wo Interessen im Spiele sind, und fällt wieder in sich zusammen, wenn diese Interessen zu bestehen aufgehört haben.

Ja, vielleicht läßt sich sogar für die Psychologie der Wahrnehmung aus der Beziehung auf Triebvorgänge etwas gewinnen. Ohne Zweifel ist auch für den Wahrnehmungsvorgang die Triebgrundlage der Gesamtsituation, im Rahmen derer sie vollzogen wird, von Belang. Bei Dilthey [8] finden wir geradezu die Ansicht ausgesprochen, man könne im Gesichtssinn »etwas Triebartiges wirksam denken, das nach Erfüllung strebe« und er meint weiter: »Die Grundform des Vorgangs, in welchem die Objektivierung der Gesichtswahrnehmung sich vollzieht, würde hiernach analog dem der Befriedigung des Hungertriebs zu denken sein«. Sehr wahrscheinlich kann der Tätigkeit des Sehens — und nicht nur dem Gesehenen — ein hohes Lustmoment zukommen. Dafür sprechen zunächst Beobachtungen am Kinde in den ersten Lebenswochen und -monaten (siehe z. B. Bühler [9]). Bernfeld [10] sieht sich durch diese Erfahrungen ver-

---

[8] Gesammelte Schriften, V, S. 109.
[9] Die geistige Entwicklung des Kindes, Wien 1921.
[10] Psychologie des Säuglings, Wien 1925.

anlaßt, ähnlich wie Dilthey, ein »Bedürfnis zu sehen« zu statuieren. Die Befriedigung dieses Bedürfnisses erzeugt Lust und dient gleichzeitig einem biologischen Interesse. Wir erinnern weiter daran, daß auch beim normalen Erwachsenen ein nicht unwesentlicher Teil sexueller Erregung durch das Auge vermittelt wird, daß bei einer bestimmten Gruppe Perverser das Beschauen geradezu das normale Sexualziel ersetzen kann, und daß Freud [11] beide Phänomene genetisch aus einer Vorstufe des Sexualtriebs herleitet, auf welcher dem »Schautrieb« neben anderen Partialtrieben eine noch relativ selbständige Bedeutung zukommt. Das Schauen stellt in diesem Stadium einen vollgültigen Ausdruck sexuellen Strebens dar. In welcher Richtung diese Beziehungen der Wahrnehmung zu libidinösen Vorgängen auszudeuten wären, kann freilich heute kaum mit einiger Sicherheit entschieden werden. Auf dem Gebiete des Pathologischen sprechen für die Anschauung, daß die Gesichtswahrnehmung die Rolle einer Triebbefriedigung übernehmen könne, vor allem die Analyse der hysterischen Sehstörung (Freud [12]), der seelischem Folgezustände bei Augenkrankheiten (Ferenczi [13], Schilder [14]) und der Selbstblendung (Hartmann [15]). Für die Ansicht einer teilweisen Triebbedingtheit der Wahrnehmung kann man weiter anführen, daß Änderungen in Vorstellungen den Charakter von Wahrnehmungen verleihen können (Halluzinationen).

Schließlich muß man zugeben, daß die Triebe auch bei der Gestaltung der »Umwelt« eine Rolle spielen. Die Triebstruktur ist mitbestimmend für die Auswahl des persönlich Wesentlichen und die Vernachlässigung des Unwesentlichen und baut auch auf diese Weise mit an der Formung des Weltbildes (im weitesten Sinne).

Mit der Betonung der Triebgrundlage des Seelischen ist gleichzeitig die biologische Richtung der Psychoanalyse gekennzeichnet. Triebe entsprechen primitiven biologischen Interessen (Selbsterhaltung, Arterhaltung). Sofern eine Triebpsychologie nicht im Phänomenologischen stekken bleibt, muß sie biologische Gesichtspunkte ihren Erklärungen zugrunde legen; denn der Triebbegriff, seine nähere Bestimmung und seine

---

11 Drei Abhandlungen zur Sexualtheorie.

12 Die psychogene Sehstörung usw., Sammlung kleiner Schriften zur Neurosenlehre, III, S. 314.

13 Hysterie und Pathoneurosen, Leipzig & Wien 1919.

14 Internat. Ztschr. f. Psa., VIII (1922).

15 Jahrb. f. Psychiatrie, 41 (1922) und 44 (1925).

Unterteilungen, führen immer wieder auf biologische Fragestellungen: der Ausdruck »Trieb« deckt ja ursprünglich einen biologischen Begriff. Wir stehen nicht an, in dieser Stützung auf die Biologie einen bedeutenden methodischen Vorzug der psychoanalytischen Psychologie zu sehen; sie hat auch außerhalb der Psychoanalyse befruchtend gewirkt, und mehrere zusammenfassende psychologische Darstellungen vertreten heute diese biologische Richtung (so Kretschmer[16] und Schilder[17]).

Aber damit ist gleichzeitig eine mögliche Bedenklichkeit der psychoanalytischen Forschungsrichtung verbunden; daß nämlich die Grenze des psycho-biologischen Gebiets gegen das organisch-biologische leicht übersehen und unwissentlich überschritten werden kann. Uns will freilich eine solche Grenzüberschreitung darum als wenig gefährlich erscheinen, weil wir den Standpunkt vertreten, daß es im Grunde verwandte Kräfte sind, die hier und dort ihre Wirkungen entfalten.

Die bewußte Anwendung triebpsychologischer Gesichtspunkte auf allgemein biologische und morphogenetische Fragenkomplexe (Freud[18], Ferenczi[19]) kann in ihrer Reichweite heute noch nicht beurteilt werden. Ob diese Hypothesen tragfähig sind, wird erst ihre Aufnahme und Nachprüfung durch die Entwicklungsbiologie entscheiden können.

Daß zwischen Trieb und Lust enge Beziehungen bestehen, daß seine Befriedigung im allgemeinen als lustvoll, sein Unbefriedigtsein aber als unlustvoll erlebt wird, ist natürlich auch vor und außerhalb der analytischen Psychologie Gegenstand der Beobachtung und der wissenschaftlichen Untersuchung gewesen. Ebenso ist die Hoffnung auf Lustgewinn als eines der wichtigsten Motive des Handelns allgemein anerkannt. Der Ansicht Freuds, welcher der Regulierung der psychischen Abläufe durch Gefühle der Lust-Unlustreihe eine viel allgemeinere Bedeutung zuerkennt[20], sind wir bereits bei der Lehre von der psychischen Dynamik begegnet. Eine Darstellung, welche das seelische Geschehen in seinen Beziehungen zur Lust-Unlustregulierung zu würdigen unternimmt, wird von ihm als ökonomisch bezeichnet und mit der topischen und dynamischen Betrachtungsweise in dem Begriff »Metapsychologie« zusammen-

---

[16] Medizinische Psychologie, Leipzig 1922.

[17] Medizinische Psychologie für Ärzte und Psychologen, Berlin 1924.

[18] Jenseits des Lustprinzips.

[19] Versuch einer Genitaltheorie, Leipzig & Wien 1924.

[20] Es braucht wohl nicht näher begründet zu werden, daß darin *kein* Argument für eine *hedonistische Ethik* gesehen werden darf!

gefaßt. Die Gefühle der Lust-Unlustreihe setzt Freud[21] mit dem Maß der im Seelenleben aktuell vorhandenen Erregungsgrößen in Verbindung, so zwar, daß Lust im allgemeinen einer Verringerung, Unlust einer Vermehrung dieser Quantität entspricht; so ist die höchste Lust des Sexualaktes an das Schwinden einer ungeheuren Erregungssteigerung gebunden. Natürlich ist damit nur das Schema einer Gefühlstheorie gegeben; in Wirklichkeit liegen diese Dinge keineswegs einfach. Es muß (energetisch gesprochen) der Fall der Energiestauung, überhaupt die Verteilung der psychischen Energien berücksichtigt werden, die gegenseitige Wirkung der verschiedenen Energieformen aufeinander und so manches andere; es gibt ja auch lustvolle Spannungen, und anderseits können Entspannungen Unlust erwecken.

Wir hätten nach der Freudschen Hypothese in den Lust-Unlustgefühlen Indikatoren für den aktuellen Zustand der psychischen Energieverteilung zu erblicken. Nicht die Gefühle selbst wären also der Ursprung des dynamischen Faktors; ihr energetischer Wert würde ihnen von den Trieben her zugeführt, welche wir ja als die Hauptquelle psychischer Energieproduktion überhaupt ansehen. Beobachtungen, wie sie sich bei der experimentellen Untersuchung der Willensphänomene ergeben haben, daß die Intensität der Lustgefühle sich als abhängig von der Stärke der Determination erweist, fügen sich gut in den Rahmen dieser analytischen »Indikatorentheorie« der Gefühle ein.

Das Lustprinzip deckt sich nach dem Gesagten teilweise mit einer Tendenz, welche die Aufgabe hat, die Erregungsgrößen im Seelenleben entweder konstant oder möglichst niedrig zu halten. »Das Lustprinzip leitet sich aus dem Konstanzprinzip ab« (Freud[22]), doch ist die Entsprechung keine vollständige. Dieselbe Auffassung von den Beziehungen der Lust- und Unlustgefühle zu den Stabilitätsverhältnissen des »seelischen Apparats« hat übrigens schon Fechner vertreten (zitiert bei Freud a.a.O.). Nun stehen dem Es, welchem ja im wesentlichen die Funktion zufällt, alle aus den Triebbedürfnissen zuströmenden Erregungsgrößen zu erledigen, verschiedene Wege offen: so für den Fall der Sexualtriebe die direkte Sexualbefriedigung oder die Sublimierung. Im letzteren Falle werden sie den Zwecken des Ich dienstbar gemacht.

Man darf das nicht so verstehen, als sollte es heißen: der Trieb strebt im Grunde nach Reizlosigkeit, nicht aber nach Lust. »Reizlosigkeit« und

---

[21] Jenseits des Lustprinzips, S. 6.
[22] Jenseits des Lustprinzips, S. 7.

»Lust« bezeichnen freilich auch seelische Qualitäten, die in bestimmter Weise phänomenologisch zu charakterisieren und zu unterscheiden sind. Uns aber handelt es sich hier nicht um eine solche Gegenüberstellung zweier Qualitäten, vielmehr besagt die Fechner-Freudsche These, daß gewisse metapsychologisch erschlossene, bewußtseinstranszendente Energieverschiebungen (Erregungsverringerung und -steigerung) der Qualität Lust (Unlust) zugeordnet sind.

Die regulative Funktion des Lustprinzips spielt auch in biologischen Erwägungen eine große Rolle, und zwar im Sinne erstens einer Förderung oder Hemmung bestimmter Reaktionsweisen, zweitens einer Förderung oder Hemmung der assozialen Bindung dieser Reaktionen an die Ausgangssituation — je nach ihrer Lust- oder Unlustbetonung. Das Lustmoment wirkt also auch hier als selektiv, als bestimmend für die Auswahl unter möglichen Verhaltensweisen. Seine Bindung an biologisch zweckmäßige Reaktionen ist dabei oft unverkennbar. Offenbar ist auch das Auftreten der Affekte überhaupt, dort wo wir es im Tierreich beobachten können, auf die Sphäre der vitalsten Interessen beschränkt. Wie immer dem sein möge: wir werden uns hüten müssen, uns die Verknüpfung zwischen Lustgefühl und adäquater Betätigung biologischer Interessen als eine zu innige vorzustellen. Wir wissen ja, daß die Herrschaft des Lustprinzips sich im Laufe der ontogenetischen Entwicklung schmerzliche Einschränkungen gefallen lassen muß, welche erst die Anpassung an die Realität und damit die Erhaltung des Individuums ermöglichen. Diese Anpassung der seelischen Funktion an die Struktur der Umwelt wird von Freud als Einsetzung des »Realitätsprinzips« bezeichnet. In welcher Weise die Berücksichtigung der realen physischen Dingwelt sich im einzelnen in der seelischen Ontogenese bemerkbar macht, ist eine von der Psychoanalyse noch wenig bearbeitete Frage. Für uns ist es hier wichtig, daran festzuhalten, daß wesentliche Anteile der Persönlichkeit sich diesem Zwang zu entziehen wissen: im Unbewußten bleiben die Anforderungen der Realität machtlos. Sie werden wesentlich vom *Ich* bestritten, dagegen lernen die sexuellen Triebregungen erst spät, sich dem Realitätsprinzip zu fügen. Die Auseinandersetzung mit der Realität wird natürlich nicht vor jedem Individuum neu »gelernt«. Jene Apparate, welche die Bewältigung der Außenwelt zu leisten haben, sind ja zum Teil angeboren, ihre Beherrschung freilich muß erworben werden. »Spontane« Entwicklung und das Inkrafttreten von Funktionen als Folge äußerer Eindrücke arbeiten auch hier zusammen.

Vor einem Kurzschluß von den Lust-Unlustqualitäten auf biologische

Zweckmäßigkeit oder Unzweckmäßigkeit sind wir also gewarnt. Daran anschließend muß festgehalten werden, daß der biologische Nutzen triebhafter Reaktionen nicht mit dem Triebziel verwechselt werden darf; Triebziel ist und bleibt die Befriedigung und nur diese. Sie ist zwar sehr häufig an biologisch zweckmäßige Verhaltensweisen gebunden, muß es aber nicht sein.

Wir wissen, daß die Form des instinktiven Verhaltens, dessen enge Beziehung zu den Trieben einleuchtet — ihre Abgrenzung gegeneinander soll uns hier nicht beschäftigen — artbedingt und hereditär fixiert ist. Wieweit die Triebe durch die Erbmasse in ihrer Entwicklung festgelegt sind, wieweit auf der anderen Seite Umwelteinflüsse in Frage kommen — dies Problem wird uns (für den Sonderfall des Sexualtriebs) später beschäftigen. Die Erwägung scheint auf jeden Fall zwingend, daß auch die phylogenetische Entwicklung der Triebe und Instinkte durch das Selektionsprinzip mitbestimmt werden müsse. Die nächstliegende Hypothese wäre nun wohl die, daß das Lustprinzip an dieser Entwicklung nur so weit Anteil hat, als es geeignet ist, die Ausführung biologisch zweckmäßiger Reaktionen zu garantieren, insofern also auf biologisch zweckentsprechende Verhaltensweisen eine »Lustprämie« gesetzt wäre. Diese Hypothese würde vom phylogenetischen Gesichtspunkt aus das Lustprinzip dem Realitätsprinzip unterordnen, oder anders: das Lustprinzip wäre nichts anderes als ein Mittel, dessen sich das Realitätsprinzip zum Zwecke der Anpassung bedient. Nun steht zwar auch die ontogenetische Entwicklung offenbar niemals, in keinem Stadium, ausschließlich unter der Herrschaft des Lustprinzips, die Apparate, deren sich die infantilen Triebregungen bedienen, sind großenteils präformiert und dies gilt, wie wir schon betont haben, auch zum Teil von Art, Ausmaß und Zeitpunkt ihrer Weiterentwicklung. Trotzdem nötigen uns gerade die Erfahrungen an der menschlichen Triebontogenese, dem Lustprinzip doch ein bedeutendes Maß von Selbständigkeit gegenüber den Ansprüchen der Realität zuzuerkennen.

Wie steht es nun aber mit dieser Selbständigkeit in der Phylogenese? Bis zu einem gewissen Grade würden sie die Verhältnisse in der Ontogenese ja vielleicht erwarten lassen, wenn man unseren Standpunkt akzeptiert, welcher die biologisch zweckdienliche Bedeutung des Lustprinzips zwar im allgemeinen anerkennt, aber keine vollständige Deckung der Lust- und Realitätsinteressen statuiert. Immerhin würde eine solche Annahme den gewohnten Anschauungen über das Verhältnis von Selektion und Realitätsanpassung zuwiderlaufen.

Für die Entscheidung dieser Frage kommen Beobachtungen von E. Wasmann[23] die größte Bedeutung zu; und die Wichtigkeit dieser Erfahrungen für eine Biologie des Lustprinzips hat bereits Brun[24] richtig erkannt, auf dessen Arbeit hiermit verwiesen sei. Die gemeinten Untersuchungen von Wasmann galten den »Gästen« oder »Symphilen« der Ameisenstaaten. Er spricht von »Symphilie«, dann, wenn die betreffenden Gesellschafter »von ihren Wirten gastlich gepflegt werden wegen angenehmer Exsudate, welche jedoch kein eigentliches Nahrungsmittel, sondern ein bloßes Reizmittel für die Naschhaftigkeit der Wirte darstellen«[25]. Die Exsudate, welche diese Tiere aussondern, werden von den Ameisen gierig aufgesaugt und üben vielleicht auch eine berauschende Wirkung auf sie aus. Manche dieser Gäste gehören nun zu den gefährlichsten Feinden der Ameisen. Trotzdem kann deren Gastfreundschaft so weit gehen, daß darüber die eigene Ameisenbrut vernachlässigt wird, so daß die Existenz der betroffenen Staaten von zwei Seiten ernstlich gefährdet ist.

Wir hätten also hier den eindeutigen Fall einer Opferung der Art im Dienste des *Lustprinzips* vor uns. Der Trieb zur Aufnahme und Pflege solcher Gäste ist nach Wasmann als erblich fixiert und spezifisch anzusehen (wie er auch experimentell erweisen konnte). Man muß zugeben, daß hier »der einwandfreie Nachweis der Existenz von hochkomplizierten und -spezifischen Instinkten erbracht wird, die in keiner Weise ›artdienlich‹ sind, deren Ausübung der Art vielmehr sogar zum größten Schaden gereicht und auf die Dauer geradezu ihre Existenz gefährdet, deren Entstehung somit durch die Naturselektion nicht zu klären ist« (Brun). Diese Instinkte der Gastpflege haben sich offenbar ausschließlich aus dem Grunde entwickelt, weil ihre Betätigung für die Ameisen mit Lust verbunden ist. So werden wir zu der Annahme gedrängt, daß dem Lustprinzip auch in der Phylogenese neben dem Realitätsprinzip eine unabhängige Bedeutung zukommt, die sich auch gegen die »Naturalselektion« durchzusetzen vermag. Die Arten, welche solche Instinkte ausgebildet haben, müssen wohl freilich früher oder später an ihnen zugrunde gehen, und schon damit charakterisiert sich die Wirksamkeit einer solchen »Libidinalselektion« (Brun) notwendig als Ausnahmefall — an ihrer Existenz freilich darf wohl nicht mehr gezweifelt werden.

---

[23] Die Gastpflege der Ameisen, Berlin 1920.
[24] Intern. Ztschr. f. Psa., IX (1923).
[25] a.a.O., S. 4.

Wir haben im Lustprinzip einen Regulationsmechanismus von großer Allgemeinheit kennengelernt, aber er ist nach Ansicht Freuds weder der ursprünglichste noch der allgemeinste: »Jenseits des Lustprinzips« ist der *Wiederholungszwang* wirksam, der sich zwar in der Regel in Anlehnung an das Lustprinzip kundgibt, sich aber auch, wo er rein auftritt, darüber hinaussetzen kann. Das »Schicksalmäßige«, das uns im Leben mancher Menschen so rätselhaft entgegentritt, das sie immer wieder in ähnliche psychologische Situationen hineinzwängt, ebenso wie mancher Zug der Traum- und der Neurosenpsychologie, verraten uns das Walten dieses allgemeineren Prinzips, das es uns ermöglicht, die Einheitlichkeit der Person (erklärend) tiefer zu begreifen als aus der relativen Konstanz der »Charaktereigenschaften«. Im Wiederholungszwang haben wir mit Freud einen allgemeinen Charakter der Triebe zu erblicken: ihr allgemeinstes Merkmal wäre ihre konservative Natur, ihr Bestreben, einen früheren Zustand wieder herzustellen. Die organische Analogie zu dieser »konservativen Natur der Triebe« hätten wir in der Tatsache der Erblichkeit und des »biogenetischen Grundgesetzes« vor uns (Freud[26]). Die Statuierung des Wiederholungszwangs durch Freud ist nur eine konsequente Übertragung dieses im Biologischen längst bekannten Prinzips auf das Seelische. Vielleicht führt von hier aus eine Brücke zum Verständnis der besonders für die Pathologie so bedeutsamen Erscheinung der *Perseveration*.

In der Theorie des Wiederholungszwangs ist die eine Stelle gegeben, an welcher sich Freud mit der Gedankenwelt Platos berührt. Der Wunsch, mit dem geliebten Wesen »aus Zweien eins zu werden«, heißt es im »Gastmahl«[27], hat seinen Grund darin, »daß dies unsere ursprünglichste Natur war: wir waren ganze Wesen. Die Begierde also und das Streben nach dem Ganzen ist es, was man Liebe nennt. Und vor Zeiten, wie gesagt, waren wir Eins. Jetzt aber sind wir zur Strafe für unseren Frevelmut von Gott gespalten worden ...« Diese Ausdeutung der Liebestriebe als Sehnsucht der Teile nach Wiedervereinigung zu jenem Ganzen, aus dem wir ursprünglich entstanden waren, entspricht weitgehend der Freudschen Ableitung aus dem Bedürfnis nach Wiederverwirklichung eines einmal gewesenen Zustands. Freud selbst hat auf diese Analogie aufmerksam gemacht. Daß derartige Gedankengänge »Spekulationen« sind, die sich auf eine relativ schmale empirische Basis stützen,

---

[26] Jenseits des Lustprinzips, S. 35.
[27] Übersetzung von Apelt, Leipzig 1923, S. 31.

hat Freud ausdrücklich selbst betont. Ihre empirische Durcharbeitung würde vor allem eine tragfähige Triebbiologie voraussetzen.

Die Anknüpfung an den Reproduktionsbegriff der Biologie soll nun nicht etwa als Einführung eines bewußten »Fortpflanzungstriebs« gemeint sein. Eine solche bewußte Tendenz ist keinesfalls für die Sexualtriebe wesentlich. Die Erwägungen über den Wiederholungszwang sind streng metapsychologischer Natur.

Freud hat von Anfang an eine dualistische Trieblehre vertreten. Ursprünglich stellte er *Ich-Triebe* (im wesentlichen durch den Selbsterhaltungstrieb repräsentiert) den objektgebundenen *Sexualtrieben* gegenüber. Dabei blieb, während sich als Ertrag der Neurosenanalysen die Kenntnis der Sexualtriebe rasch entwickelte und zur notwendigen Erweiterung des Sexualitätsbegriffs führte, die Natur der Ich-Triebe zunächst im Dunkeln; ihre Bezeichnung als »Ich-Triebe« war immer als eine vorläufige gemeint, sie spielten in der Analyse die Rolle der »anderen«, der nichtsexuellen Triebe, von denen man wenig zu sagen wußte. Später erkannte Freud[28], daß auch das Ich libidinöse Besetzungen erfahren kann, ja daß das Ich — oder richtiger das Es — »das eigentliche und ursprüngliche Reservoir der Libido sei«. Jene Libidomengen, welche so primär oder sekundär an das Ich gebunden sind, wurden »narzißtisch« genannt. Somit war ein Teil der Ich-Triebe, vermutlich auch der Selbsterhaltungstriebe, als zu den Sexualtrieben (im erweiterten Sinne der Analyse) zugehörig erkannt. An den Resultaten der analytischen Arbeit hat sich durchweg wenig geändert; es war aber damit eine in mancher Hinsicht zweckmäßige Formulierung gefunden, daß der Gegensatz zwischen Ich und Sexualität jetzt als Gegensatz ich-libidinöser und objekt-libidinöser Strebungen gekennzeichnet wurde. In den Arbeiten der letzten Jahre hat Freud[29] nunmehr beide als Sexualtriebe oder Eros zusammengefaßt und auf Grund biologischer Erwägungen einem »geräuschlos arbeitenden« *Destruktionstrieb* oder *Todestrieb* gegenübergestellt, als dessen einzigen Repräsentanten wir den Sadismus (als Perversion) anzuerkennen hätten. Die destruktiven Tendenzen dieses Triebs sind *de norma* durch Mischung mit den Sexualtrieben von ihrem eigentlichen Ziele abgelenkt und unschädlich gemacht; in pathologischen Fällen, z.B. bei der Zwangsneurose, kann es aber zu einer

---

[28] Zur Einführung des Narzißmus, Jb. d. Psa., VI (1914) oder: Sammlung kleiner Schriften zur Neurosenlehre, IV, S. 78.

[29] Jenseits des Lustprinzips, und: Das Ich und das Es.

»Triebentmischung« kommen, die eine Wiederbelebung archaischer Entwicklungsstadien (Regression) und Reaktivierung destruktiver Regungen zur Folge hat.

Wie weit diese neue Freudsche Triebabgrenzung, die wesentlich biologischen Hypothesen ihr Dasein verdankt, auch auf dem eigentlich psychologischen Arbeitsgebiet der Psychoanalyse fruchtbar gemacht werden kann, steht noch dahin. Heute ist für die analytische Arbeit der Unterschied zwischen ich-libidinösen und objekt-libidinösen Trieben zweifellos entscheidender als der zwischen »Eros« und »Destruktionstrieb«. Dies ist auch, für das Teilgebiet der Kinderpsychologie, die Ansicht Bernfelds[30]. Da die Sonderung der Triebe voneinander ja nicht allein durch die Energieformen gegeben ist, welche in ihnen ihren Ursprung haben, da überdies die Gegensätzlichkeit von Ich-Libido und Objekt-Libido doch auch in gewissem Sinne energetisch zu fassen ist, darf — trotz Anerkennung der Existenz jener biologischen Tendenzen, welche Freud als Destruktionstrieb bezeichnet — die ältere Scheidung in Ich- und Sexualtriebe daneben aufrecht erhalten werden.

Gegenüber der Annahme einer Vielheit von Trieben (Nahrungstrieb, Spieltrieb, Herdentrieb usw.) hat Freud die Möglichkeit ihrer Zerlegung, ihrer Zurückführung auf jene Zweiheit geltend gemacht, welche wir eben näher bestimmt haben. Aber den Versuch ihrer weiteren, monistischen Reduzierung, welche schließlich nur mehr ein, ganz unbestimmt gehaltenes, »Streben« oder »Interesse« gelten lassen wollte (Jung[31]), hat er wesentlich unter Berufung auf biologische Gesichtspunkte abgelehnt, welche ihm das Festhalten am Triebdualismus als notwendig erscheinen ließen. Die biologische Gegensätzlichkeit, auf welche sich die Freudsche Trieblehre stützt, fällt mit der Sonderung von Soma und Keimplasma zusammen. Wir dürfen erwarten, daß auch die Entscheidung darüber, in welcher Abgrenzung — in der älteren von Ich- und Sexual-Trieben oder in der jüngeren von Eros und Destruktionstrieb — die grundlegendere Gegensätzlichkeit erfaßt ist, auf biologischem Gebiet fallen wird. Der geistreiche Versuch, den Todestrieb aus physikalischen Gesetzmäßigkeiten (Entropiesatz) abzuleiten (Alexander[32]), entzieht sich derzeit nicht minder einer Begründung als einer Widerlegung.

---

[30] Psychologie des Säuglings, S. 87.
[31] Versuch einer Darstellung der psychoanalytischen Theorie, Wien 1913.
[32] Intern. Ztschr. f. Psa., VII (1921).

A. Adler[33] hat mit seiner Konzeption von Minderwertigkeitsgefühl und Kompensationsstreben, von Persönlichkeitsidee und Leitlinie sicherlich wirkliche seelische Zusammenhänge richtig wiedergegeben. Ebenso scheint mir sein energischer Hinweis auf die dominierende psychologische Bedeutung des Gemeinschaftsgefühls wertvoll und glücklich. Anders steht es mit seiner Trieblehre. Die Überordnung des Willens zur Macht über die Sexualtriebe und ihre Bedürfnisse — Adlers Brücke zum Gedankenkreis Nietzsches — dürfte vor allem gegenüber den Erfahrungen über das Wesen der seelischen Tiefenschichten, also des »archaischen« Materials, welche wir der Untersuchung der Primitiven und der Geisteskranken verdanken, nicht standhalten. Diese Lehre Adlers ist durch die Eigenart seines Erkenntnisverfahrens zumindest mitbestimmt, welches notwendig das Unbewußte und die biologischen Faktoren, vor allem die Sexualität, vernachlässigen muß, oder nur so weit anerkennen kann, als sie mit Hilfe seiner rein teleologisch-verstehenden Deutungsmethode faßbar werden. Daher die erstaunliche Vereinheitlichung unter dem Szepter der »leitenden Fiktionen« — welche höchster Gewinn wäre, wenn sie sich auch naturwissenschaftlich erweisen ließe; aber diese »Ganzheit« ergibt sich aus dem »Sinn«. Eine kausal orientierte Triebpsychologie kann diese Geschlossenheit heute nicht erreichen.

Freuds dualistischer Trieblehre liegt eine Erweiterung des Begriffs »sexuell« zugrunde, die ihm und der Psychoanalyse viele Anfeindungen zugezogen hat. Doch mußte der Umfang dieses Begriffs über den Bereich des Genitalen und der Fortpflanzungsfunktion ausgedehnt werden, wenn es möglich werden sollte, auch die Vorstufen der Sexualentwicklung und die Perversionen sowie die zielabgelenkten (zärtlichen usw.) Formen der Gefühlsbindung mit zu umfassen; der voranalytische Begriff des Sexuellen ist dazu untauglich. Er begreift in sich nur jene Erlebens- und Betätigungsweisen, welche um das Genitale zentriert sind und die der Fortpflanzung dienen und darüber hinaus nur eine schmale Zone vorbereitender Handlungen. Nun wäre diese Streitfrage zunächst eine rein terminologische. Wenn jemand sich weigert, die Vorstadien und Umbildungen des allgemein als sexuell Anerkannten mit demselben Ausdruck zu bezeichnen, so kann man ihm dies Recht natürlich nicht bestreiten. Was aber nicht geleugnet werden sollte und was eine der grundlegendsten Errungenschaften der psychoanalytischen Lehre dar-

---

33 Über den nervösen Charakter, Wiesbaden 1922.

stellt, ist der genetische Zusammenhang, in welchem das im engeren und das im weiteren Sinne Sexuelle miteinander stehen. Die Aufstellung dieses Zusammenhangs ist induktiv gewonnen, gut gesichert und besteht zu Recht, wie immer man über die terminologische Frage denken mag. Daß in der Ontogenese jedes Menschen vorübergehend und bei den Perversen dauernd andere Organe eine ähnliche psychische Bedeutung, einen ähnlichen psychischen »Ort«, einnehmen, wie er beim gesunden Menschen dem Genitale zukommt, ist eine Tatsache, an der nicht gerüttelt werden kann. Ebenso ist es sehr wahrscheinlich, daß das Streben nach Organlust in den Entwicklungszug der später genitalen Sexualität eingebaut wird. Es ist wohl nicht möglich, einen strengen Beweis zu führen, daß etwa das »Ludeln« der Kinder sexuellen Charakter (im genetischen Sinn) hat; doch scheint mir diese Freudsche Annahme entwicklungspsychologisch besser fundiert als andere, die man an ihre Stelle setzen könnte. Gewiß muß man sich darüber klar sein, daß es sich hier um relativ undifferenzierte Vorstufen handelt. Eine generelle Identität der Erlebnisweisen für diese und die entwickelte genitale Sexualität wird von der Psychoanalyse nicht angenommen, schon deswegen nicht, weil die Beteiligung der Organempfindungen an der sexuellen Erregung in den verschiedenen Stadien eine sehr verschiedene ist. Damit soll keineswegs ausgeschlossen sein, daß die spezifische sexuelle Erlebnisqualität der Reifejahre gelegentlich auch in der infantilen Periode der Sexualentwicklung vorkommt. — Die zweite Erweiterung, die Freud mit dem Begriff »sexuell« vorgenommen hat, besteht in der Einbeziehung der zielgehemmten, z. B. der zärtlichen Liebesregungen. Auch diese Erweiterung rechtfertigt sich genetisch.

Gewiß setzt Freud die kausale Bedeutung des Geschlechtslebens für den gesunden wie für den kranken Menschen höher an, als das vor ihm geschehen ist. Wenn aber immer wieder von der einseitigen Betonung des sexuellen Faktors durch die Psychoanalyse die Rede ist, sollte man doch nicht vergessen, daß Sexualität in der Sprache der Analyse eben etwas ganz anderes bedeutet, als man sonst darunter zu verstehen gewohnt ist. Und man sollte sich klar sein, daß es nicht angeht, ihr einerseits diese Begriffserweiterung, welche als sexuell auch ein weites Gebiet sprachgebräuchlich durchaus »harmloser« und zu anderen Interessen in Beziehung gesetzter Gedanken und Betätigungen bezeichnet, zum Vorwurf zu machen, andererseits aber über ihre Einseitigkeit zu klagen, welche »alles« von der »sexuellen« Seite her (hier ist dann »sexuell« wieder im engeren Sinne gemeint) erklären will. Sexualtriebe nennt Freud alle jene Strebungen, welche mit dem zu tun haben, »was man als *Liebe* zusammenfassen kann«. Und zur Begründung der von ihm vorgenommenen Begriffserweiterung meint er: »Den Kern des von uns Liebe Geheißenen bildet natürlich, was man gemeinhin Liebe nennt und was die Dichter besingen, die Geschlechtsliebe mit dem Ziel der geschlechtlichen Vereinigung. Aber wir trennen davon nicht ab, was auch sonst an dem Namen Anteil hat, einerseits die Selbstliebe, andererseits die Eltern- und Kinderliebe, die Freundschaft und die allgemeine Menschenliebe, auch nicht die Hingebung an konkrete Gegenstände und an abstrakte Ideen. Unsere Rechtfertigung liegt darin, daß die psychoanalytische Untersuchung uns gelehrt hat, alle diese Strebungen seien der Ausdruck der nämlichen Triebregungen, die zwischen den Geschlechtern zur geschlechtlichen Vereinigung hindrängen, in anderen Verhältnissen zwar von diesem sexuellen Ziel abdrängt oder in der Erreichung desselben aufgehalten werden, dabei aber doch immer genug von ihrem ursprünglichen Wesen bewahren, um ihre Identität kenntlich zu erhalten (Selbstaufopferung, Streben nach Vereinigung)« [34].

Die erweiterte Auffassung von »Liebe«, welche Freud mit diesen Worten verteidigt, deckt sich überraschend mit dem Begriffe des *Eros* bei Plato; darauf haben Nachmansohn [35] und Pfister [36] hingewiesen. Auch der platonische Eros ist nicht nur Geschlechtsliebe, er ist Liebe der Kinder zu den Eltern und der Eltern zu den Kindern, er ist der Stifter der Geselligkeit, der Anreger und Erhalter der künstlerischen Betätigung, ist Liebe zum Schönen und zur Philosophie. »Im allgemeinen ist jedes Verlangen nach dem Guten und der Glückseligkeit für einen jeden auch Liebe, und sie, die Liebe beschränkt sich also nicht auf die größte und verfängliche Liebe.« [37] Was in dieser Bedeutung Liebe heißt, deckt sich mit all den Interessen und Regungen, die in den Sexualtrieben Freudscher Fassung ihren Ursprung haben.

---

[34] Massenpsychologie und Ich-Analyse, S. 42.
[35] Intern. Ztschr. f. Psa., III (1915).
[36] Intern. Ztschr. f. Psa., VII (1921).
[37] Gastmahl, Übersetzung von Apelt, Leipzig 1923, S. 51.

IX

PSYCHISCHE ENERGIE. LIBIDO

Wenn wir jetzt den Versuch machen, uns über die energetische Seite der psychoanalytischen Psychologie Rechenschaft zu geben, sollen dabei zunächst ihre möglichen Beziehungen zu philosophischen Fragestellungen, insbesondere zum psycho-physischen Problem, außer Betracht bleiben. Die energetische Anschauungsweise des Psychischen ist, soweit die Analyse in Rede steht, nicht aus Spekulationen über den Geltungsbereich des Energiebegriffs oder als Konsequenz aus der einen oder anderen Einstellung zum Leib-Seele-Problem erwachsen, sie hat sich vielmehr als notwendige oder zumindest sehr zweckmäßige Form der Beschreibung und Ordnung seelischer Tatbestände, besonders trieb- und affektpsychologischer Natur herausgestellt. Die beiden Problemsphären: psychische Dynamik und Lustprinzip haben zur energetischen Theorie der Analyse die engste Verwandschaft.

Es sind ja auch vor allem Phänomene des Willens- und Affektlebens, welche mit dem ursprünglichen, auf seelischem Boden erwachsenen Begriff »Energie« gemeint sind, und man pflegt auch weiterhin auf seelischem Gebiet von »Arbeit« hauptsächlich da zu sprechen, wo das aktive Moment, das Tätigkeitsmoment, deutlich zutage liegt; während man den Ausdruck bei jenen seelischen Vorgängen in der Regel vermeidet, denen gegenüber die Aktivität des Ich weniger offensichtlich ist. Das Bewußtsein einer Tätigkeit ist also (auf psychischem Gebiet) die Voraussetzung für die sprachgebräuchliche Anwendung der Begriffe »Energie« und »Arbeit« und so gilt auch das Bewußtsein der größeren oder geringeren Anspannung (weiter: die Ermüdung) als Maß für die aufgewendete Energie. Mit dieser Auffassung hat aber die Psychoanalyse nur die Herleitung des Begriffs vom Affektiven und (im weitesten Sinne) Triebhaften gemein.

Die — freilich zumeist wenig differenzierte — Hypothese, daß den seelischen Vorgängen energetische Veränderungen zugrunde liegend gedacht werden könnten oder müßten, findet übrigens in der wissenschaftlichen Psychologie recht allgemein Anwendung. Es ist bald eine psychische, bald eine psychophysische oder auch eine rein »nervöse« Erregung, über deren extensive Ausbreitung oder Intensität Annahmen gemacht werden; man untersucht Ursache und Wirkung von Energieverbrauch oder Energiestauungen, stellt die Folgen der Gleich- oder Verschiedenartigkeit von Erregungen für ihre gegenseitigen Beziehungen fest. Nicht selten dient zur Einführung psycho-energetischer Betrachtungen die Tatsache der Enge des Bewußtseins und der Aufmerksamkeitsschwankungen, wie auch der seelischen Ermüdungserscheinungen (so bei Lindworsky [1]). In den meisten Untersuchungen wird der energetische Standpunkt nur zur Beantwortung von Teilproblemen zu Hilfe gerufen, eine eigentliche Theorie der energetischen Beziehungen aber nicht angestrebt. Einer weiteren Einschränkung unterliegt die Geltung all dieser Annahmen dadurch, daß bei ihrer Aufstellung nur die Tatsachen des Bewußtseinslebens Berücksichtigung finden, also, wie wir schon wissen, nur ein Ausschnitt aus dem seelischen Geschehen. Aber gerade für eine psycho-energetische Theorie ist diese Beschränkung besonders erschwerend, weil die Kontinuität des Systems (daß damit keine kausale Geschlossenheit gemeint sein kann, haben wir bereits festgelegt) für eine fruchtbare Anwendung des Energiebegriffs Voraussetzung ist. Mit dieser Einschränkung auf das Bewußtseinsleben ist die energetische Anschauung seelischer Vorgänge notwendig entweder auf die Rolle einer gelegentlichen Hilfsannahme reduziert, oder die »psychische« Energie muß im Grunde als eine physiologische aufgefaßt werden; Gegenstand der energetischen Theorie wären dann die »physiologischen Korrelate« der seelischen Phänomene. Mit welcher Energieart (mechanischer, chemischer, elektrischer usw.) man es bei einer solchen Untersuchung zu tun hätte, ist schwer zu sagen; sicher nicht bloß mit einer einzigen. Doch wäre es immerhin angängig, aus heuristischen Gründen diese ineinanderwirkenden Formen, soweit sie eben als seelischen Vorgängen zugeordnet gedacht werden, mit *einem* Begriff zu umfassen und ihnen also auch *ein* Begriffszeichen (etwa: »psycho-physische Energie«) beizulegen. Den gekennzeichneten Einwänden unterliegt auch der kühne energetische Versuch von Laßwitz [2]: auch er beschränkt das Seelische auf das Gebiet des bewußt Erlebten, auch er statuiert die Zugehörigkeit der in Rede stehenden Energieformen zur »beweglichen Energie des Gehirns«.

Mir scheint es aber richtiger, den Begriff der psychischen Energie zunächst nicht übermäßig mit psycho-physischen Konsequenzen zu be-

---

[1] Ztschr. f. Psych., 89.
[2] Arch. f. system. Philosophie, I (1895).

schweren und die Frage rein nach der Zulässigkeit seiner Anwendung im Seelischen und nach seiner Tauglichkeit als Mittel psychologischer Darstellung zu stellen.

Läßt man den physikalischen Energiebegriff durch die »Fähigkeit, Arbeit zu leisten« definiert sein oder bezeichnet man als Energie »den in mechanischen Arbeitseinheiten gemessenen Betrag aller Wirkungen, welche außerhalb des Systems hervorgebracht werden, wenn dasselbe aus seinem Zustand auf beliebige Weise in einen nach Willkür fixierten Nullzustand übergeht« (Planck[3], nach W. Thomson), so ist damit eine mechanistische Formulierung gegeben, welche die Umwandelbarkeit aller möglichen Energieformen in mechanische Arbeit zur Voraussetzung hat. Ob mit einer Definition, welche diese Voraussetzung enthält, auch die psychische Energie umfaßt wäre, können wir zunächst nicht sagen. Zwar scheint die Hypothese, daß eine Transformation psychischer Energie in physikalische stattfinden könne, daß also auch diese Energieart in letzter Linie ihr »mechanisches Äquivalent« habe, manches für sich geltend machen zu können, und eine solche Annahme wird auch in der Tat gelegentlich ausdrücklich vollzogen (siehe z. B. v. Grot[4]); doch führt sie, wie wir noch hören werden, zu erschwerenden Konsequenzen, die nicht ohne weiteres vernachlässigt werden dürfen. Wir wollen den Begriff aber gegen Einwände, welche sich aus jener Definition, die ja den Bedürfnissen des Physikers dienen soll, ergeben könnten, so gut als möglich sichern. Sehen wir jedoch von der möglichen Umwandlung in andere Energieformen ab, so behält die gegebene Definition ja nur mehr für die mechanische Arbeit ihre Geltung, wird also für unsere Zwecke vollends unbrauchbar.

Der Begriff der mechanischen Arbeit enthält in sich eine räumliche Bestimmung: die nämlich, daß die Überwindung einer Kraft längs eines Weges vor sich gehen müsse. Gerade der nichträumliche Charakter des Psychischen ist aber einer seiner grundlegenden Begriffsmerkmale. Wir haben die Folgen bereits kurz gestreift, die sich daraus für jede psychologische Theorienbildung ergeben: es ist die fundamentale Schwierigkeit der Psychologie als Naturwissenschaft, weil gerade der räumliche Charakter ihres Gegenstandes es ist, der den Wissenschaften von der Körperwelt die Quantifizierung und damit die Auffindung exakter gesetzlicher Beziehungen gestattet. Der Begriff des Weges darf also in die Be-

---

[3] Das Prinzip der Erhaltung der Energie, Leipzig 1924, S. 104.

[4] Arch. f. system. Philosophie, IV (1898).

stimmung der psychischen Energie nicht mit eingehen. Anders steht es mit dem Kraftbegriff. Er ist nicht nur ursprünglich aus dem Bewußtsein der Tätigkeit erwachsen, sondern auch in wissenschaftlicher Fassung als »Ursache von Veränderungen« auf jedes Gebiet anwendbar, auf welchem wirkliche Vorgänge zeitlich ablaufen — auf das psychische also nicht minder als auf das physische. In dieser Bestimmung des Kraftbegriffs liegt auch seine Abhängigkeit vom Kausalitätsbegriff (siehe dazu Kapitel VI).

Eliminieren wir die räumlichen Bestandstücke, welche als Masse, Weg, Geschwindigkeit im Energiebegriff der Physik direkt oder indirekt enthalten sind, so bleibt als Definition: die Fähigkeit, Widerstände zu überwinden oder, noch weiter gefaßt: Veränderungen zu setzen. Das ist nun freilich eine sehr allgemeine Bestimmung, der die Präzision der physikalischen völlig abgeht. Aber nur mit dieser Merkmalsarmut des Begriffs ist seine Anwendbarkeit auf das Seelenleben zu erkaufen. Diese Fassung widerspricht der physikalischen nicht, sie ist bloß ihre — wie mir scheint legitime — Erweiterung auf das nicht-räumlich gegebene Wirkliche.

Manchen wird der Versuch nicht ratsam erscheinen, den auf physikalischem Gebiet wohldefinierten Energiebegriff in erweiterter Fassung auf die Psychologie zu übertragen. Ich halte dieses Bedenken für unbegründet. Der Begriff ist ein physikalischer nur in einer bestimmten Umgrenzung; in letzter Linie dankt er seine Entstehung gewiß psychologischen Beobachtungen. Und in dem Umstand, daß er in den exakten Naturwissenschaften eine besondere, scharf umgrenzte Formulierung findet, darf kein Anlaß gefunden werden, ihn für die Physik zu »monopolisieren«.

Der bedeutsame Vorzug aber, welcher der energetischen Betrachtung des Seelischen zukommt, ist vor allem darin gelegen, daß sie es ermöglicht, die verschiedenartigsten seelischen Vorgänge von einem einheitlichen Gesichtspunkt aus zu erfassen und als — wenigstens für einen Aspekt des Psychischen — vergleichbar in Beziehung zu setzen. Wenn wir von psychischer Energetik reden, so bedeutet das den Versuch, Veränderungen im seelischen Geschehen (soweit sie nicht apsychonom determiniert sind) in Abhängigkeit von psychischen Energieumsetzungen zu begreifen. Jedem psychischen Vorgang wird eine Wirkungsfähigkeit auf andere zugeschrieben, die größer oder geringer, flüchtig oder (relativ) dauernd sein kann. Die Energie, welche wir uns dementsprechend als (unter anderem auch) einzelnen Inhalten anhaftend denken, kann auf andere verschoben werden; sie kann auch eine »Abfuhr« in motorischen Entladungen finden. Bei diesen Umsetzungen (denken wir an die Affektverschiebung als einfachstes Beispiel) bleibt offenbar immer ein »wirkendes Etwas«, wenn auch vielleicht nicht quantitativ, erhalten, das gegenüber den seelischen Inhalten eine gewisse Selbständigkeit bewahrt und sein besonderes Schicksal hat: dies wirkende Etwas bezeichnen wir als *psychische Energie*.

Es ist wohl kaum nötig, nochmals ausdrücklich hervorzuheben, daß diese energetische Betrachtung des Seelenlebens nicht Qualitäten erklären oder auseinander ableiten, oder die Möglichkeit des Auftretens neuer Qualitäten leugnen will! Weiter kann gar keine Rede davon sein, daß die Zulässigkeit der Übertragung energetischer Gesichtspunkte auf das Psychische als ein Beweis für die Wesensgleichheit von Leib und Seele aufgefaßt oder als Argument für irgendeine Form des Monismus gebraucht werden dürfe. Die allgemeine Fassung von »Energie« als Fähigkeit, Widerstände zu überwinden, ist ein Begriff, dessen sich jede Wissenschaft, die es mit realen Vorgängen in der Zeit zu tun hat, bedienen darf und darüber hinaus ist eine nähere Bestimmtheit der Gegenstände für seine Anwendung nicht Voraussetzung; (die besondere Ausprägung des Energiebegriffs in verschiedenen Wissenschaften ist aber selbstverständlich von ihrem Gegenstand nicht unabhängig; vor allem aber auch die Bedeutung, welche ihm in den einzelnen naturwissenschaftlichen Disziplinen für die Theorienbildung zukommt). Daß sowohl Physisches als Psychisches energetisch dargestellt werden kann, besagt für die Verwandtschaft beider Gegenstandsbereiche nicht mehr als etwa die Tatsache, daß beide einer generalisierenden Betrachtungsweise zugänglich sind. Damit ist auch schon gesagt, daß die Ansicht irrig ist, welche in der psychologischen Energetik mechanistische Auffassungen am Werke sieht. Die Psychoenergetik ist mit dieser Denkrichtung zwar verträglich, aber nicht an sie gebunden.

Der bloße Nachweis, daß das Seelenleben sich auch energetisch erfassen läßt, hätte uns wissenschaftlich kaum vorwärts gebracht. Es handelt sich vielmehr darum, bestimmte seelische Systeme und ihre energetischen Beziehungen abzugrenzen und zu beschreiben. Wir haben schon festgestellt (siehe Kapitel IV), wie nichtssagend die Rede ist, im Seelischen hänge jeder Vorgang mit jedem anderen zusammen — denn es können eben die Beziehungen verschiedener Erlebniskomplexe zueinander sehr verschieden enge sein. Die übergeordnete Einheit der Person begreift in sich Einheiten niedrigerer Ordnung, die gegeneinander relativ abgeschlossen sein können, und deren Funktion es energetisch zu erfassen gilt. Diese Probleme sind es, zu deren Bewältigung die konkreten Aufstellungen der analytischen Dynamik und Trieblehre geschaffen und die Beziehungen inhaltlich bestimmter Triebregungen zueinander und zu den anderen Klassen seelischer Phänomene erforscht wurden — diese Teile der Psychoanalyse sind aber wieder nur im Zusammenhang mit der analytischen Energetik zu verstehen.

Die allgemeinste Einteilung, welche die Psychoanalyse an den Formen seelischer Energie nach ihrer Zustandsweise vornimmt, ist die frei abfuhrfähige und gebundene. Die Einteilung stammt von Breuer[5], bei welchem diese Begriffe physiologische Tatbestände meinten (»intrazerebrale Erregung«); doch können sie unverändert zur Beschreibung von Zustandsweisen psychischer Energie im eigentlichen Sinne übernommen werden. Die jeweils vorhandene Energiemenge, über deren Konstanz oder Inkonstanz wir zunächst keine Aussage machen können, stellt sich also eine Summe freier und gebundener Energie dar. Im seelischen Organismus wird nun dauernd frei abfuhrfähige Energie in gebundene umgesetzt, während anderseits diese wieder in frei bewegliche zurückverwandelt wird. Bernfeld hat in seiner »Psychologie des Säuglings« daneben noch andere Zuständlichkeiten psychischer Energie angenommen, die er in bezug auf die »Dichtigkeit« ihrer Bindung ordnet; die Annahme solcher Übergangsformen ist zulässig und zur Lösung bestimmter psychologischer Teilfragen offenbar auch zweckentsprechend.

Als »Ruhelage« bezeichnen wir einen Zustand, in welchem die psychische Energie zum größten Teil gebunden ist; dieser Ruhezustand wird nun durch innere (hauptsächlich dem Triebleben entstammende) und äußere Reize gestört, welche dem seelischen Organismus immer wieder frei bewegliche Energiequanten zuführen, deren Bindung bestimmten psychischen Funktionen obliegt. Wir werden auch hier konsequent die psycho-energetische Betrachtungsweise festhalten und uns hüten, die psychische Energie, welche ein Wahrnehmungsvorgang entbindet, der physikalischen Energie des Sinnesreizes gleich oder proportional zu setzen. Der Spannungsausgleich kann durch eine direkt auf die Reizquelle zielende Aktion erfolgen, oder er geschieht »diffus«, indem die Erregung sich auf »verwandte« seelische Gebiete ausbreitet und hier stückweise erledigt wird, oder endlich es tritt an die Stelle der eigentlich

---

[5] Breuer und Freud, Studien über Hysterie, Wien 3. A. 1916, S. 168ff.

adäquaten Form des Spannungsausgleichs eine bestimmte, durch die aktuelle psychische Situation erzwungene andere: das ist der Fall der »Ersatzbefriedigung. Das Maß von Erregung, welches gerade noch ertragen wird, ohne daß der Durchbruch zur Handlung, zum Affekt usw. erfolgt, ist sicherlich zum Teil auch konstitutionell bedingt; daneben spielt die gesamte seelische Vorgeschichte mit. Wir haben in dieser Größe eine individuelle Konstante vor uns, der für die Struktur des Charakters wie auch für die Entscheidung über seelische Gesundheit oder Krankheit die größte Bedeutung zukommt.

Da die freien Energiequanten nach Freud wesentlich im Trieb ihren Ursprung haben, bedeutet die energetische Betrachtungsweise gleichzeitig die Grundlegung der Psychologie auf dem Triebbegriff. Der Trieb schafft Bedürfnisse, schafft Spannungen, die befriedigt, ausgeglichen, erledigt werden müssen. Wir werden hier an die engen Beziehungen zwischen Trieb und Lust erinnert und an Freuds Annahme, daß dem Lustprinzip die Aufgabe zufalle, die Erregungsmengen der psychischen Systeme konstant oder möglichst niedrig zu erhalten. Von demselben energetischen Gesichtspunkt her versucht die Psychoanalyse auch die Phänomene des Willens- und Gefühllebens und des Denkens zu ordnen.

Den energetischen Veränderungen im System Bw und Ubw kommen bestimmte unterscheidende Merkmale zu. Die energetische Leistung des Bewußtseins (als eines psychischen Systems) ist die »Lenkung und zweckmäßige Verteilung der mobilen Besetzungsquantität« (Freud[6]). Diese regulierende Funktion erfüllt das Bewußtsein durch Überbesetzung der ausgewählten Regungen und Gedanken. Wir haben in der Bindung der von den unbewußten Triebregungen zuströmenden Energiemengen eine der wesentlichen energetischen Leistungen der höheren seelischen Schichten anzuerkennen. Sie ist gleichzeitig offenbar die Voraussetzung, durch welche die Herrschaft des Lustprinzips erst gesichert werden kann (Freud[7]).

Wir wissen schon, daß die Arbeitsweise des Systems Bw sich von der im System Ubw grundsätzlich unterscheidet. Diese Arbeitsweisen aber lassen sich energetisch charakterisieren. Im Unbewußten werden die Energiebesetzungen leicht verschoben; sie können von einem Element auf ein anderes leicht »überfließen«, und zwar auch auf solchen Wegen, welche der geordnete Denkverlauf nicht zuläßt; sie können sich auf ein

---

[6] Die Traumdeutung, S. 477.

[7] Jenseits des Lustprinzips, S. 58.

einziges Element konzentrieren, welches dann energetisch den ganzen Gedankengang repräsentiert, kurz: die Energiemengen werden (relativ) frei beweglich erhalten. Dies energetische Moment bezeichnet Freud als den *Primärvorgang*, der nur dem System Ubw zukommt. Dem System Bw aber fällt die Aufgabe einer Hemmung dieser freibeweglichen Energien zu, es entscheidet durch »probende Denkarbeit« (Freud) darüber, welchen Erregungen der Zugang zur Motilität freigegeben wird *(Sekundärvorgang)*. Wo die durch den Primärvorgang charakterisierte Arbeitsweise doch einmal ins Bewußtsein Eingang findet, kann (unter Umständen) der Effekt des Komischen erzielt werden; die Aufhebung der hemmenden Überbesetzung des Systems Bw macht eine Energiemenge frei, welche im Lachen abgeführt wird (Freud).

Die Triebregelungen folgen dem Primärvorgang. Wir haben in ihnen die wesentliche Quelle freier psychischer Energie zu sehen, vor allem in den Sexualtrieben, dem Eros, welcher dem psychischen Organismus immer neue Mengen freier Energie zuführt; er wird darum auch von Freud als der eigentliche »Lebenstrieb« aufgefaßt. Man darf sich, nach Analogie der Physik, die Vorstellung bilden, daß dadurch »Potentialdifferenzen« geschaffen werden, Spannungen, die auf einen Ausgleich hinstreben. Auch äußere Reize (z. B. Wahrnehmungen) haben — diese Vorstellung läßt sich kaum umgehen — eine Erhöhung des Energieniveaus zur Folge. Vielleicht aber ist diese Erhöhung nur eine partielle und äußerst sich nur im Sinne einer Konzentrierung auf bestimmte Funktionen oder einer geänderten Verteilung von freier und gebundener Energie.

Was als »motorische Abfuhr« bezeichnet wird, ist ein Weg, auf welchem der psychische Organismus sich der freien Energien entledigt. Diese Erscheinung wurde von Freud zuerst an neurotischen Symptomen untersucht — in dem als »Konversion« bezeichneten Vorgang tritt eine pathologische Innervation (energetisch) an die Stelle eines Affekts — aber es kann nicht fraglich sein, daß auch ein bedeutender Anteil der Motorik Gesunder sich aus diesem Gesichtspunkt begreifen läßt. Die Annahme, daß bei solchen Abfuhrphänomenen psychische Energie (als solche) verschwinde und im motorischen Effekt ihren entsprechenden Ausdruck finde, dürfen wir nicht ohne weiteres vollziehen; wenigstens nicht, ohne uns klar zu machen, daß wir damit eine Umwandlungsfähigkeit der psychischen Energie in andere Energiearten voraussetzen, über welche wir zunächst gar nichts aussagen können. Wir wollen daher die andere Möglichkeit offen lassen, daß nämlich die Menge psychischer Energie durch »Abfuhr« nicht verringert werde, daß es sich vielmehr um eine Verschiebung innerhalb verschiedener Ablaufsarten handle. Diese Verschiebung könnte man dann als der motorischen Aktion zugeordnet denken (ähnliche Annahmen bei Bernfeld[8]). Die Tatsachen, die dem Begriff der motorischen Abfuhr zugrunde liegen, sind auf affektpsychologischem Gebiet am reinsten zu beobachten. Die »Entladung« von Affekten in motorische Äußerungen, das heißt der Umstand, daß Affekte, denen der Weg zum Motorium offen steht, sich schneller abzunützen pflegen als solche, denen dieser Ausdruck verwehrt ist, spielt schon im vorwissenschaftlichen psychologischen Denken eine Rolle. Hier ist uns auch im Gefühl der Erleichterung, welches die Entladung begleitet, das Bewußtsein der »Abfuhr« unmittelbar gegeben, das heißt, wir erleben die Erleichterung als Lösung einer vorangegangenen Spannung und unser motorisches Verhalten als dasjenige, was uns die Erleichterung verschafft. Aber man darf darum nicht in den Fehler verfallen, das Bewußtsein der Abfuhr — oder, in anderen Fällen, das Bewußtsein geleisteter psychischer Arbeit — zum Maßstab der umgesetzten psychischen Energiequanten zu machen. Von einer direkten und einfachen Beziehung zwischen Gefühlsintensität und abgeführten Energiemengen kann wohl keine Rede sein; ferner würde ein solcher Gesichtspunkt die zur Gänze im Unbewußten sich abspielenden Energieverschiebungen ganz außer Betracht lassen.

Die Wege der Abfuhrphänomene sind, abgesehen vom aktuellen somatischen Zustand, natürlich auch vom Inhalt jener psychischen Vorgänge her bedingt, deren Energien durch die Abfuhr ihre Erledigung finden. Dabei spielen symbolische Darstellungen eine große Rolle. Neben den verdrängten seelischen Regungen können auch die verdrängenden Faktoren in der Art solcher »somatischer Äquivalente« zum Ausdruck kommen (Darstellung eines Verbots, einer Selbstbestrafung usw.). — Auch bei Tieren (z. B. Menschenaffen) können Affektspannungen, die nicht ihre Erledigung am adäquaten Objekt finden, praktisch oft sinnlose Aktionen verursachen, die aber doch die Richtung auf das gewünschte Ziel in gewissem Sinne einhalten. »In starkem Affekt ohne Lösung muß das Tier etwas in der Raumrichtung tun, in der sein Wunschobjekt sich befindet; es muß sich schließlich irgendwie mit diesem in Verbindung setzen, wenn auch nicht praktisch-erfolgsmäßig, muß irgend etwas zwischen sich und ihm vollbringen, und wäre es so wertlos, wie

---

[8] Psychologie des Säuglings, S. 153.

das Hinschleudern von beweglichen Gegenständen seiner unmittelbaren Umgebung« (Köhler[9]).

Schilder[10] faßt seine psychoenergetischen Anschauungen, die den psycho-analytischen sehr nahe stehen, im Begriff des »Wirkungswertes« zusammen (siehe Kapitel V). Der Vorzug dieser Theorie liegt vor allem darin, daß sie die physischen Vorgänge in ihren kausalen Beziehungen zum psychischen wie zum physischen Geschehen darstellt, in der Würdigung des Umstands also, daß seelische und körperliche Kausalreihen für unser Denken, unser Handeln und seine Wirkungen bestimmend sind, weiter darin, daß diese Beziehungen als energetisch faßbar gemeint werden. Es ist aber doch notwendig, scharf zu unterscheiden: zwischen der (rein psychologisch gedachten) Fähigkeit eines Erlebnisses, Widerstände zu überwinden, und der tatsächlichen energetischen Leistung, welche sowohl Psychisches als auch Physisches betreffen kann. Also etwa in dem Sinne, wie es Ach[11] für seine willenspsychologischen Untersuchungen formuliert: »Das Verhältnis der Leistung, welche durch einen Willensakt verwirklicht wird, zum Wollen soll als Wirkungsgrad des Wollens bezeichnet werden. Dieser Wirkungsgrad kann bei gleicher Stärke der durch den Willensakt gesetzten Determination ein sehr verschiedener sein, nämlich je nach den Widerständen, welche sich der Determination entgegenstellen.« Übrigens meint auch Schilder[12] Ähnliches, wenn er sagt, »daß wir an dem Wirkungswert im strengen Sinne zwei Komponenten unterscheiden müssen. Einesteils den Wirkungswert selbst, andernteils aber den Apparat, auf den der Wirkungswert Einfluß nimmt«. Freilich ist damit der Wirkungswert eben kein rein physischer Begriff mehr, sondern er zerfällt in einen rein psychologischen und einen psycho-physischen Anteil.

Wahrscheinlich ist auch die Herrschaft über den »Blickpunkt des Bewußtseins« von Besetzungsverhältnissen abhängig. Überlegungen von Heymans[13] haben es wahrscheinlich gemacht. Die Beziehungen des inhaltlichen Moments zum Bewußtsein, denen in der Psychoanalyse das größte Interesse entgegengebracht wird, werden von dieser Theorie nicht

---

9 Intelligenzprüfungen an Menschenaffen, Berlin 1921, S. 64.
10 Medizinische Psychologie für Ärzte und Psychologen, S. 151ff.
11 Über den Willensakt und das Temperament, S. 5.
12 Medizinische Psychologie für Ärzte und Psychologen, S. 154.
13 Über die Anwendbarkeit des Energiebegriffs in der Psychologie, Leipzig 1921.

berührt; also auch nicht die dynamischen Vorgänge, welche über die Zulassung zum Bewußtsein entscheiden oder für die Verdrängung maßgebend sind. Damit hängt es auch zusammen, daß die Quelle freier Energie, welche in den Trieben gelegen ist, nach die gebührende Berücksichtigung findet. Ob die von Heymans aufgestellten Gesetzmäßigkeiten zu Recht bestehen, kann die Psychoanalyse, deren vorwiegendes Interesse anderen seelischen Tatsachenkreisen gilt, nicht entscheiden; diese Aufgabe wäre überdies wohl auf experimentellem Wege zu lösen. Doch stehen die Grundanschauungen, von welchen Heymans ausgeht, jedenfalls mit den analytischen in keiner Weise in Widerspruch, so daß wir seine Ergebnisse vorläufig als eine Ergänzung der analytischen Triebenergetik auffassen dürfen.

Was die möglichen Annahmen über verschiedene Formen psychischer Energie betrifft (von der Verschiedenheit der Zustandsweisen: »frei« oder »gebunden« sehen wir jetzt ab), so wäre die nächstliegende wohl die, sie entsprechend den einzelnen Klassen psychischer Phänomene abzugrenzen, also als Willensenergie, Denkenergie usw. Ähnlich verfährt ja auch die Physik, deren Energieformen zum Teil in deutlicher Abhängigkeit von einzelnen Sinnesgebieten (Temperatursinn, Kraftsinn, Gesichtssinn usw.) einander gegenübergestellt werden; man kann »die fundamentalen physikalischen Begriffe direkt aus den spezifischen Sinnesempfindungen ableiten« (Planck [14]). Freilich ist diese Einteilung, welche sich an die Empfindungsarten anlehnt, hier keine endgültige. In letzter Linie werden die physikalischen Energieformen ja in mathematisch faßbarer Weise durch ihre Äquivalenzbeziehungen charakterisiert. Bevor aber die Umwandlungsfähigkeit der Energiearten ineinander und ihr mathematischer Ausdruck bekannt waren, erfolgte die Klassifikation in der Tat einzig nach der Verschiedenheit der Naturerscheinungen. Gegen eine analoge Betrachtungsweise auf psychologischem Gebiet wäre nun zwar methodisch nichts einzuwenden; doch wäre mit ihr offenbar heute nicht viel gewonnen, da uns die gesetzlichen Beziehungen noch zu wenig bekannt sind, auf Grund deren wir über die energetische Eigenart der Denk-, Willens-, Gefühlsvorgänge etwas aussagen könnten. Daher verwendet auch die Psychoanalyse Begriffe von Energieformen in diesem Sinne nicht — ohne indes die Zulässigkeit solcher Abgrenzungen für bestimmte wissenschaftliche Aufgaben zu bestreiten.

---

[14] a.a.O., S. 171.

Die Lehre von der Umwandelbarkeit der Energieformen ineinander muß dazu führen, daß schließlich alle als auf eine einzige zurückführbar gedacht werden. Ich erinnere z. B. an die Tendenz der Physik nach Basierung aller ihrer Gebiete auf mechanische Gesetzlichkeiten. Aber diese Tendenz auf letzte Einheiten bezeichnet nur ein notwendiges Ziel aller Naturwissenschaft und die Fruchtbarkeit der wissenschaftlichen Einzelarbeit ist nicht an die Zugrundelegung einer solchen allgemeinsten Theorie gebunden. Welcher Grad von Allgemeinheit der zur Erklärung herangezogenen Theorien für die Lösung spezieller Probleme am günstigsten ist, läßt sich wohl nur im Einzelfall entscheiden. Der Eindruck ist aber kaum unberechtigt, daß ebenso wie ein Zuwenig auch ein Zuviel an Allgemeinheit der zugrunde gelegten Begriffe dem Fortgang der empirischen Forschung schädlich sein kann. Im Sinne dieses Standpunkts scheint es, daß eine Reduzierung der Mehrzahl psychischer Energien, welche die energetische Theorie der Psychoanalyse annimmt, auf eine einzige Form heute nicht zweckdienlich wäre.

Freud ist — durch die analytischen Erfahrungen, welche immer wieder lehrten, daß psychische Energie zum größten Teil Triebenergie ist — zu der einfachen Annahme gedrängt worden, die Formen psychischer Energie entsprechend der Einteilung der Triebe voneinander zu unterscheiden; damit erhält auch die analytische Energetik ihr biologisches Fundament. Freud sieht selbst diese Einteilung als eine vorläufige an. Die Psychoanalyse unterscheidet also: Energie der *Sexualtriebe* und Energie der *Destruktionstriebe*. Die Verschiedenheit, die hier gemeint ist, vergleicht Freud einmal mit der Verschiedenheit von Schwingungsamplituden, ohne daß damit natürlich mehr als ein Bild gegeben wäre. Neben diesen beiden Energieformen führt Freud — auch hier im Einklang mit der analytischen Trieblehre — eine dritte ein; sie umfaßt jene Energiequanten, »die an sich indifferent, zu einer qualitativ differenzierten erotischen oder destruktiven Regung hinzutreten und deren Gesamtbesetzung erhöhen können«[15]. Ich würde allerdings vorziehen, statt von »Energiequalität« lieber unpräjudizierlich von »Energieform« zu reden. Diese dritte Energieform entstammt, nach der Mutmaßung Freuds, dem narzißtischen Libidovorrat. Somit ist sie eine Abart der sexuellen Triebenergien und gehört zu jenen Energiemengen, welche an das Ich gebunden waren, sie ist also »desexualiter Eros«. Es scheint,

---

[15] Das Ich und das Es, S. 54.

daß die »erotischen« Energien ursprünglich »im Zustand des Narzißmus beisammen und für unsere grobe Analyse ununterscheidbar sind« (Freud[16]). Erst im Stadium der Objektbesetzungen werden die (erotischen) Sexualenergien von den (erotischen) Ich-Triebenergien unterscheidbar. Nach den Triebschicksalen, denen er vorwiegend dient, wird der »desexualisierte« Eros von Freud auch als »sublimierte« Energie bezeichnet. Er ist es auch, welcher die energetischen Verschiebungen der Denkvorgänge und wir können hinzufügen: auch der anderen »höheren« seelischen Vollzüge, bestreitet.

Die Leistungen der differenten Energieformen sind also nicht als völlig unabhängig voneinander zu denken. Die Psychoanalyse nimmt vielmehr an, daß Triebenergien aus verschiedenen Quellen kooperieren können und weiter, daß Umwandlungen einer Energieform in eine andere stattfinden. So stellen sich die Identifizierungen, welche der Ausgang vieler, vielleicht aller Objektbesetzungen sind, energisch als Desexualisierung von Objektlibido und Bindung an das Ich dar; die höchste Bedeutung kommt diesem Vorgang in der Psychologie der Charakterbildung zu. Umgekehrt wird im Zustand der Verliebtheit die Menge der Objektlibido auf Kosten der Ich-Libido vermehrt; der Zustand ist energetisch dadurch charakterisiert, daß »ein größeres Maß narzißtischer Libido auf das Objekt überfließt ... Das Objekt hat das Ich sozusagen aufgezehrt« (Freud[17]). Dieser Prozeß kann bis zur bedenkenlosen Selbstaufopferung fortschreiten. Man kann ganz allgemein sagen: der Kampf zwischen Sexualität und Selbsterhaltung spielt sich, soweit er psycho-energetisch faßbar ist, in Transformationen zwischen narzißtischer und objektlibidinöser Energie ab.

Diese Umwandlung der Energieformen ineinander ist auf psychologischem Gebiete nicht meßbar. Daß hier quantitativ bestimmte Äquivalenzbezeichnungen nicht bestehen, soll aber damit nicht gemeint sein; nur, daß wir sie nicht erkennen können. Es ist einleuchtend, daß hierin die beträchtlichste Erschwerung für die Verfolgung der Schicksale psychischer Energien und damit für die Lösung der Hauptaufgabe analytischer Energetik gelegen ist. Denn erst verifizierbare Aussagen über das Umwandlungsmaß, über die Vollständigkeit oder Unvollständigkeit der Umsetzung und über die Frage, ob diese Umsetzungen ganz oder

---

[16] Zur Einführung des Narzißmus, Sammlung kleiner Schriften zur Neurosenlehre, IV, S. 82.

[17] Massenpsychologie und Ich-Analyse, S. 81 u. 82.

teilweise reversibel sind und unter welchen Bedingungen, würden es ermöglichen, streng gesetzliche Beziehungen aufzustellen.

Als Libido wird jene psychische Energie bezeichnet, welche im Sexualtrieb im weitesten Sinne ihren Ursprung hat. Libido bedeutet also in der Psychoanalyse nicht, wie sonst vielfach, »sinnliche Lust«, sondern ist ein rein energetischer Begriff — dies sei zur Vermeidung von Mißverständnissen, wie sie sich mehrfach an den analytischen Libidobegriff geknüpft haben, ausdrücklich festgestellt. In der Definition Freuds ist Libido »die als quantitative Größe betrachtete — wenn auch derzeit nicht meßbare — Energie solcher Triebe, welche mit all dem zu tun haben, was man als *Liebe* zusammenfassen kann« [18]. Nun hat der Sexualtrieb ja nicht nur seine psychobiologische sondern auch eine organisch-biologische Seite, und darum werden als »libidinös« auch somatische Vorgänge bezeichnet. Diese Stellung an der Grenze des Physischen und Psychischen, welche auch dem Triebbegriff zukommt, wäre nach einem Ausdruck Binswangers [19] das »metaphysische Teufelchen«, das sich in den analytischen Grundannahmen verbirgt. Mit einem jenseits von Psychischem und Physischem gelegenen Libidobegriff wäre die analytische Theorie in die Nähe jener Ausprägung vitalistischer Hypothesen gerückt, welche einen Lebensfaktor einführen, der an sich weder körperlich noch seelisch gedacht werden soll, aber nach beiden Seiten Wirkungen ausübt (siehe dazu Driesch [20]); Libido wäre demnach »Vitalenergie«. Doch wollen wir den Gedanken an dieser Stelle nicht weiter verfolgen und weiterhin an der Einteilung der realen Gegenstände in physische und psychische festhalten. Wir müssen dann sagen: die Begriffe »Trieb« und »Libido« zielen sowohl auf seelische als auf körperliche Veränderungsreihen. In der analytischen Psychologie bedeuten sie Psychisches; die Art der Beziehung dieses Psychischen zu den damit verknüpft gedachten organischen Vorgängen liegt außerhalb der Grenzen psychoanalytischer Fragestellungen.

An der Tatsache des Ineinandergreifens seelischer und körperlicher Vorgänge darf dagegen keine Psychologie vorübergehen; (was ihr Gebiet überschreiten würde, wäre erst der Versuch einer Erklärung dieser Tatsache). Daß auch darüber hinaus eine gewisse Verwandtschaft der organisch-biologischen und der psychischen Mechanismen besteht, ha-

---

18 ebenda, S. 42.

19 Intern. Ztschr. f. Psa., VII (1921).

20 Philosophie des Organischen, Leipzig 1922.

ben Untersuchungen an pathologischem Material gezeigt (Schilder[21], Pötzl[22], Betlheim und Hartmann[23]). Da und dort drängt sich die Vorstellung einer Vertretbarkeit psychischer und physischer Energien auf — das haben wir gelegentlich der Erörterung der psychoenergetischen Theorie Schilders gehört: die Hypnose »ersetzt« in bezug auf Narkotisierbarkeit ein gewisses Quantum Chloroform, anderseits kann durch Verabreichung von Schlafmitteln die Hypnotisierbarkeit vieler Personen gesteigert werden. Die Zuführung eines Rauschgiftes kann einem Willensentschluß die Durchsetzung zur Tat ermöglichen, der sonst wirkungslos geblieben wäre, umgekehrt kann etwa die Wirkung des Alkohols durch affektbetonte Erlebnisse aufgehoben werden. Weiter ist es sehr wahrscheinlich, daß auch die Libidostruktur durch chronische Giftzufuhr abgeändert werden kann (für den Fall des Kokainismus in der Richtung auf die Homosexualität; Marx[24], Hartmann[25]. Bei allen diesen Beispielen, die noch um viele andere vermehrt werden könnten, gewinnt man den Eindruck, daß dieselben körperlichen Systeme einerseits von psychischen, anderseits von organischen Vorgängen her eine Veränderung erfahren können; Schilder, der diese Fragestellung an hirnpathologischem Material verfolgt hat, spricht hier von einem »Prinzip des doppelten Weges«.

Alle diese Erscheinungen finden ihre einfachste Erklärung in der Annahme einer Wechselwirkung psychischer und physischer Energien. In diesem Sinne finden wir etwa bei Lieder[26] die Anschauung diskutiert und vertreten, daß dem Zentralnervensystem die Aufgabe zufalle, den psychischen Energiehaushalt zu regulieren). Es heißt dort: die Seele »schöpft ihre Energien aus physiologischen Quellen«; auf der anderen Seite sei aber auch eine Umwandlung von psychischer Energie in physische möglich. Diese Transformationsmöglichkeit wird auch bei v. Grot[27] ausdrücklich hervorgehoben. Ebenso meint Schilder[28], daß psychische Energie auf eine »tiefere Station«, also ins Organische, umgeschaltet werden könne; (so kann ein akinetischer Parkinsonkranker unter dem

---

21 Ztschr. f. d. ges. Neurol. & Psych., 74 (1922).
22 Ztschr. f. d. ges. Neurol. & Psych., 37 (1917).
23 Arch. f. Psychiatrie, 72 (1924).
24 Ztschr. f. d. ges. Neurol. & Psych., 80 (1922).
25 Ztschr. f. d. ges. Neurol. & Psych., 95 (1925).
26 Die psychische Energie und ihr Umsatz, Berlin 1910, S. 372.
27 a.a.O.
28 Medizinische Psychologie für Ärzte und Psychologen.

Einfluß von Affekten seine Beweglichkeit [vorübergehend] wieder erlangen. Anderseits können überschüssige Bewegungsantriebe aus somatischen Quellen sich an seelischen Vorgängen »formieren« und als Affekte zum Ausdruck kommen [Kauders[29]]). Diese Anschauung führt dazu, die Wechselwirkungen psychischer und organischer Energien zu bestimmten Gehirnpartien in Beziehung zu setzen, welche einerseits die Umwandlung organischer in psychische Energie regulieren, anderseits von seiten der psychischen Energie in ihren Funktionen beeinflußt werden können. (Über die Bedeutung des seelisch-körperlichen Zusammenwirkens für die spezielle Pathologie orientieren am besten die Werke von Heyer[30] und von Schwarz[31].)

Auch Freud akzeptiert diese Vorstellung der Umwandelbarkeit psychischer Energien in physische und umgekehrt. So wird von ihm auch das psychische Libidoniveau in deutlicher Abhängigkeit von organischen Veränderungen (z. B. der Pubertät oder des Klimateriums) vorgestellt, und er räumt körperlichen Faktoren auch einen Einfluß auf die Verteilung der psychischen Energien ein. Daß die Abfuhr psychischer Energie in Innervationsvorgänge (Beispiel: die hysterische Konversion) sich am leichtesten unter Voraussetzung einer solchen Wechselwirkung der Energien deuten läßt, haben wir schon hervorgehoben; freilich auch hinzugefügt, daß noch eine andere Deutung möglich ist. Und das gilt überhaupt von der Annahme einer solchen energetischen Wechselwirkung zwischen Seele und Körper: sie ist zweckmäßig, aber nicht unumgänglich.

Von einer Konstanz der Energiesumme im psychischen System dürfte bei Voraussetzung dieser energetischen Wechselwirkung keine Rede sein, es sei denn, man würde die Annahme hinzufügen, daß einer Umsetzung von psychischer Energie in physische immer gleichzeitig an anderer Stelle eine dem Maß nach gleiche von physischer in psychische Energie parallel ginge. Eine solche Annahme kann vollzogen, aber nicht bewiesen werden; auch über ihre Wahrscheinlichkeit oder Unwahrscheinlichkeit erlaubt uns der heutige Stand unserer Kenntnisse kaum ein Urteil. Wäre ein Beweis des Konstanzprinzips für das psycho-energetische System durchführbar, so wäre uns darin allerdings eine durch keine andere Feststel-

---

29 Ztschr. f. d. ges. Neurol. & Psych., 74 (1922).

30 Das körperlich-seelische Zusammenwirken in den Lebensvorgängen, München 1925.

31 Psychogenese und Psychotherapie körperlicher Symptome, Berlin 1925.

lung ersetzbare Kontrolle bei der Aufstellung psychologischer Gesetzmäßigkeiten gegeben und eine Voraussetzung, welche uns auf noch unerforschten Gebieten gute Dienste leisten würde. Nach Ansicht Lieders [32] hätten wir in der Tat die Summe psychischer Energien als konstante Größe aufzufassen; und ebenso fühlt sich Heymans [33] berechtigt, von einem Gesetz der »Erhaltung der psychischen Energie« zu reden — wenn auch in hypothetischer Form. Diese beiden Autoren gehen sogar so weit, ein, nach Analogie des physikalischen gemeintes, Entropiegesetz für die Welt des Psychischen zu formulieren. Die meisten Psychologen teilen wohl im Gegensatz zu diesen weitgehenden Annahmen die Meinung Lindworskys [34], die psychische Energiemenge (er faßt sie freilich als »psycho-physische« auf) sei »beschränkt und veränderlich«. Doch muß die Frage unentschieden bleiben, da wir ein Maß für die Umwandlung der psychischen Energieformen ineinander und in physische Energien nicht kennen.

Abseits vom psycho-energetischen Weg der Psychoanalyse sind andere auf Grund von Erwägungen über das psycho-physische Problem zur Einführung des Begriffs psychischer Energie gekommen. Der Gedanke hat von Vertretern der psycho-physischen Wechselwirkungslehre ihren Ausgang genommen und knüpft an die Schwierigkeiten an, welche sich für diese Lehre aus dem (im Bereiche der Körperwelt bewiesenen) Gesetz der Erhaltung der Energie ergeben — während für die Lehre vom psycho-physischen Parallelismus diese Schwierigkeiten nicht bestehen. Dies Gesetz mit der Wechselwirkungshypothese in Einklang zu bringen, war die Aufgabe. Die Frage lautet also: wie ist es möglich, Einwirkungen von Psychischem auf Physisches und umgekehrt anzunehmen und gleichzeitig die Körperwelt als geschlossenes energetisches System anzusehen? Die einfachste Antwort ergibt sich, wenn für beseelte Körper die Geltung des Gesetzes von der Erhaltung der Energie bestritten wird (so bei Busse [35]). Aber es bleibt immer bedenklich, auf Grund metaphysischer Voraussetzungen die Gültigkeit eines so vielfach bewiesenen Gesetzes einfach zu leugnen. Man verfiel also auf einen anderen Ausweg, indem man für das Gebiet des Psychischen eine besondere Art von Ener-

---

[32] a.a.O., S. 378.
[33] a.a.O., S. 39.
[34] Ztschr. f. Psych., 89.
[35] Geist und Körper, Seele und Leib, Leipzig 1913.

gie postulierte, deren Umwandelbarkeit in physische Energien man behauptete; der Erhaltungssatz sollte nun für die Summe physischer und psychischer Energien seine Geltung behalten. Seit den kalorimetrischen Untersuchungen von Rubner (an Tieren) und von Atwater (an Menschen) ist diese Frage in ein neues Stadium getreten. Bis dahin war die Geltung des Gesetzes von der Erhaltung der Energie für beseelte Körper nur vorausgesetzt worden; diese Voraussetzung aber bedurfte des Beweises, da ja das Energieprinzip keine apriorische Geltung beanspruchen kann. Die angestellten Versuche haben ergeben, daß auch für Tiere und Menschen das Gesetz der Erhaltung der (physikalischen) Energien zu Recht besteht; es wurde bei diesen sehr exakten Versuchen festgestellt, daß auch hier physikalische Energie weder gewonnen wird noch verloren geht. Damit war die metaphysische Ableitung des psychischen Energiebegriffs stark erschüttert; freilich konnte man, wie schon gesagt, noch immer zu der Annahme greifen, daß jede Umwandlung in dem einen Sinn mit einer quantitativ gleichen im entgegengesetzten Sinn einhergehe.

Die analytische Psychoenergetik stößt auf dieselbe Schwierigkeit wie die metaphysische, wenn sie mit der psychophysischen Wechselwirkungslehre in Einklang gebracht werden soll. Einen möglichen Ausweg aus dieser Schwierigkeit haben wir eben erwähnt. Der zweite, der aber die Annahme einer psychischen Energie nicht voraussetzt und für jede Form der Wechselwirkungslehre zu gelten beansprucht, geht von der Annahme aus, daß ohne Energieverschiebungen Richtungsänderungen des Geschehens denkbar seien, daß also auch die Wechselwirkung zwischen Leib und Seele ohne energetische Umsetzungen vorgestellt werden könne (siehe dafür Becher[36], dagegen A. Müller[37]).

Daß sich der Begriff der psychischen Energie der Parallelismuslehre einfügen kann — ohne freilich von ihr erfordert zu werden —, ist unbestritten. Die Wechselbeziehungen zwischen psychischen und physischen Energieverschiebungen wären dann Scheinbeziehungen; man müßte den psycho-energetischen Vorgängen Veränderungen im Gehirn zugeordnet denken, die Glieder der kausalen und energetischen Verkettungen der Körperwelt wären. Dieser Hypothese erwachsen auch aus dem Gesetz der Erhaltung der (physikalischen) Energie keinerlei Schwierigkeiten.

---

[36] Ztschr. f. Psych., 46 und 48 (1908).
[37] Ztschr. f. Psych., 47 (1908).

Halten wir also das Resultat dieser Überlegungen fest: keiner der beiden Erklärungstypen des psychophysischen Problems macht die Annahme einer psychischen Energie notwendig; beide aber sind mit ihr verträglich. Die Entscheidung für oder gegen die energetische Betrachtung des Seelenlebens hängt von Zweckmäßigkeitsfragen psychologischer Theorienbildung ab — die Psychoanalyse mußte sich, wie wir gehört haben, für sie entscheiden. Gerade ihr Arbeitsgebiet wäre ohne Anwendung energetischer Begriffe kaum wissenschaftlich zu bewältigen gewesen.

X

DIE ONTOGENESE DES SEXUALTRIEBS

Durch die Eigenart ihres Materials, vornehmlich durch ihren Ursprung in der Neurosenpsychologie, ist die Psychoanalyse zu einer systematischen und detaillierten Erforschung der sexuellen Entwicklungsvorgänge gekommen, mit der ihre Kenntnis der Ich-Entwicklung nicht gleichen Schritt halten konnte. Und auch heute, da die Beteiligung libidinöser Vorgänge am Aufbau des Ich erkannt und im Studium der »physiologischen« Identifizierungsvorgänge, der Massenpsychologie, der Schizophrenie, der Paranoia und des manisch-depressiven Irreseins für die Analyse ein Zugang zur Ich-Psychologie gewonnen ist, kann der Vorsprung, den sie auf sexualpsychologischem Gebiet gewonnen hat, nicht als ausgeglichen gelten. Wir sind über die ich-libidiösen Vorgänge schlechter als über die objektlibidinösen unterrichtet, und gar über die Rolle der Destruktionstriebe, welche, wie wir bereits gehört haben, Freud den Sexualtrieben (im weiteren Sinn) gegenübergestellt hat, kann nur in sehr hypothetischer Form geurteilt werden. Wir kennen die Tatsachenreihe nicht, die man auf dem Gebiete der Todestriebe der gut bekannten Ontogenese der Sexualtriebe — das »gut bekannt« bezieht sich vor allem auf die Sexualtriebe im engeren Sinn, weniger auf den (libidinösen) Selbsterhaltungstrieb — gegenüberstellen könnte. Es muß darin eine Grundtatsache der Triebpsychologie erblickt werden, daß von den beiden Triebarten, welche Freud unterscheidet, »die Todestriebe im wesentlichen stumm sind und der Lärm des Lebens meist vom Eros ausgeht« (Freud[1]).

Wenn in der Psychoanalyse von Entwicklung die Rede ist, wird damit eine Veränderungsreihe gedacht, die durch die Aufeinanderfolge typischer Stufen gekennzeichnet ist. Der analytische Typenbegriff ist kein Wertbegriff; es handelt sich hier vielmehr um die Konstatierung der Häufigkeit oder Wahrscheinlichkeit bestimmter psychischer Abläufe. Diese werden in ihren kausalen Abhängigkeiten untersucht. Die Zuhilfenahme teleologischer Gesichtspunkte ist im Rahmen einer solchen Be-

[1] Das Ich und das Es, S. 58.

trachtung durchaus zulässig; es kann also von der »Zweckmäßigkeit« einer bestimmten Organisationsstufe oder Verhaltensweise für die Lustgewinnung oder die Realitätsanpassung gesprochen werden, ohne daß damit die Grenze kausaler Naturerklärung überschritten werden müßte. Die Auflösung des Zweckmäßigkeitsproblems kann nicht Sache der Psychoanalyse sein; es bildet eine Grundfrage aller Biologie, und die Psychoanalyse muß und kann ihre Beantwortung dieser Wissenschaft überlassen. Wir haben schon darauf hingewiesen, daß Teleologie als heuristisches Prinzip auf biologischem Gebiete notwendig ist und der kausalen Forschung nicht zuwiderläuft. Wo von der Psychoanalyse die Zweckmäßigkeit gewisser vorbereitender Stufen für die Erreichung des normalen Reifezustandes festgestellt wird, haben wir es mit biologischen, oder nach Analogie der biologischen gedachten, Hypothesen zu tun, nicht aber mit dem »Verstehen« eines »Entwicklungssinnes« — richtiger: mit dem letzteren nur insofern, als es gleichzeitig die Funktionen einer Entwicklungshypothese zu übernehmen geeignet ist. Die Psychoanalyse redet nicht, wie unter anderen Spranger[2] es tut, von Entwicklung »nur unter Beziehung auf einen im Endzustand repräsentierten Wert«. Die Verbindung der Einzeltatsachen geschieht durch Bildung nichtnormativer Typenbegriffe und durch die kausale Beziehung der Glieder aufeinander.

Man darf also nicht sagen, daß der Entwicklungsbegriff der Psychoanalyse eine Wertung einschließe. Von einer vollkommeneren oder unvollkommeneren Annäherung an das durchschnittliche Reifestadium (teleologisch: das »Entwicklungsziel«) kann ja auch ohne Wertbeziehung gesprochen werden. Das Entwicklungsstadium wird an der typischen Entwicklungsreihe gemessen, nicht aber durch den Grad erreichter Wertverwirklichung welcher Art immer bestimmt, und damit von der gerade auf psychologischem Gebiet naheliegenden und verwirrenden Subjektivität in der Festsetzung eines »Endwertes« befreit. Nur in diesem Sinne kann die Psychoanalyse über »Fortschritt« und »Rückschritt« Aussagen machen — am besten wäre es freilich, diese Ausdrücke aus der naturwissenschaftlichen Entwicklungslehre der Analyse ganz auszuschalten, da in ihnen doch allzuleicht eine zugrundeliegende Wertung mitgedacht wird; das gleiche gilt von Ausdrücken wie »Charakterfehler« usw. Die Gefahr aber, daß verhüllte Wertungen den Blick für die Tatsachen und

---

2 Psychologie des Jugendalters, S. 17.

ihre Zusammenhänge trüben, ist auf dem Gebiet der Entwicklungspsychologie (vor allem dort, wo es ins Pathologische hinüberreicht) eine sehr bedeutende, und es muß demgegenüber immer wieder nachdrücklich die Forderung vertreten werden, Erfahrungen von Werturteilen scharf abzugrenzen. Gegen eine bewußte Wertbeziehung von Entwicklungsvorgängen wäre dagegen logisch natürlich gar nichts einzuwenden. Doch liegt es im Wesen der psychoanalytischen Forschung, daß sie ihre Typenbegriffe nach Möglichkeit als empirische Durchschnittsbegriffe bildet und ohne Rücksicht auf die an ihren Gegenständen haftenden Werte; damit hängt es auch zusammen, daß für sie — verglichen mit anderen Zweigen der Pathologie — der begriffliche Gegensatz zwischen krank und gesund relativ bedeutungslos werden mußte, denn im Begriff des Krankhaften ist ja in der Psychologie oft die Beziehung auf eine Norm (im Sinne eines »Idealfalls« oder »Vorbilds«) mitgedacht.

Wenn von Freud die mannigfaltigsten Formen perverser geschlechtlicher Betätigung als Vorstufen der endgültigen Gestaltung des Sexualtriebs beschrieben werden, so sind hier die Durchgangsstadien gleichzeitig (sehr allgemein) negativ bewertete Verhaltensweisen. Und es waren gewiß zum Teil uneingestandene Wertungen, welche sich der Annahme der Freudschen Lehre widersetzt haben. Für die Psychoanalyse aber ist es nicht entscheidend, ob die von ihr festgestellten Entwicklungsstufen mit Graden der Wertverwirklichung zusammenfallen oder nicht. Es ist vielmehr für ihre Arbeitsweise charakteristisch, daß keine Wertungen und auch — im allgemeinen — keine Wertbeziehungen in die wissenschaftliche Verarbeitung des seelischen Materials eingehen.

Die Entwicklung des Sexualtriebs ist Gegenstand der systematischen Untersuchung durch Freud geworden, als ihn die Erfahrung immer wieder auf die Notwendigkeit hingewiesen hatte, im infantilen Material wesentliche Determinanten des Charakters gesunder wie der Erkrankung später neurotischer Personen zu suchen. Weder die Bedeutung noch die Gesetzmäßigkeit der kindlichen Sexualentwicklung war vor Freud jemals in ihrem ganzen Umfange gewürdigt worden; man kann sagen, daß diese Erscheinungen durch Freuds »Drei Abhandlungen zur Sexualtheorie« zum ersten Male einer systematischen Untersuchung zugeführt worden sind. Die Ansicht, daß der Geschlechtstrieb erst zur Zeit der Pubertät »erwache«, in der Kindheit aber, von seltenen, als pathologisch beurteilten Ausnahmefällen abgesehen, fehle, war bis zum Erscheinen dieses Werkes die allgemein herrschende gewesen. Man muß so die Feststellung der gesetzmäßigen Vorstufen, welche der endgültigen

Formung des Geschlechtstriebs in der Pubertät vorangehen, recht eigentlich als eine Entdeckung Freuds bezeichnen.

Die Stellung der Menschen zur Ontogenese des Trieblebens ist wohl die gleiche, wie sie Nietzsche[3] mit Bezug auf seine Phylogenese richtig erkannt hat: »Es bleibt in jenen späten Zeitaltern, die auf Menschlichkeit stolz sein dürfen, so viel Furcht, so viel Aberglaube der Furcht vor dem ›wilden grausamen Tiere‹ zurück, über welches Herr geworden zu sein eben den Stolz jener menschlicheren Zeitalter ausmacht, daß selbst handgreifliche Wahrheiten wie auf Verabredung, Jahrhunderte lang unausgesprochen bleiben, weil sie den Anschein haben, jenem wilden, endlich abgetöteten Tiere wieder zum Leben zu verhelfen.« Freud selbst findet den Grund für jene seltsame Lücke der wissenschaftlichen Entwicklungspsychologie zum Teil in konventionellen Rücksichten, zum andern Teil aber in der Tatsache der »infantilen Amnesie«, durch welche dem Gedächtnis der meisten Menschen die Erlebnisse ihrer Kindheit bis auf wenige Erinnerungsinseln entzogen sind. Diese Tatsache wird um so merkwürdiger, wenn man bedenkt, daß die unter durchschnittlichen Bedingungen nicht reproduzierbaren Kindheitseindrücke doch nicht spurlos verschwunden sind, vielmehr offenbar auch in späteren Jahren noch die mächtigsten Wirkungen auf die Formung der psychischen Person ausüben können. Die Aufhellung dieser amnestischen Lücke erreicht aber im Laufe längerer Analysen oft einen überraschenden Grad von Vollständigkeit, die vergessenen Kindheitseindrücke kehren ins Gedächtnis zurück und werden zum großen Teil (nicht immer, wie wir gehört haben) auch als Erinnerungen anerkannt, so daß die Anwendung der analytischen Methode einer der aufschlußreichsten Wege zur Erforschung des kindlichen Seelenlebens geworden ist.

Natürlich können auch durch direkte Beobachtung des kindlichen Verhaltens die Manifestitionen des Sexualtriebs untersucht werden (siehe dazu z. B. die Arbeit Friedjungs[4]), aber es ist begreiflich, daß das mit dieser Methode gewonnene Bild auch im günstigsten Falle unvollständig bleiben muß, da es nur jene Triebäußerungen zeigen kann, welche sich vor den Augen der Erwachsenen abspielen oder von ihnen mit einiger Sicherheit erschlossen werden können. Überdies spielen beim erwachsenen Beobachter gerade gegenüber dem kindlichen Sexualleben zumeist affektive Momente und Wertungen eine Rolle, die eine objektive Fest-

---

[3] Jenseits von Gut und Böse, VII. Hauptstück, 229.

[4] Ztschr. f. Kinderheilkunde, 31 (1921).

stellung der Tatsachen erschweren. Die Existenz der infantilen Sexualität wird übrigens heute auch von den nichtanalytischen Autoren recht allgemein anerkannt (Stanley Hall, A. Moll, Scheler, Ch. Bühler, Kronfeld, Spranger, Kretschmer, Allers u. a.).

Es liegt in der Besonderheit der analytischen Methode begründet, daß für sie die akzidentellen Momente leichter zugänglich sind, und daß daher die Erforschung der konstitutionellen Faktoren zunächst zurücktreten mußte; »das Dispositionelle kommt erst hinter (dem Akzidentellen) zum Vorschein als etwas, was durch das Erleben geweckt wird« (Freud [5]). Zur Erforschung der organisch-biologischen Grundlagen der Entwicklungsvorgänge kann die Psychoanalyse, trotz ihrer Anerkennung der somatischen Faktoren, als rein psychologische Disziplin nur auf Umwegen etwas beitragen. Aber damit soll nicht gesagt sein, daß das konstitutionelle Moment überhaupt in seiner Wirksamkeit von der Psychoanalyse übersehen oder nicht in seiner Bedeutsamkeit erkannt würde. Die konstitutionelle Verstärkung erogener Zonen spielt in der analytischen Theorie sowohl der Perversionen als der Neurosen die entscheidende Rolle und liefert, nach den Lehren der Analyse, bedeutungsvolle Beiträge zur Charakterbildung des Normalen. Ebenso ist die individuelle Ausprägung des *Ödipuskomplexes* nach Ansicht Freuds durch den relativen Grad der (konstitutionellen) Bisexualität determiniert; wieder ein Faktor, der von einschneidender Bedeutung für die seelische Entwicklung sowohl des gesunden als des kranken Menschen ist. Auch jene seelischen Mächte, welche sich dem Sexualtrieb entgegenstellen und damit seine weitere Richtung bestimmen (also in erster Linie Ekel- und Schamgefühl) werden von der Analyse als zum Teil konstitutionelle Faktoren aufgefaßt. Freud betont immer wieder, daß beide Momente, das konstitutionelle sowohl als das akzidentelle, in der Entwicklungspsychologie Berücksichtigung finden müßten, daß hier ein Verhältnis der Kooperation, nicht aber der Ausschließung vorliege: »Das konstitutionelle Moment muß auf Erlebnisse warten, die es zur Geltung bringe, das akzidentelle bedarf einer Anlehnung an die Konstitution um zur Wirkung zu kommen« [6]. Durch die Aufhellung der infantilen Amnesie in der Analyse wird die Rekonstruktion der Kindheitsgeschichte ermöglicht; diese Rekonstruktion bezieht sich zwar zunächst auf die erlebten Eindrücke, aber aus der Art und Wirkung der Erlebnisse, wie auch aus

[5] Drei Abhandlungen zur Sexualtheorie, S. V.
[6] ebenda, S. 98.

dem Zeitpunkt ihres Auftretens, sind Schlüsse auf die zugrundeliegende Konstitution zulässig. Die Entwicklungsstufen des Sexualtriebs sind weder ausschließlich endogen festgelegt noch ausschließlich Wirkung frühkindlicher Erlebnisse. Beide Teilkomplexe sind in dem analytischen Begriff der »Organisationsform« beschlossen.

Es ist eine schwierige und heute noch offene Frage, inwieweit wir berechtigt sind, eine psychische Sexualkonstitution der somatischen gegenüberzustellen. Als gesichert darf man dagegen die Bindung gewisser Stadien der psychischen Sexualität an Phasen organischer Entwicklung ansehen; wie eng oder weit diese Bindung zu denken ist, steht freilich noch dahin. Jedenfalls fügen sich etwa die Beziehungen der »Drüsenformel« zur Konstitution einerseits, zu den mannigfachen Wegen sexueller Entwicklung anderseits durchaus in den Rahmen der Freudschen Sexualtheorie. Ebenso stehen ihrem Gedankenkreis die bekannten Kretschmerschen Typen[7] nahe, die seelische und körperliche Merkmale unter einem übergeordneten Begriff vereinigen, und die Ausblicke, welche sich von hier aus auf die teils psychischen teils somatischen Bedingtheiten auch der Neurosen ergeben, sind grundsätzlich mit den ätiologischen Ansichten der Analyse vollkommen im Einklang.

Eine andere Frage, deren Beantwortung für die analytische Ontogenese des Geschlechtstriebs von der wesentlichsten Bedeutung sein könnte, ist die nach dem Grad der Spezifität seiner konstitutionellen Fundamente, die Frage also, ob wir eine selbständige sexuelle »Partialkonstitution« annehmen dürfen, oder ob allgemeinere Dispositionen auch die Entwicklung des Geschlechtstriebs bestimmen (näheres darüber bei Kronfeld[8]). Denn in dieser Frage liegt auch die andere der notwendigen Abhängigkeit oder möglichen Unabhängigkeit bestimmter sexueller Verhaltensweisen von allgemeineren psychischen Reaktionsarten beschlossen. Weiter müßte für die Fortbildung der analytischen Sexualtheorie ein gesichertes Wissen darüber fruchtbar werden, ob den einzelnen Strukturen der Sexualität gesonderte Dispositionen entsprechen; ferner, ob diese (angenommene) Unabhängigkeit einzelner Komponenten voneinander auch die relative Mächtigkeit der Zonenerogeneität und der Patrialtriebe betrifft, und welcher unter ihnen; schließlich, welche Merkmale des Geschlechtstriebs erbbiologisch aneinander gebunden

---

[7] Körperbau und Charakter, Berlin 1926.

[8] Sexualpsychopathologie, Wien 1923, S. 16.

sind. Alle diese Probleme aber, deren Lösung zur Stützung oder zur Korrektur der analytischen Anschauung dienen würde, werden zwar heute als mögliche und notwendige Fragestellungen erkannt, ihre Bearbeitung aber ist noch nicht so weit gediehen, daß eine wesentliche Förderung der analytischen Sexualtheorie von einer Anleihe bei den erbbiologischen Hypothesen erwartet werden dürfte.

Ebenso wissen wir über die Hereditätsverhältnisse bei den Neurosen noch sehr wenig. Ihre Kenntnis vorausgesetzt könnte man ja (unter Zugrundelegung von Freuds Anschauungen über Neurosenätiologie) auf die erbbiologischen Beziehungen bestimmter Teilkomponenten des Sexualtriebs wenigstens grundsätzlich schließen. Freilich mit Vorsicht; man vergißt zu leicht, daß, was auf dem Gebiet der Neurose wie des Charakters als direkte Vererbung imponiert, oft zumindest teilweise in dem ganz allgemein verbreiteten Mechanismus der Identifizierung mit den Eltern eine zureichende Begründung finden kann.

So läßt uns die Konstitutionsforschung hinsichtlich der Bestimmung des dispositionellen Anteils der Sexualentwicklung in wichtigen Fragen im Stich, und die Psychoanalyse sieht sich bei seiner Abgrenzung gegenüber den akzidentellen Momenten, wie auch in allen anderen wesentlichen Punkten, auf ihre eigene, psychologische Methode angewiesen. Doch ist die Hoffnung nicht unberechtigt, auch auf diesem Wege einiges über die biologischen Grundlagen der Entwicklungsvorgänge in Erfahrung zu bringen.

Nicht wenige Regungen der Kinderzeit — viel mehr als zumeist angenommen wird — sind als sexuell zu bezeichnen auch dann, wenn man den populären Terminus zugrunde legt. Wesentlich mehr freilich, wenn der Ausdruck »sexuell« in dem erweiterten Sinne Freuds gebraucht wird, den wir bereits in einem der früheren Abschnitte diskutiert haben.

Die frühesten Stadien der Sexualentwicklung[9] sind vorwiegend objektlos. Der Trieb ist autoerotisch, er findet seine Befriedigung am eigenen Körper. Die Erreichung des Triebziels ist an eine erogene Zone geknüpft, das heißt an Haut- und Schleimhautstellen, deren Reizung geeignet ist, Lustgefühle — vermutlich von besonderer Qualität — zu erzeugen. Gewisse Anteile der Körperoberfläche zeichnen sich vor den

---

[9] Die Darstellung der sexuellen Ontogenese kann hier nur im Umriß gegeben werden; sie folgt den grundlegenden Werken Freuds (Drei Abhandlungen zur Sexualtheorie, Massenpsychologie und Ich-Analyse, Das Ich und das Es), auf welche für alles Nähere verwiesen sei.

übrigen durch ihre besondere Erogeneität aus: so die Lippen- und die Afterzone. In diesen Fällen wird der spezifische Lustgewinn in »Anlehnung« an andere Körperfunktionen erreicht, im ersten Fall an die Nahrungsaufnahme, im zweiten an die Vorgänge der Darmentleerung. Durch die Anlehnung an Verrichtungen, welche Bedürfnissen der Selbsterhaltung dienen, ist für die ständige Wiederholung der lustvollen Situation gesorgt. Auch die eigentlichen Geschlechtsteile gehören schon in der frühkindlichen Periode zu den erogenen Zonen, doch tritt ihre erogene Bedeutung in den ersten Lebensjahren gegenüber der anderer Körperpartien zurück. Bei ihnen erfolgt, durch ihre Beziehung zur Harnentleerung, die Reizung wohl ebenfalls zuerst bei Gelegenheit der Verrichtung notwendiger Körperfunktionen. Das Bedürfnis zur Wiederholung des erlebten Lustgefühls führt zu charakteristischen Verhaltensweisen des Kindes: zum »Lutschen« oder »Wonnesaugen«, zu Störungen der Darmtätigkeit oder gar nicht selten auch zur digitalen Betätigung in der Aftergegend und zu reibenden Berührungen des Genitales, also zu eigentlich onanistischen Akten.

Andere Komponenten des Sexualtriebs entwickeln sich relativ unabhängig von erogenen Zonen. So die Schau- und Zeigelust und die sadistisch-masochistischen Triebelemente. Sie werden von Freud als Partialtriebe bezeichnet. Im sadistisch-masochistischen Triebpaar haben wir gleichzeitig die einzige sozusagen »manifeste« Wirkung der Destruktionstriebe zu erkennen. Die einzelnen Komponenten der infantilen Sexualität hat man sich nicht als voneinander unabhängige, starre Gebilde zu denken; sie »kommunizieren« miteinander, und wir müssen uns vorstellen, »daß ein Trieb aus einer besonderen erogenen Quelle seine Intensität zur Verstärkung eines Partialtriebs aus anderer Quelle abgeben kann, daß die Befriedigung des einen Triebs einem anderen die Befriedigung ersetzt u. dgl. m.« (Freud[10]).

Als Übergang vom autoerotischen Zustand zur eigentlichen Objektliebe hat Freud ein von ihm als »narzißtisch« bezeichnetes Entwicklungsstadium festgestellt, in welchem das eigene Ich zum Objekt des Triebs geworden ist.

Die Betätigung an erogenen Zonen und das Auftreten der Partialtriebe bilden in der frühkindlichen Entwicklung kein regelloses Durcheinander; vielmehr läßt sich eine gewisse Typik in der Verbindung der

---

10 Das Ich und das Es, S. 55.

Komponenten untereinander und in ihrer zeitlichen Abfolge konstatieren. Mit Freud benennen wir diese typischen Entwicklungsstadien als prägenitale Organisationen des Sexuallebens. Auf der frühesten derartigen Stufe ist der sexuelle Lustgewinn noch an die Nahrungsaufnahme gebunden (orale Stufe). Weil das Triebziel hier in der *Einverleibung* des »Objekts« besteht, und auf Grund von klinischen Erfahrungen (an Melancholikern; siehe hierüber Abraham[11]) betrachtet Freud die Betätigung auf dieser Stufe als das Vorbild des Identifizierungsvorgangs. Die nächste prägenitale Organisationsform ist die sadistisch-anale. Der Gegensatz: aktiv-passiv, dem im Sexualleben eine so ungeheure Bedeutung zufällt, kommt auf dieser Stufe schon deutlich zum Vorschein; natürlich noch nicht in seiner späteren Bedeutung: männlich-weiblich. »Die Aktivität wird durch den Bemächtigungstrieb von seiten der Körpermuskulatur hergestellt, als Organ mit passivem Sexualziel macht sich vor allem die erogene Darmschleimhaut geltend.«[12] Über die Aktivität oder Passivität des Sexualteils entscheidet auf dieser Stufe nach der Annahme von Jekels[13] die anatomische Form des erogenen Organs (ähnliche Bemerkungen bei Federn[14]). Wir fügen noch hinzu, daß nach Abraham sowohl innerhalb der oralen als auch der anal-sadistischen Organisationsform je zwei Entwicklungsstufen zu unterscheiden sind; klinisch-genetische Studien, vor allem über das manisch-depressive Irresein, haben zu dieser Annahme geführt.

Ebenso wie die Erogeneität der verschiedenen Körperzonen überhaupt, zeigt die Ausgestaltung der prägenitalen Organisationsformen starke individuelle Differenzen, auch innerhalb der Grenzen des »Normalen«. Man darf vermuten, daß auch dem konstitutionellen Moment dabei eine wesentliche Rolle zufällt.

Jene erwähnte gleichzeitige Ausbildung der Triebgegensätze bezeichnen wir mit Bleuler als *Ambivalenz*. Im Seelenleben der Primitiven wie der Kinder spielt diese Eigenart des Trieblebens eine große Rolle, und ihr Hervortreten ist für bestimmte Formen psychischer Erkrankung charakteristisch (Zwangsneurose, Melancholie). Gegenüber den infantilen, archaischen und pathologischen Ausprägungen des Ambivalenz-

---

11 Versuch einer Entwicklungsgeschichte der Libido auf Grund der Psychoanalyse seelischer Störungen, Leipzig & Wien 1924.

12 Freud, Drei Abhandlungen zur Sexualtheorie, S. 60.

13 Intern. Ztschr. f. Psa., I (1913).

14 Intern. Ztschr. f. Psa., I (1913).

konflikts dürfen wir den gesunden, erwachsenen Kulturmenschen als relativ ambivalenzfrei betrachten.

Die endgültige Gestaltung der sexuellen Entwicklung ist dann erreicht, wenn »der Lusterwerb in den Dienst der Fortpflanzungsfunktion getreten ist und die Partialtriebe unter dem Primat einer einzigen erogenen Zone eine feste Organisation zur Erreichung des Sexualziels an einem fremden Sexualobjekt gebildet haben« (Freud[15]). Diese Stufe wird durchschnittlich erst in den Jahren der Pubertät erreicht, in der Kindheit finden wir immer nur mehr oder weniger unvollständige Vorwegnahmen dieser definitiven Organisationsform des Geschlechtslebens. Es fehlt vor allem die vollkommene Unterordnung der Triebkomponenten unter die Vorherrschaft der Genitalität; Annäherungen an diesen Zustand kommen allerdings auch in der Kindheit vor (siehe dazu Freud[16]).

Die Möglichkeit einer *Objektwahl* ist aber offensichtlich nicht an die Erreichung der genitalen Stufe geknüpft. In gewissem Sinn ist der Trieb ja von Anbeginn an eine Art von »Objekt« geknüpft, nämlich an die Mutterbrust, und durch die ganze Kindheitsentwicklung hindurch, auch zur Zeit der autoerotischen Befriedigung, da also das Triebziel wesentlich an erogene Zonen gebunden ist, wird im Verhältnis zu Eltern und Pflegepersonen der späteren endgültigen Form der Objektwahl vorgearbeitet.

Jeder Mensch kennt ursprünglich zwei Gegenstände der Liebe: »sich selbst und das pflegende Weib« (Freud[17]). Für jeden ist also die nährende, schützende, pflegende Mutter (oder eine Person mit entsprechenden Funktionen) das erste Sexualobjekt — wenn man den Ausdruck »sexuell« im erweiterten Sinn der Psychoanalyse anwendet. Wo die Wahl der späteren Liebesobjekte in deutlicher Weise durch diese ersten Bindungen bestimmt wird, spricht man nach Freud von einem »Anlehnungstypus« der Objektwahl. Dieser ist beim Mann häufiger als beim Weib nachweisbar. In der von Freud als »Ödipussituation« bezeichneten Phase der Sexualentwicklung, welche mit dem ersten Höhepunkt sexueller Betätigung (3.—5. Lebensjahr) zusammenfällt, wird beim Knaben nach dem Anlehnungstypus die Mutter als Liebesobjekt sozu-

[15] Drei Abhandlungen zur Sexualtheorie, S. 60.
[16] Intern. Ztschr. f. Psa., IX (1923).
[17] Zur Einführung des Narzißmus, Sammlung kleiner Schriften zur Neurosenlehre, IV, S. 95.

sagen »aktiviert«; für ihn bedeutet die Ödipussituation ein Festhalten an jenem Objekt, welches er schon früher geliebt hatte. Beim Mädchen aber vollzieht sich eine Wandlung, als deren Erfolg dann, in den Ödipusjahren, die typische Bindung an den Vater erscheint. Auf dieser Stufe verlangt das Kind von den geliebten Personen »alle Zärtlichkeiten, die ihm bekannt sind, will sie küssen, berühren, beschauen, ist neugierig, ihre Genitalien zu sehen und bei den intimen Exkretionsvorgängen anwesend zu sein, es verspricht, die Mutter oder Pflegerin zu heiraten, was immer es sich darunter vorstellen mag, setzt sich vor, dem Vater ein Kind zu gebären usw.« (Freud[18]). Infolge dieser Objektbesetzung des andersgeschlechtlichen Elternteils erscheint dann der gleichgeschlechtliche als störend, als Rivale, und wird zum Gegenstand der Feindseligkeit und der ersten eifersüchtigen Regungen des Kindes. Auf die große Bedeutung, welche der Gestaltung des Ödipuskomplexes für Schuldbewußtsein, Charakter, Neurose zukommt, kann an dieser Stelle nicht näher eingegangen werden.

In der gekennzeichneten Form bedeutet der »Ödipuskomplex« eine Schematisierung. In der Regel vermag die Analyse den »vollständigeren« Ödipuskomplex aufzudecken; so hat der Knabe, »nicht nur eine ambivalente Einstellung zum Vater und eine zärtliche Objektwahl für die Mutter, sondern er benimmt sich auch gleichzeitig wie ein Mädchen, er zeigt die zärtliche feminine Einstellung zum Vater und die ihr entsprechende eifersüchtig-feindselige gegen die Mutter« (Freud[19]). In dieser zweifachen Anlage des Ödipuskomplexes sieht Freud eine Wirkung der angeborenen *Bisexualität.*

Um die Zeit des 3.—5. Lebensjahres regt sich auch in der Regel beim Kinde zum erstenmal der sexuelle Wißbetrieb. Diese sexuelle Neugierde hat Beziehungen zum kindlichen Fragen, zur kindlichen Forschungstätigkeit überhaupt, denen wir aber hier nicht nachgehen können. Zumeist wird sie durch die Wahrnehmung der Geschlechtsunterschiede oder durch die bevorstehende oder erfolgte Geburt eines Geschwisters angeregt. In den Geburtstheorien der Kinder geschieht die Befruchtung häufig durch den Mund, die Geburt durch den Darm. Diese infantilen Sexualtheorien (Freud) sind einerseits durch das lückenhafte kindliche Wissen, anderseits durch die erreichte Höhe seiner Sexualorganisation

---

18 Massenpsychologie und Ich-Analyse, S. 128.

19 Das Ich und das Es, S. 38.

bestimmt. Der Erwachsene hat sie zumeist vergessen, doch gelingt es der Analyse regelmäßig, sie wieder bewußt zu machen. Wenn der Knabe Gelegenheit hat, die genitalen Geschlechtsunterschiede im Vergleich mit Mutter, Schwester, Gespielinnen zu beobachten, verleugnet er, im typischen Fall, zunächst seine Wahrnehmung und hält mit Hilfe der verschiedensten Hypothesen an dieser Verleugnung auch bei wiederholter Beobachtung hartnäckig fest.

Der Besitz eines Penis wird vom Knaben ursprünglich beiden Geschlechtern zugeschrieben, und der Gedanke, daß dies Organ auch fehlen könne, ist für das männliche Kind nicht akzeptabel. In Träumen erwachsener männlicher Personen wird diese Stufe häufig wiederbelebt: die Vorstellung des Weibes (der Mutter, der Schwester) mit dem Penis ist im Traum keine Seltenheit. Wenn der Knabe es ablehnt, das Fehlen des Geschlechtsgliedes beim Weibe zur Kenntnis zu nehmen, haben wir darin den Ausdruck der Angst um sein eigenes Genitale zu erblicken. Mannigfaltige Bedrohungen der körperlichen Integrität werden vom männlichen Kind (und im Unbewußten auch vom Erwachsenen) als gegen die Unversehrtheit der Geschlechtsteile gerichtet empfunden *(Kastrationskomplex)*, auch wenn eine direkt gegen das Genitale gerichtete Strafandrohung von seiten der Eltern oder Erzieher — etwa wegen Onanie oder Bettnässens — nicht ausgesprochen wurde. Das Mitanklingen des Kastrationskomplexes bei schwereren körperlichen Beschädigungen oder Verletzungen zeigt sich beim Erwachsenen sehr deutlich in der Psychologie postoperativer Psychosen. Nach der Meinung Freuds haben wir es mit einer hereditär fixierten Reaktionsweise zu tun; die Kastration hat in früheren Epochen nicht nur im Denken (Sagenmotiv), sondern auch im Handeln (Bestrafung!) eine sehr bedeutende Rolle gespielt. Die inzestuösen Phantasien der Ödipuszeit sind im besonderen Maße geeignet, die Angst vor der Rache des Vaters zu erwecken, und zwar vor einer Bestrafung an jenem Körperteil, von welchem die verbotenen Regungen ihren Ausgang nehmen. »Wenn der Knabe den mächtigen Vater als Rivale bei der Mutter empfindet, seiner aggressiven Neigungen gegen ihn und seiner sexuellen Absichten auf die Mutter inne wird, hat er ein Recht dazu. sich vor ihm zu fürchten, und die Angst vor seiner Strafe kann durch phylogenetische Verstärkung sich als Kastrationsangst äußern« (Freud[20]).

---

[20] Hemmung, Symptom und Angst, S. 96 und 97.

Das Mädchen sträubt sich nicht gegen die Wahrnehmung der Geschlechtsunterschiede, oder richtiger: es kann sich das Fehlen des Penis nicht verbergen. Es reagiert darauf mit jener psychischen Haltung, welche die Analyse als »Penisneid« bezeichnet, mit dem Wunsch, selbst ein Mann zu sein (weiblicher Kastrationskomplex) und diese Einstellung hat nicht selten eine dauernde Geringschätzung des eigenen Geschlechts zur Folge (Freud[21]); ein Motiv, das in den Lehren A. Adlers große Bedeutung erlangt hat. Im Normalfall wandelt sich später der weibliche Wunsch nach dem Besitz eines Penis in den Wunsch nach dem Mann und nach dem Kind um; oder vielmehr: diese Richtung weiblicher Triebstrebungen auf Mann und Kind erhält mächtige Zuschüsse aus dem weiblichen Kastrationskomplex und seinen Verarbeitungsformen.

Beim Weibe wird der Ödipuskomplex allmählich verlassen, beim Knaben aber »zerschellt er förmlich unter dem Schock der Kastrationsdrohung« (Freud[22]). Es folgt, in typischen Fällen in der Zeit vom 6. bis gegen das 10. Lebensjahr, eine Periode verminderter sexueller Regsamkeit, die *sexuelle Latenzperiode* (W. Fliess). Jedoch ist ein Durchbruch sexueller Triebregungen auch während dieser Jahre keine Seltenheit. In diese Zeit nun fällt im wesentlichen die Errichtung jener Schranken, welche sich dem freien Ausströmen der sexuellen Triebhaftigkeit entgegenstellen: vor allem der Scham-, Ekel- und Inzestschranke, weiter werden dann wesentliche Vorarbeiten zur Genese des Mitgefühls und der sozialen Gefühle überhaupt geleistet. Hierin macht sich zum Teil der Einfluß der Erziehung bemerkbar, gewiß aber handelt es sich daneben auch um eine »hereditär fixierte« Entwicklung und diese Eindämmung des Geschlechtstriebs kann sich »gelegentlich ganz ohne Mithilfe der Erziehung herstellen« (Freud[23]); im Psychischen sind neben den Triebregungen auch die Triebhemmungen endogen praeformiert. Die Sexualtheorie Freuds hat diesem Umstand von allem Anfang an Rechnung getragen, und wir müssen den Vorwurf Sprangers[24], daß die Psychoanalyse diesen Gegenstand nicht seiner Bedeutung entsprechend gewürdigt habe, zurückweisen.

Die Regungen der infantilen Sexualität werden also während der Latenzperiode teils verdrängt, teils aber »sublimiert«. Die Erregung

---

21 Intern. Ztschr. f. Psa., XI (1925).
22 Intern. Ztschr. f. Psa., XI (1925).
23 Drei Abhandlungen zur Sexualtheorie, S. 49.
24 Psychologie des Jugendalters, S. 109.

erogener Zonen spielt im späteren Leben (im Normalfall) nur mehr als »Vorlustmechanismus« eine Rolle. Nun bleibt das Kind ja auch weiter an die Eltern gebunden, doch ist diese triebhafte Zuwendung eine »zielgehemmte«, der Trieb hat auf die sinnliche Befriedigung am geliebten Objekt verzichtet, die »zärtliche« Komponente des Sexualtriebs beherrscht jetzt das kindliche Verhalten, während die »sinnliche« Fixierung aus der Ödipuszeit (in individuell sehr verschiedenem Maße) im Unbewußten weiterwirkt. Diese zärtliche Komponente hat ja in gewissem Sinne von frühester Zeit an bestanden, sie hat sich »auf Grund der Interessen des Selbsterhaltungstriebs (Freud) gebildet und sich von Anfang an auf die Mutter oder andere Pflegepersonen gerichtet. Die Vereinigung beider Strömungen aber wird dann in den Pubertätsjahren zu einem Problem, an welchem viele Menschen seelisch scheitern, und zu einer der wesentlichsten Voraussetzungen »normaler« Entwicklung.

Der mächtige, durch organische Faktoren verstärkte Entwicklungsvorstoß, der die Jahre der *Pubertät* kennzeichnet, führt zunächst in der Regel zu einer Wiederbelebung auch der sinnlichen Strömung gegenüber den infantilen Objekten. Aber diese Bindung darf sich jetzt, unter dem Druck moralischer Hemmungen, nicht ans Licht wagen: nur selten setzt sich der Trieb bis zu eigentlich sexuellen Handlungen am geliebten Objekt durch, zumeist beschränkt sich seine Kundgabe auf dieser Stufe auf inzestuös gefärbte Phantasieprodukte. Wenn auch diese verworfen werden, beginnt sich der junge Mensch von den Eltern als Objekten seiner erotischen Neigungen, in der Folge auch von der Elternautorität abzulösen, und es wird dadurch ein Prozeß in Gang gebracht, durch welchen erst »der für den Kulturfortschritt so wichtige Gegensatz der neuen Generation zur alten geschaffen wird« (Freud[25]). Damit ist der Weg zu neuen Objektsetzungen frei; aber auch dann noch macht sich der Einfluß der ersten Liebesobjekte vielfach bemerkbar: die nächsten Objektbesetzungen nach der Ablösungperiode gelten — nicht nur beim Neurotiker — nicht selten solchen Personen, welche als Abbilder der Eltern kenntlich sind. Gleichzeitig mit diesen Veränderungen im Verhältnis zum Sexualobjekt vollzieht sich die abschließende Gestaltung auch bezüglich des Sexualziels: das Primat der Genitalzone wird endgültig aufgerichtet und festgehalten, der Trieb tritt nunmehr in den Dienst der Fortpflanzungsfunktion. Jene körperlichen Umwälzungen,

[25] Drei Abhandlungen zur Sexualtheorie, S. 87.

welche in diesen Jahren der Reifung vor sich gehen, spielen dabei eine entscheidende Rolle.

Als eine für die Pubertät charakteristische sexuelle Betätigungsweise hat man oft die Masturbation hingestellt. Doch wissen wir seit Freud, daß die Onanie auch in den frühen Kinderjahren viel verbreiteter ist, als man angenommen hatte. Was nun die Pubertätsonanie betrifft, so sind sich wohl alle Sachkundigen darin einig, daß sie nicht, wie es früher geschehen ist, als Ausnahmefall oder gar als pathologisch beurteilt werden darf. Die Angaben über ihre Häufigkeit schwanken zwar innerhalb gewisser Grenzen; doch kann man wohl sagen, daß weit eher die nichtonanierenden Jugendlichen als die Ausnahmen anzusehen sind. Durch statistische Erhebungen wurde in einigen Schulen onanistische Betätigung bei 70 bis über 90 % der Jugendlichen festgestellt. Diese ungeheure Verbreitung der Onanie läßt sich bei beiden Geschlechtern nachweisen. Immerhin besteht hier die Differenzierung bezüglich der Geschlechter insofern, als es wohl richtig bleibt, »daß der Natur des Weibes die Masturbation ferner liegt« (Freud[26]). Die Bedeutsamkeit der Onanie liegt übrigens weit weniger in dem onanistischen Akte selbst, als in dem konsekutiven Schuldbewußtsein, in den begleitenden Phantasien und in der Abkehr von der Realität, welche sich nicht selten als Folge der Masturbation bemerkbar macht.

Auf dem Gebiete der folgenschweren seelischen Veränderungen, die den sexuellen Wandlungen der Pubertätsjahre teilweise parallel gehen, sind die wesentlichen Zusammenhänge bisher bloß in groben Umrissen erkennbar; nur ein Teilgebiet, das dichterische Schaffen der Jugendlichen, ist von Bernfeld[27] eingehend nach analytischen Gesichtspunkten durchgearbeitet worden. Über die charakteristischen Erlebnisstrukturen der Pubertätsjahre findet sich — von den Werken der Dichter und Philosophen abgesehen, welche uns auch auf diesem Gebiet die umfassendsten und tiefsten Einblicke geschenkt haben — in den wissenschaftlichen Arbeiten nichtanalytischer Autoren viel interessantes Material und manche feine Beobachtung (so bei Ch. Bühler[28] und bei Spranger[29]). Die Resultate dieser Arbeitsrichtung sind die notwendige Voraussetzung für eine analytische Theorie der Pubertät. All das, was

---

[26] Intern. Ztschr. f. Psa., XI (1925).
[27] Vom dichterischen Schaffen der Jugend, Leipzig & Wien 1924.
[28] Das Seelenleben des Jugendlichen, Jena 2. A. 1923.
[29] a.a.O.

hier deskriptiv faßbar wird, muß aber erst kausal-genetisch geklärt und vom Standpunkt der analytischen Trieb- und Affektgesetzlichkeiten bearbeitet werden.

Von den zwei möglichen Arten der Gefühlsbindung haben wir bisher nur eine, die Objektbesetzung, in ihren Schicksalen verfolgt; die Entwicklung der anderen, nicht minder wichtigen, bleibt uns noch darzulegen: der *Identifizierung*. Dies eigenartige Verhalten zum Objekt läßt sich bis in die frühesten Kinderjahre zurückverfolgen, es scheint eine ursprüngliche Form der Beziehung zu sein. So hat das männliche Kind (im Durchschnittsfall, es handelt sich hier um die Herausstellung eines häufigen Entwicklungstypus) zur Zeit, da es in die Wirrungen der Ödipussituation eintritt, eine Identifizierung mit dem Vater bereits vollzogen. Der Unterschied gegenüber einer Objektbesetzung des Vaters ist offenbar der folgende: »Im ersten Fall ist der Vater das, was man sein, im zweiten das, was man haben möchte« (Freud[30]). Die Angleichung an das Vorbild ist der psycho-biologische »Sinn«, das heißt hier »Zweck«, der Identifizierungen. Sie können sich auch gegenüber einer Person ausbilden, die nicht Gegenstand der sexuellen Objektliebe ist.

Der normale Ausgang der Ödipussituation ist (für den Knaben) eine Verstärkung der ursprünglichen Vateridentifizierung; dadurch muß »die Männlichkeit im Charakter des Knaben eine Festigung erfahren« (Freud[31]). Daneben ergibt sich aus der doppelten Anlage des »vollständigen« Ödipuskomplexes — als Folge der konstitutionellen Bisexualität — eine Identifizierung mit der Mutter, die aber beim gesunden männlichen Kind hinter jener zurückbleibt. So bedeutet der »Untergang des Ödipuskomplexes« eine Veränderung im Ich, welche »in der Herstellung dieser beiden, irgendwie miteinander vereinbarten Identifizierungen besteht. Diese Ich-Veränderung behält ihre Sonderstellung, sie tritt dem andern Inhalt des Ich als Ich-Ideal oder Über-Ich entgegen« (Freud[32]). Im Vorgang der Identifizierung wird Objektlibido desexualisiert, das Ergebnis der Identifizierungen stellt sich den sexuellen Triebansprüchen entgegen. Das Ich-Ideal ist nun bemüht, die Verdrängung des Ödipuskomplexes aufrecht zu erhalten. Die Selbstliebe, welche im narzißtischen Stadium dem eigenen Ich zugewendet worden war, wird nunmehr (zum Teil) auf das Ich-Ideal übertragen.

30 Massenpsychologie und Ich-Analyse, S. 68.
31 Das Ich und das Es, S. 37.
32 Das Ich und das Es, S. 40.

Zur Zeit der Pubertät erfährt diese Institution, gleichzeitig mit dem Vorstoß der Sexualentwicklung, eine mächtige Verstärkung. Die Idealbildung wird in dieser Zeit auch bewußt als solche erlebt: »Jeder von uns hat seinen idealen Preismenschen in sich, den er heimlich von Jugend auf frei oder ruhig zu machen strebt. Am hellsten schauet jeder diesen heiligen Seelengeist an in der Blütezeit aller Kräfte, im Jünglingsalter« (Jean Paul[33]).

Dieser seelischen »Instanz« schreibt Freud die Funktionen des *Gewissens*, der *Traumzensur* und den mächtigsten Beitrag zu den Vorgängen der *Verdrängung* zu. Die Spannung zwischen Ich-Ideal und Ich, das Maß von Einschränkungen, welches dem Ich auferlegt wird, das daraus resultierende, teils bewußte teils unbewußte Schuldgefühl liefern die wichtigsten Komponenten zur Bildung jener seelischen Strukturen, welche wir als moralischen Charakter zusammenfassen. Denjenigen, welche es der Psychoanalyse immer wieder zum Vorwurf gemacht hatten, daß sie das Höhere, Moralische im Menschen vernachlässige, antwortet Freud[34]: »Wir brauchten die zitternde Besorgnis um den Verbleib des Höheren im Menschen nicht zu teilen, solange wir uns mit dem Studium des Verdrängten im Seelenleben zu beschäftigen hatten. Nun, da wir uns an die Analyse des Ichs heranwagen, können wir all denen, welche, in ihrem sittlichen Bewußtsein erschüttert, geklagt haben, es muß doch ein höheres Wesen im Menschen geben, antworten: Gewiß, und dies ist das höhere Wesen, das Ich-Ideal oder Über-Ich, die Repräsentanz unserer Elternbeziehung. Als kleine Kinder haben wir diese höheren Wesen gekannt, bewundert, gefürchtet, später sie in uns selbst aufgenommen.«

Auch alle Autoritäten der späteren Jahre und ihre ethischen Ansprüche finden ihren Niederschlag im Über-Ich, die Ideale der Familie, der Klasse, der Nation werden in das Über-Ich eingebaut. Infolge seines Ursprungs aus dem Ödipuskomplex hat es seine besonderen Beziehungen zum Unbewußten, zum Es, zum Archaischen; ihm stellt sich das Ich als Vertreter der Realität entgegen.

Einen wesentlichen Beitrag zur Genese der sozialen Gefühle liefern nach Freud[35] die Identifizierungen, und zwar jene, welche sich auf Grund der Gemeinsamkeit des Ich-Ideals (eines Führers, einer Idee) ge-

---

[33] Levana, S. 49, Reclamausgabe.
[34] Das Ich und das Es, S. 42.
[35] Massenpsychologie und Ich-Analyse.

bildet haben. Hier wären — um zu einem Verständnis sozialen Verhaltens und seiner Entwicklung vorzudringen — ergänzende tierpsychologische Untersuchungen von entscheidender Bedeutung. Auf die wichtigen Ergebnisse der Arbeiten Schjelderup-Ebbes[36] sei darum an dieser Stelle wenigstens hingewiesen.

Jede Stunde in der Entwicklung der Geschlechtlichkeit (im engeren Sinne) wie auch der Ich-Entwicklung kann als Entwicklungshemmung fixiert, jeder Fortschritt auf diesem Wege kann anderseits im Falle der Erkrankung rückgängig gemacht werden. Als *Fixierung* bezeichnet Freud das Verbleiben eines Anteils der Persönlichkeit auf einer früheren Entwicklungsstufe. Ist eine solche Fixierung gegeben, so kann ein Hindernis, das sich der Ausübung der entwickelten Funktion entgegenstellt, Anlaß zur *Regression,* zur Rückkehr seelischer Arbeitsweisen auf frühere Entwicklungsstadien geben. Man stellt sich das bildlich am besten so vor, wie bei Verlegung eines Strombettes längst ausgetrocknete Seitenarme wieder durchflutet werden. Von der Struktur des Ich wird es dann abhängen, ob sich dieser Zustand (für den Fall des Sexualtriebs) als Perversion manifestiert, oder zum Anlaß eines Triebkonflikts wird, der dann auf dem Weg über die Verdrängung der primitiven sexuellen Regung zur neurotischen Symptombildung führt (die Neurose ist, nach einem Ausdruck Freuds, als das »Negativ« der Perversion anzusehen; vgl. auch Kapitel XI).

Es wird im Vorgang der Regression nicht etwa bloß eine spätere Errungenschaft abgebaut, vielmehr kehrt die psychische Funktion auf ein anderes Niveau, auf eine primitivere Organisationsstufe zurück. So kann im Seelenleben des Neurotikers die Gedankenwelt des Kindes mit ihren charakteristischen Wünschen und Triebzielen wieder aufleben; doch wird diese Regression niemals eine vollständige sein. Für Art und Grad der Fixierung sind wieder sowohl konstitutionelle als akzidentelle Momente verantwortlich zu machen. Eine entscheidende Wichtigkeit kommt solchen Fixierungsstellen nicht nur für die Ätiologie wie der Perversion, sondern auch für die Formung des normalen *Charakters* zu.

Das Zurückgreifen auf biologisch primitivere Arbeitsweisen bei Schädigung übergeordneter Systeme läßt sich auch auf dem Gebiet des Organischen nachweisen. Neben den differenzierteren und jüngeren Regulationssystemen bestehen die älteren und primitiveren (zum Teil latent)

---

[36] Ztschr. f. Psychol., 80, 92, 95, 97.

weiter und können gegebenenfalls reaktiviert werden. Wagner-Jauregg, Foerster und andere (in jüngster Zeit wieder Betlheim) haben in Fällen grober Hirnläsionen das Wiederauftreten phylogenetisch älterer Mechanismen nachgewiesen. Auch von Jackson und von Monakow sind ähnliche Gedanken vertreten worden. Natürlich darf auch hier nicht von einer totalen Regression gesprochen werden. Schließlich hat Schilder auf die verschiedenen Formen der Analogie zwischen psychopathologischen und hirnpathologischen Gesetzmäßigkeiten, welche auch den Vorgang der Regression umgreift, oft und nachdrücklich hingewiesen (ähnlich auch Goldstein).

Einen der Regression verwandten Vorgang haben tierexperimentelle Untersuchungen aufgedeckt. So wird z. B. bei bestimmten Krebsarten nach Entfernung einer Gliedmaße eine phylogenetisch ältere Form regeneriert. Regressive Vorgänge weist auch das normale Seelenleben auf: der Schlaf ist nach Ansicht Freuds als Rückkehr zum selbstgenügsamen, realitätsabgekehrten Zustand des Narzißmus aufzufassen, und ebenso ist die Regression eines der wesentlichsten Merkmale des Traumvorgangs.

Wir haben uns jetzt die Frage vorzulegen, welche Schicksale denn jene Energien des Sexualtriebs erfahren, die durch entgegenstehende Hemmungen an der Erreichung ihres ursprünglichen Triebzieles verhindert werden. Einen möglichen Ausgang dieser Situation haben wir bereits kennengelernt: die anstößigen Triebregungen können der Verdrängung verfallen. Einem zweiten, dem bei der Entwicklung und individuellen Ausprägung des »höheren« Seelenlebens eine entscheidende Rolle zuerkannt werden muß, wollen wir uns jetzt zuwenden. Freud bezeichnet ihn als *Sublimierung*. Den Erregungen, die im Sexualtrieb ihren Ursprung haben, wird durch diesen Vorgang eine Verwendung auf anderen Gebieten des Seelischen ermöglicht. Die Ziele dieser Strebungen sind mit den ursprünglichen Sexualzielen zwar genetisch verwandt, doch haben die ursprünglichen Triebregungen eine Wandlung in dem Sinne erfahren, daß sie sich den Normen der Kultur, der Moral, der Gesellschaft fügen. An der Existenz solcher Umsetzungen kann kein Zweifel bestehen. Wieder sind es die Schizophrenen, bei welchen man den Vorgang am reinsten studieren kann; den Umschlag sexueller Erregungen in mystische Ekstase kann man hier, wie auch Kretschmer[37] betont, gelegentlich unmittelbar beobachten.

[37] Medizinische Psychologie, Leipzig 1922, S. 140.

Auch bei Nietzsche finden wir übrigens Begriff und Ausdruck der Sublimierung: »Manche Triebe, z. B. der Geschlechtstrieb, sind großer Verfeinerung durch den Intellekt fähig (Menschenliebe, Anbetung von Maria und Heiligen, künstlerische Schwärmerei; Plato meint, die Liebe zur Erkenntnis sei ein sublimierter Geschlechtstrieb). Daneben bleibt seine alte direkte Wirkung bestehen.« An anderer Stelle sucht er eine Erklärung dafür, »warum gerade in der christlichen Periode Europas und überhaupt erst unter dem Druck christlicher Werturteile der Geschlechtstrieb sich bis zur Liebe (*amour-passion*) sublimiert hat«[38] oder es heißt: »Gute Handlungen sind sublimierte böse«[39].

Bernfeld[40] hebt ganz richtig hervor, daß das Wort »Sublimierung« eine Wertung enthält. Man bezeichnet als Sublimierung ja in der Regel jene Zielablenkungen der Libido, welche kulturell, sozial, künstlerisch, intellektuell wertvolle Verhaltensweisen zum Durchbruch bringen oder verstärken. Den schwankenden Umrissen, welche dem Begriff in dieser Bedeutung anhaften müssen, gibt man am besten festere Form, indem man überall dort von Sublimierung spricht, wo sexuelle Ziele gegen nichtsexuelle eingetauscht werden, wo Objektlibido »desexualisiert« wird. Es kann weiter keinem Zweifel unterliegen, daß die zielabgelenkten Strebungen dem Ich genehmer sind als die eigentlich sexuellen. Daher muß man dem Vorschlag Bernfelds zustimmen, »jede Zielablenkung einer objektlibidinösen Strebung, soweit sie ohne Verdrängung und ichgerecht sich vollzieht, vorläufig ausdrücklich Sublimierung zu nennen«.

Der psychologische Anstoß zur Sublimierung geht zwar vom Ich-Ideal aus, doch sind die weiteren Schicksale des Vorgangs weitgehend von ihm unabhängig: es übt nur sozusagen eine Kontrolle aus, die inhaltliche Ausprägung aber ist durch Art und Stärke der energiespendenden Triebregungen wesentlich mitbestimmt. Auch darf man sich die Strenge des Ich-Ideals keinesfalls der Fähigkeit zur Sublimierung proportional denken: »Man findet gerade bei Neurotikern die höchsten Spannungsdifferenzen zwischen der Ausbildung des Ich-Ideals und dem Maße von Sublimierung ihrer primitiven libidinösen Triebe« (Freud[41]).

---

38 Jenseits von Gut und Böse, V. Hauptstück, 189.

39 Menschliches, Allzumenschliches, II. Hauptstück, 107.

40 Imago, VIII (1922).

41 Zur Einführung des Narzißmus, Sammlung kleiner Schriften zur Neurosenlehre, IV, S. 103.

Mit dem Begriff der Sublimierung ist nicht, wie Spranger[42] meint, »die Theorie der mit dem Sexualtrieb konkurrierenden Ich-Triebe aufgegeben«, er besagt vielmehr lediglich die Umwandelbarkeit der Formen psychischer Energie ineinander, im konkreten Fall also nichts anderes als: Objektlibido kann »desexualisiert« werden und in den Dienst von Triebregungen treten, die andere als sexuelle Ziele verfolgen. Darüber sei die Annahme Freuds nicht vergessen, daß es daneben ein indifferentes Energiereservoir gibt, welches aus dem narzißtischen Libidovorrat stammt und bald der einen, bald der anderen Triebgruppe dienstbar gemacht werden kann; (über die Abgrenzung der Triebe gegeneinander vgl. aber Kapitel VIII).

Den Einwand, der mehrfach gegen die analytische Theorie (so von Scheler[43] und von Spranger[44] erhoben wurde, es könne doch unmöglich die Libido »aus sich heraus« Mächte aufbauen, denen die Aufgabe der Eindämmung eben dieser Libido gelingen könnte — diesen Einwand haben wir zum Teil schon widerlegt: der Begriff »Libido« deckt sich eben nicht mit dem psychischer Energie überhaupt, sondern umfaßt nur einen Teil derselben. Wir können jetzt hinzufügen, daß durch den Vorgang der Identifizierung Libido »desexualisiert« wird, daß sich aus Identifizierungen das Ideal-Ich aufbaut, und daß das Ideal-Ich den Anforderungen der sexuellen Regungen entgegentritt. Endlich haben wir ja gehört, daß jene seelischen Mächte, welche berufen sind, den Sexualtrieb einzudämmen, zum Teil erblich fixiert sind. Damit löst sich die Schwierigkeit oder Inkonsequenz auf, die jener Einwand der analytischen Libidotheorie zum Vorwurf macht.

Die Möglichkeit der Sublimierung erklärt sich aus der grundlegenden Eigenschaft der Sexualtriebe, ihre Energie leicht von einem Objekt auf ein anderes verschieben zu können, und aus ihrer Fähigkeit, ein Sexualziel gegen ein anderes zu vertauschen, also aus der »Plastizität« der sexuellen Triebregungen. Nur aus dieser Eigenschaft ist die Verwendungsmöglichkeit der libidinösen Triebenergie auf Gebieten, die vom sexuellen weit abliegen, zu begreifen. Doch ist die Fähigkeit zu sublimieren von Mensch zu Mensch außerordentlich verschieden; wahrscheinlich spielen auch hier konstitutionelle Momente mit. Jedenfalls können

---

[42] Psychologie des Jugendalters, S. 132.
[43] Wesen und Formen der Sympathie, Bonn 1923, S. 239.
[44] a.a.O.

wir einen innigen Zusammenhang der individuellen Eigenschaften der Objektlibido mit dieser Fähigkeit feststellen. Aber die Vermutung Bernfelds ist ohne Zweifel zutreffend, daß daneben auch *Strukturen des Ich* eine Rolle spielen, in erster Linie seine Entwicklungsstufe und die Lustmöglichkeiten, welche es zu bieten geeignet ist. Hier liegen auch die Faktoren, welche darüber entscheiden, ob eine Regung das Schicksal der Verdrängung oder der Sublimierung erfährt.

Manche Sublimierungen, wie Scham- und Ekelgefühl, entstehen unmittelbar als Reaktionen gegen sexuelle Triebkräfte, deren Durchsetzung der erreichten Stufe der Ich-Entwicklung nicht mehr gemäß wäre. Andere liefern wesentliche Beiträge zur Bildung jener affektiven Reaktionsweisen, welche wir als Charakter bezeichnen. Von diesen relativ stabilen psychischen Gebilden führen dann alle Übergänge zu den flüchtigen, »passageren« Sublimierungen, die für den Augenblick geboren sind und nach der Erfüllung ihrer aktuellen Aufgabe wieder schwinden: der Anlaß zu ihrer Entstehung kann in vorübergehenden Versagungen auf dem Gebiete der Objetlibido gelegen sein, oder in aktuell erhöhten Anforderungen, welche das Ich stellt — so etwa in der Notwendigkeit vermehrter Arbeitsleistung (Bernfeld[45]). In allen Fällen, in denen libidinöse Strebungen der Sublimierung zugeführt werden — mögen diese Triebschicksale nun dauern oder vergänglich sein — müssen wir einen solchen Ausgang gegenüber dem Schicksal der Verdrängung als den für das Individuum günstigeren Fall bezeichnen. Denn die Triebkräfte sind damit nicht der freien Verwendung entzogen (wie im Falle der Verdrängung), sondern stehen zur Verfügung des Ich.

Auch die zielabgelenkten, zärtlichen Gefühlsbindungen dürfen wir — wenigstens zum Teil — als Ergebnisse von Sublimierungsvorgängen ansehen. Es können übrigens nicht nur grobsinnliche Regungen durch zielgehemmte abgelöst werden, es kann sich umgekehrt aus der zunächst zärtlichen Strömung eine deutlich sexuelle Objektbesetzung entwickeln. Daß die Erlebnisfärbung des Erotischen und des Sexuellen eine sehr verschiedene sein kann — diese Selbstverständlichkeit hat die Psychoanalyse nicht geleugnet, wie ihr gelegentlich vorgeworfen wurde, sondern im Gegenteil ausdrücklich anerkannt; sie begnügt sich aber nicht mit der deskriptiven Unterscheidung, sondern ordnet den beiden Gefühlsqualitäten auch gesonderte Schicksale der Objektlibido zu.

---

[45] a.a.O.

Freilich mußte für sie, als genetische Seelenkunde, die Erforschung der entwicklungspsychologischen Abhängigkeitsbeziehungen der sexuellen Formen in den Vordergrund treten, und das Interesse an den Strukturen und den Abschattungen des erotischen Erlebens mußte dahinter zurückstecken — so auch etwa die Frage, wie weit Werterlebnisse für seinen phänomenologischen Tatbestand charakteristisch sind; diese Frage ist an sich für das Verständnis der erotischen Phänomene von großer Bedeutung, denn sicherlich ist Blühers Formulierung falsch, Liebe sei die Bejahung eines Menschen »abgesehen von seinem Wert«.

Es ist aber unrichtig, wenn man meint, die Analyse kenne keine wertgerichteten Akte; sie kennt und berücksichtigt sie (in ihrer Weise) ebenso, wie sie auch die Phänomene der »selbstaufopfernden« Liebe kennt, deren Verständnis Scheler ihr abspricht, und sucht sie aus dem Gesichtspunkt der Idealbildung zu begreifen (siehe Freud [46]). Ob aber den Werten, auf deren Verwirklichung die sublimierten Regungen sich richten, eine objektive Geltung zukommt, ist eine Frage, deren Beantwortung durch die psychoanalytische Arbeit gar nicht berührt wird. Eben weil vom Gedankenkreis der Analyse her zu dieser Problematik keine Brücke führt, und weil sie Werturteile und Tatsachenfeststellung scharf trennt, liegt es ihr auch vollständig fern, etwa das Phänomen der »heiligen Liebe« als »Perversion des gesunden Lebenstriebs« zu deuten, und es so mit einem negativen Wertakzent zu versehen, wie Scheler [47] irrig voraussetzt. Ob die Werte, welche die sublimierten Liebesformen erschließen, wirkliche oder »illusionäre« Werte sind, ist ja ganz selbstverständlich auf analytischem Wege nicht zu entscheiden möglich, und die Analyse hat auch niemals zu dieser Frage Stellung genommen. Wenn Scheler die Qualitäten der Liebe als »irreduzibel« erklärt und meint, Liebe sei durch keinen Sublimierungsvorgang aus dem Trieb ableitbar, so ist dies in dem Sinne richtig, daß — wie wir schon wissen — eine Qualität grundsätzlich niemals aus einer anderen Qualität abgeleitet werden kann; aber das gilt auch von den Qualitäten »rot«, »süß«, »hart« usw. Darauf kann man nun nicht, wie Scheler will — Allers [48] ist ihm hierin gefolgt — eine Ablehnung der genetischen Theorien aufbauen. Die Frage, ob ursprünglich sexuelle Triebenergien desexualisiert werden und in den

---

[46] Massenpsychologie und Ich-Analyse.

[47] Wesen und Formen der Sympathie, S. 210.

[48] Psychologie des Geschlechtslebens, in Kafkas Handbuch der vergleichenden Psychologie, München 1922.

Dienst religiöser oder moralischer Tendenzen treten können, kann man bejahen, auch wenn man die mögliche Ableitung von Qualitäten auseinander negiert. Scheler[49] meint freilich, Freud habe den Versuch gemacht, »die verschiedenen Qualitäten der Liebe aus einer einzigen Qualität, die er ›libido‹ nennt, abzuleiten«. Aber Freud hat das nicht getan, »Libido« ist keine Qualität und Schelers Einwand somit hinfällig.

Noch ein Wort über jene Sublimierungsvorgänge, welche im *Charakter* ihren Niederschlag gefunden haben. Die Psychoanalyse hat in den frühesten Entwicklungsstufen des Sexualtriebs einen Faktor erkannt, der auch zur Charakterbildung wichtige Beiträge liefert. Freud[50] hat mit seiner Lehre vom *Analcharakter* (der Tras: Eigensinn, Pedanterie und Geiz) den Weg gewiesen, andere (Sadger[51], Jones[52]) sind ihm gefolgt. Abraham[53] hat dann die von Freud gefundenen Gesichtspunkte auf die charakterbildenden Abkömmlinge der *oralen* Zone übertragen und Alexander[54] die Beziehungen des Kastrationskomplexes zum Charakter klargelegt. Einen gewissen Zuschuß zur Charakterbildung aus diesen Quellen dürfen wir als »normal« betrachten.

Die Ontogenese des Sexualtriebs ist nicht die Ontogenese der menschlichen Persönlichkeit überhaupt. Doch bestehen ohne Zweifel enge Beziehungen zwischen den Entwicklungsvorgängen der einzelnen seelischen Teilstrukturen. Freud spricht von »psycho-sexuellem Parallelismus« und meint, daß die sexuelle Entwicklungsreihe vorbildlich sei für die Entwicklung der Gesamtpersönlichkeit. Auf jeden Fall dürfen wir die Annahme machen, daß Art, Grad und zeitlicher Zusammenhang der Entwicklung funktioneller Teilkomplexe auch in den Tatsachen der Sexualentwicklung eine Spiegelung erfahren und daß sie grundsätzlich auch von hier aus erkannt werden können — wenn auch zugegeben werden muß, daß dieser Erkenntnisweg nicht gegenüber allen seelischen Gebieten gleich fruchtbar ist.

So werden die (im engeren Sinne) sexualpsychologischen Entwicklungstatsachen für sich allein natürlich nur eine relativ schmale Basis

---

49 a.a.O., S. 238.

50 Charakter und Analerotik, Sammlung kleiner Schriften zur Neurosenlehre, II, S. 132.

51 Heilkunde, 1910.

52 Intern. Ztschr. f. Psa., V (1919).

53 Psychoanalytische Studien zur Charakterbildung, Leipzig & Wien 1925.

54 Intern. Ztschr. f. Psa., VIII (1922).

zur Begründung gerade einer Charakterlehre abgeben. Die Richtung auf eine Analyse der Gesamtpersönlichkeit, welche die neuere Entwicklung der Psychonalyse kennzeichnet, hat diese Grundlage nach der Seite der Ich-Psychologie erweitert. Vornehmlich Freuds »Ich und Es« hat dieser Richtung die Wege gewiesen; der Mechanismus der Identifikation bildet hier die Brücke zur Grundlegung einer psychoanalytischen Charakterologie. Reich[55] hat diese Gedankengänge für den Sonderfall des triebhaften Charakters weiterverfolgt.

Da die Psychoanalyse genetisch verfährt, ermöglicht sie es, eine sozusagen »natürliche« Systematik der Charaktereigenschaften aufzufinden, analog etwa den biologischen Klassifikationen auf entwicklungsgeschichtlicher Grundlage. Solange wir aber über die Wahrscheinlichkeit des Zusammentreffens mehrerer dieser charakterbildenden Faktoren — also, für den Sexualtrieb, über die gesetzmäßigen Zusammenhänge der Partialtriebe und der Erogeneität verschiedener Zonen untereinander — wenig wissen und fast ebenso wenig über die gegenseitige Förderung oder Hemmung von Charaktereigenschaften, muß dieser analytische Versuch einer genetischen Charakterologie unvollkommen bleiben. Die Psychoanalyse kann, ihrer Forschungsrichtung entsprechend, nur Beiträge zu einer »Charakterätiologie« liefern und bleibt auf diesem Gebiet mehr noch als auf anderen auf die Ergänzung durch typenpsychologische und deskriptive Arbeit angewiesen. Sie vermag aber schon heute Gesichtspunkte aufzustellen und auf Teilresultate hinzuweisen, die für allgemeine Charakterologie von nicht zu unterschätzender Bedeutung sind.

Auch die Entwicklung der *Objektbeziehungen* muß in einer genetischen Charakterologie Berücksichtigung finden: als einen wichtigen Beitrag zur Charakterentwicklung hat uns Freud die Ablösung der Objektbesetzung durch Identifizierung kennen gelehrt. Dieser Vorgang ist ein sehr allgemeiner, »vielleicht ist diese Identifizierung überhaupt die Bedingung, unter der das Es seine Objekte aufgibt« (Freud[56]). Von diesem Standpunkt betrachtet, enthält der Charakter des Ich »die Geschichte dieser Objektwahlen«, er ist im Grunde »ein Niederschlag der aufgegebenen Objektbesetzungen«. Die Beeinflußbarkeit durch charakterbildende Faktoren aus dieser Quelle ist freilich eine individuell sehr

---

55 Der triebhafte Charakter, Leipzig & Wien 1925.

56 Das Ich und das Es, S. 33.

verschiedene; vielleicht beim Weib ausgesprochener als beim Mann: »Bei Frauen, die viele Liebeserfahrungen gehabt haben, glaubt man, die Rückstände ihrer Objektbesetzungen in ihren Charakterzügen leicht nachweisen zu können« (Freud).

Die Einheitlichkeit eines Charakters ist ein naturwissenschaftlich faßbarer Begriff, zumindest wenn man darunter nichts anderes als die Unterordnung aller seelischen Reaktionsweisen unter die Tendenzen des Ich versteht. Eine Schwierigkeit aber, die ganz allgemein jeder Charakterologie anhaftet, liegt in der positiven oder negativen Wertung beschlossen, die wir menschlichen Eigenschaften überhaupt zuteil werden lassen, und von der auch der wissenschaftliche Mensch bei seiner Arbeit nur schwer absehen kann: nicht selten wird auf Grund solcher Wertungen dieselbe Eigenschaft mit zwei verschiedenen Terminis belegt, von denen der eine die positive, der andere die negative Wertung zum Ausdruck bringt, und auf diese Weise die charakterologische Systematik erschwert; oder es werden in charakterologischen Versuchen nächstverwandte Eigenschaften auf Grund ihrer entgegengesetzten Wertakzente auseinander gerissen. Demgegenüber vertritt die Psychoanalyse die Ansicht, welche schon die Ansicht Nietzsches gewesen ist, daß das höchst und das niedrigst Bewertete im Menschen aus denselben Quellen erfließt.

XI

PSYCHOANALYSE UND PSYCHIATRIE[1]

Freud hat einmal das Verhältnis zwischen Psychiatrie und Psychoanalyse dem zwischen Anatomie und Histologie bestehenden verglichen: die eine beschreibt die groben Merkmale des äußeren Aufbaus, die andere aber die feinere Struktur; so stellt die klinische Psychiatrie etwa die typischen Wahnbildungen der Paranoia fest, die Psychoanalyse aber — und, wie man heute hinzufügen muß, jener Teil der Psychiatrie, der an ihren Ergebnissen orientiert ist — die Beziehungen der wahnhaften Inhalte zueinander und die gegenseitige Bedingtheit von Form und Inhalt. Sie richtet ihr Augenmerk auf die individuellen Abweichungen und auf die individuelle Vorgeschichte und untersucht die Stellung des einzelnen Symptoms im Ganzen der Persönlichkeit. In dieser Parallelisierung Freuds finden gewiß unterscheidende Merkmale von Bedeutung ihren Ausdruck. Da aber die statische Betrachtungsweise in der Psychoanalyse hinter der dynamischen so ganz in den Hintergrund tritt, ziehe ich den Vergleich der analytischen Forschungsrichtung mit der physiologischen vor. Wesentlich bleibt — und dies zu veranschaulichen wurde ja von Freud der Vergleich gewählt — daß ein grundsätzlicher Gegensatz zwischen Psychoanalyse und Psychiatrie nicht besteht und nicht bestehen kann. Durch die Tatsache, daß die Mehrzahl der Psychiater wichtige Teile der psychoanalytischen Lehren bisher abgelehnt hat, wird an der Geltung dieses Satzes nichts geändert.

Natürlich ist die Stellung der Psychoanalyse zur und in der Psychiatrie durch die Analogisierung mit der physiologischen Arbeitsweise nur unvollkommen charakterisiert. Psychiatrie ist eine einheitliche Wissenschaft weder in Hinsicht auf ihren Gegenstand noch auf ihre Methode.

---

1 Ich kann hier nur einzelne Fragen herausgreifen und habe vor allem die therapeutischen Probleme bewußt ausgeschaltet. Eine zusammenfassende Darstellung der Beziehungen zwischen Psychoanalyse und Psychiatrie hat Schilder gegeben (Entwurf zu einer Psychiatrie auf psychoanalytischer Grundlage, Leipzig & Wien 1925). — Weiter sei auf die Arbeiten von Binswanger (Intern. Ztschr. f. Psa., 7 (1921) und von Stärcke (Psychoanalyse und Psychiatrie, Leipzig & Wien 1921) hingewiesen.

Klinische, psycho-pathologische, erbbiologische, neurologische, serologische, anatomische Resultate und Methoden müssen hier zusammenarbeiten, und erst dies System von Wissen und von Problemen ergibt das Ganze dessen, was wir als Psychiatrie bezeichnen. Ihre Reduzierung auf das eigentlich psychopathologische Gebiet unter Ausschaltung somatischer Fragestellungen würde sie — heute — vor allem klinisch unfruchtbar machen; aber auch die psychologischen Probleme selbst dürfen ja von der organischen, vor allem der hirnpathologischen Seite her, Bereicherungen und Lösungsmöglichkeiten erwarten und haben sie auch bereits in bezug auf wichtige Fragestellungen erfahren. Die Namen Picks, Pötzls, Schilders, Goldsteins u. a. bezeichnen heute diesen Forschungsweg. Auch bei Freud machen sich da und dort Anknüpfungen an Ergebnisse der Hirnpsychologie oder -pathologie bemerkbar; wir sprachen davon, als wir den Begriff der Regression kennenlernten. Andere Teile der Freudschen Lehren sind deutlich an Resultaten der Aphasieforschung orientiert.

Die Psychiatrie kann heute keine der genannten Forschungsrichtungen entbehren, die von verschiedenen Erfahrungsgebieten und Grundpositionen ausgehend einander gegenseitig ergänzen und mit dem Fortschreiten auf zunächst getrennten Wegen die Umrisse einer Psychiatrie als einheitlicher Wissenschaft erst ahnen lassen; wir können ihren gegenwärtigen Zustand mit Kronfeld[2] als »Sieg der heterologischen Forschungstendenzen« charakterisieren. Der Versuch einer Systemisierung dieser Tendenzen auf einheitlicher Basis wäre verfrüht und kaum ohne grobe Gewaltsamkeiten durchzuführen; es fehlt dazu nicht nur die notwendige Voraussetzung einer streng methodischen Durcharbeitung, welche die geschlossene Einzelwissenschaft noch immer leichter entbehren kann als ein relativ locker verbundenes Ensemble von Sonderdisziplinen, sondern es sind auch die empirischen Grundlagen dieser Teilgebiete in wesentlichen Punkten lückenhaft. Eine entscheidende Ergänzung nach der psychogenetischen Seite hat die dynamische Psychopathologie Freuds gebracht. Es ist nun durchaus verständlich, daß der jeder neuen Erkenntnisweise innewohnende Expansionsdrang sie weitab von ihrem Ursprungsgebiet in Gegenstandsbereiche geführt hat, für welche die Zulässigkeit ihrer Unterwerfung unter die Grundannahmen der Psychoanalyse und die Fruchtbarkeit der analytischen Methode heute noch

---

[2] Das Wesen der psychiatrischen Erkenntnis, Berlin 1920, S. 89.

strittig sein können. Man muß aber erkennen, daß eine solche heuristische Gebietsüberschreitung in der Richtung auf Gegenstände, die sonst der Biologie und der somatischen Medizin vorbehalten waren, sich methodisch rechtfertigen läßt, und daß sie eine Fülle neuer Gesichtspunkte in bezug auf diese Tatsachenkreise zutage gefördert hat. Die Grenzen ihres Geltungsbereichs kann die Psychoanalyse nur zum Teil aus sich heraus bestimmen, zum anderen Teil werden sie sich aus klinisch und somatisch gerichteten Gedankengängen ergeben müssen. Es kann ja keine Rede davon sein, daß die Psychoanalyse allein imstande wäre, das Ganze der psychiatrischen Wissenschaft aufzubauen; auf der anderen Seite beschränkt sich die psychologische Theorie Freuds nicht auf das *krankhafte* Seelenleben. Wir müssen also sagen: die Gegenstandsbereiche der Psychoanalyse und der Psychiatrie bilden zwei sich schneidende Kreise.

Die Ansicht, daß die psychischen Symptome der Psychosen nur mehr oder minder »zufällige« Begleiterscheinungen des Krankheitsvorgangs sind, welche auf die Gesetzlichkeit des zugrundeliegenden Prozesses keinerlei Schlüsse zulassen, dürfte heute von der Mehrzahl der Psychiater verlassen sein. Doch bleibt die Frage zu beantworten, inwieweit eine für die verschiedenen Psychosen charakteristische Sonderart seelischer Erlebnisweisen und Zusammenhänge nachweisbar ist, die Frage also nach der Spezifität psychischer Symptome. Von der Antwort auf diese Frage wird es abhängen, welchen Wert für die klinische Forschung wir der psychopathologischen Analyse psychotischer Zustände und Abläufe zuerkennen dürfen. Wir sind ja gewöhnt, aus Zustandsbild und Verlauf die Diagnose psychischer Erkrankungen zu stellen. Die psychologische Analyse kann nun entweder eine *deskriptiv-phänomenologische* oder aber eine *genetisch-dynamische* sein. Beides zusammen ergibt erst das Ganze dessen, was die Psychopathologie zur Aufhellung nosologischer Probleme in der Psychiatrie beitragen kann; daher muß die Struktur der psychiatrischen Symptomatik nach beiden Richtungen durchgearbeitet werden.

Jaspers[3], welcher der ersten Fragestellung, der phänomenologischen, mit einer Reihe glänzender Arbeiten Eingang in die Psychiatrie verschafft hat, will in der Möglichkeit der Unmöglichkeit des Nacherlebens (auf Seite des Beobachters) ein Kriterium zur Entscheidung der klinisch so bedeutsamen Frage gefunden haben: ob ein psychisches Geschehen

[3] Allgemeine Psychopathologie, Berlin 1924.

aus der Struktur der Persönlichkeit herausgewachsen oder Symptom eines personsfremden Krankheitsprozesses ist. Wir haben unsere Ablehnung dieses Standpunktes (im III. Kapitel) bereits begründet; die in weiten Grenzen variable Fähigkeit zur Einfühlung und die Unvollkommenheit unserer Einsicht in die objektiven Bedingungen des Nacherlebenkönnens lassen den Jaspersschen Versuch im heutigen Zustande der Psychiatrie als klinisch undurchführbar erscheinen (siehe dazu auch: Kronfeld[4], Schilder[5], Hartmann[6]. Aber auch ganz abgesehen davon, daß bei Anwendung eines solchen Abgrenzungskriteriums die Einordnung jedes einzelnen Falles von Psychiater zu Psychiater schwanken könnte: es bleibt auch theoretisch durchaus fraglich, ob im Vergleich der Krankheitsbilder ein Mehr an Verständlichkeit immer gegen, ein Weniger aber für das Vorliegen eines den Gesetzen der Persönlichkeit fremden Krankheitsprozesses verwertet werden darf. Auch seelische Reaktionen, die im Rahmen der Persönlichkeit bleiben, können unverständlich sein und wir haben anderseits gehört, daß die wirklichen seelischen Zusammenhänge auch dort von einem Gewebe verständlicher Zusammenhänge überlagert und verdeckt sein können, wo apsychonome Einflüsse das seelische Geschehen mitbestimmen. Kronfeld, der den Erkenntniswert des Fremdverstehens wesentlich niedriger ansetzt als Jaspers, verlegt das Kriterium der Prozeßpsychose in den Erlebenden und meint: »Ich-Fremdheit für das Erleben ist das phänomenologische Kennzeichen von Symptomen des Prozesses.« Dies trifft gewiß in vielen Fällen zu, aber eine allgemeine Geltung können wir diesem Satz (auf Grund unserer früherer Überlegungen) nicht zuerkennen. Daß ihm ein gewisser heuristischer Wert zukommt, soll damit nicht bestritten sein, ebenso wie auch der Jaspersche Versuch zur vorläufigen klinischen Orientierung gute Dienste leisten kann.

Ob man von einer streng spezifischen Beziehung zwischen Zustandsbild und krankheitserzeugendem Agens sprechen darf, ist fraglich. Es muß ja außer dem ätiologischen Agens (sowie dem quantitativen Faktor und dem Verteilungsrhythmus) immer auch die Sonderart der seelischen Systeme berücksichtigt werden, mit denen es in Beziehung tritt (siehe dazu Hartmann und Schilder[7]). Die einzelnen psychischen Systeme

---

[4] a.a.O., S. 383.

[5] Entwurf zu einer Psychiatrie auf psychoanalytischer Grundlage, Leipzig & Wien 1925.

[6] Monatsschrift f. Psychiatrie, 57 (1923).

[7] Ztschr. f. d. ges. Neurol. u. Psych., 92 (1924).

können aber von den verschiedensten Krankheitsvorgängen in Mitleidenschaft gezogen werden. Dabei zeigt es sich freilich, daß die verschiedenen Krankheiten diese Systeme verschieden häufig angreifen, so daß zwar nicht das einzelne Zustandsbild, wohl aber der Durchschnitt der Fälle gleicher Ätiologie als deskriptiv-psychologisch charakteristisch erkannt werden kann. Dies gilt für den heutigen Zustand der Psychopathologie. Aber die grundsätzliche Möglichkeit, durch Mittel der psychologischen Analyse streng spezifische Symptome aufzuweisen, ist damit nicht bestritten.

Die Psychoanalyse ist andere Wege gegangen. Auch sie sucht nach psychologischen Kennzeichen klinischer Einheiten; ihre Forschung zielt ja erst in zweiter Linie und mittelbar auch auf das organisch-biologische Geschehen, zunächst und unmittelbar aber auf die pathologische Sonderart seelischer Vorgänge. Aber entscheidend für die nosologischen Mittelpunkte und Grenzen ist ihr nicht allein der phänomenologische Befund, sondern vor allem die dynamisch-energetische Besonderheit dieses Geschehens, der Nachweis bestimmter »Mechanismen« und ihres jeweiligen psychischen »Ortes«, das heißt der seelischen Schichten, deren Arbeitsweise sie in den einzelnen Krankheiten beherrschen. So findet Freud [8] den entscheidenden psychologischen Unterschied (vom organisch-biologischen sehen wir hier ab) zwischen der *Trauer* nach dem Verlust eines geliebten Objekts und einer *Melancholie*, die an ein gleiches Erlebnis anknüpft, nicht etwa in der längeren Dauer und größeren Intensität der depressiven Verstimmung bei dieser letzteren, auch nicht im Hinzukommen von Hemmung, Selbstvorwürfen usw. — vielmehr in der Herübernahme des Objekts in das Ich und in der Verschärfung des Kampfes zwischen Über-Ich einerseits, Ich anderseits (die typischen Selbstvorwürfe der Melancholiker gelten danach eigentlich nicht dem Kranken selbst, sondern dem verlorenen Objekt); weiter aber in einer für die Melancholie charakteristischen Libidoregression auf bestimmte Entwicklungsstufen (die orale und die sadistisch-anale; Freud [9], Abraham [10]). Die Nahrungsverweigerung der Melancholiker führt die Psychoanalyse nicht, wie es unter Leitung der Selbstwahrnehmung der Kranken geschehen müßte, auf die traurige Verstimmung zurück, sie faßt

---

[8] Sammlung kleiner Schriften zur Neurosenlehre, IV, S. 356.

[9] a.a.O.

[10] Versuch einer Entwicklungsgeschichte der Libido auf Grund der Psychoanalyse seelischer Störungen, Leipzig & Wien 1924.

sie vielmehr als Selbstbestrafung für die Hypertrophie der oralen Wünsche des Melancholikers auf. Ob der von Freud gefundene Mechanismus und sein Zusammenhang mit einem bestimmten Regressionsvorgang für *alle* Melancholiker des manisch-depressiven Irreseins charakteristisch ist, und ob er nur diesen zukommt, nicht aber den melancholischen Zuständen im Rahmen etwa der Schizophrenie, ist heute nicht genügend geklärt. An dieser Stelle sollte er uns nur als Beispiel dafür dienen, in welcher Weise die Psychoanalyse sich der Erfassung nosologischer Einheiten zu nähern bestrebt ist. Übrigens ist die Abgrenzung von Krankheitseinheiten für die Psychoanalyse niemals im Vordergrund des Interesses gestanden, und sie hat sich niemals der Einsicht verschlossen, daß die nosologischen Probleme der Psychiatrie auch auf anderen Wegen und unabhängig von der analytischen Methodik in Angriff genommen und auch gelöst werden können. Sie hält daran fest, daß der Psychopathologie auch außerhalb ihrer klinischen Aufgaben eine Daseinsberechtigung zukommt.

Auch die Resultate der »statischen« Deskription von Erlebnissen lehnt die Psychoanalyse nicht ab; sie sieht sich vielmehr ständig auf ihre Verwertung angewiesen, denn sie bilden das Ausgangsmaterial auch der im engeren Sinne analytischen Fragestellung. Aber eben nur das Ausgangsmaterial — es kann, wie wir schon wissen, deskriptiv Verwandtes, kausal-genetisch betrachtet, vollständig verschiedenartig und Ausdruck ganz verschiedener Tendenzen sein. Umgekehrt kann deskriptiv weit Auseinanderliegendes kausal-genetisch eine Einheit bilden. Die Daten der phänomenologischen Psychopathologie bedürfen daher, soweit sie über sich hinausweisend in die realen psychopathologischen Zusammenhänge des krankhaften Seelenlebens Licht bringen sollen, der ständigen Beziehung auf die Gesetzmäßigkeiten des krankhaften Seelenlebens und der Kontrolle durch die Ergebnisse der genetisch-dynamischen Analyse.

Die Psychoanalyse hat uns gelehrt, mehr als es vordem geschehen ist, den Inhalten der Symptome unsere Aufmerksamkeit zuzuwenden. Wenn man sich heute nicht mehr mit der Feststellung begnügt, daß ein Kranker sich von seinem Freunde verfolgt glaubt, den Tod seines Vaters halluziniert, seine Wiedergeburt erlebt; wenn man der Determinierung dieser Inhalte aus Charakter und individueller Vorgeschichte nachgeht und das dynamische Mit- und Gegeneinander teils bewußter, teils unbewußter Regungen in den Symptomen aufdeckt; wenn man die Triebbeziehung bestimmter seelischer Schichten zu bestimmten Gegenstandsbereichen festzustellen sucht — so ist das wesentlich (in der Stellung der Frage sowohl als in den Ansätzen zu ihrer Lösung) auf Anregungen Freuds — und weiter auf ihre Aufnahme durch Bleuler — zurückzuführen. Es ist zwar ohne Zweifel richtig, wenn Raimann[11] meint, auch vor und außerhalb der Analyse habe man nicht daran gezweifelt, daß die Inhalte der Psychosen aus den Erlebnissen der Kranken schöpfen. Aber es ist etwas anderes, diesen Sachverhalt allgemein festzustellen, etwas anderes, mit seiner wissenschaftlichen Verwertung Ernst zu machen. Die psychotischen Inhalte sind nichts »Zufälliges«. Einerseits bringen bestimmte Krankheitsprozesse bestimmte Inhalte mit Vorliebe an die Oberfläche, anderseits spiegelt sich in den Inhalten die Anlage und Vorgeschichte des Erkrankten; gerade hier liegt also ein Schnittpunkt zweier Reihen, von welchem ausgehend wir die Wechselwirkung beider analysieren können. Weiter aber kann uns die inhaltliche Betrachtungsweise auch über die Beziehung bestimmter Prozesse zu bestimmten psychischen Systemen und Schichten Aufschluß geben. Man darf daher die psychologische Charakteristik seelischer Erkrankungen nicht nur in der Gegebenheitsweise der psychotischen Phänomene, muß sie vielmehr auch in ihrer inhaltlichen Erfülltheit suchen. Die »analytische Technik«, welche dieser Forderung gerecht wird, unterscheidet sich (gegenüber Psychotischen, soweit eine therapeutische Absicht nicht in Frage kommt!) vom üblichen psychiatrischen Examen einzig durch geduldigeres Zuhören und genaueres Protokollieren. Man läßt die Patienten unbeeinflußt reden (das heißt, man gibt ihnen keine Deutungen und stellt keine Suggestivfragen) und hält ihre Einfälle ohne nach bestimmten Gesichtspunkten auszuwählen und in möglichster Vollständigkeit fest.

Die gleichen psychotischen Inhalte können formal verschieden gegeben sein; als Halluzinationen, Wahnideen, Zwangsgedanken usw. Das weist vielleicht auf eine Verschiedenheit der beteiligten organischen Apparate hin. Aber man darf auch den Versuch machen, diese Unterschiede psychologisch zu erfassen (siehe Schilder[12]). So ist es z. B. wahrscheinlich, daß eine Libidoregression auf die psychologisch als Narzißmus charakterisierte Entwicklungsstufe die Halluzinationsfähigkeit zu steigern geeignet ist. Nach Freud besteht — nicht nur hier, sondern auch im Traum — ein gesetzmäßiger Zusammenhang zwischen dieser »zeit-

[11] Zur Psychoanalyse, Wien 1925, S. 26.
[12] Seele und Leben, Berlin 1923, S. 150.

lichen« Regression und der »topischen« (das heißt der Darstellung von Gedanken in Form von primitiven, wahrnehmungsmäßigen, halluzinatorischen Erlebnissen). Auch die Phänomene des Zwangserlebens darf man wohl im allgemeinen mit einer Regression, und zwar auf das sadistisch-anale Stadium, in Zusammenhang bringen.

Geisteskrankheiten vernichten die *Persönlichkeit* niemals vollständig; die letzten Grundeinstellungen, Triebhaltungen, Reaktionsweisen bleiben selbst im psychotischen Geschehen noch nachweisbar. Freilich ändert es Grad und Art ihrer Wirksamkeit ab. Aber entscheidend bleibt, daß kein seelisches Geschehen, auch nicht das des Geisteskranken, voll erfaßt werden kann ohne Beziehung auf die Struktur der erlebenden Person. Das Schema eines persönlichkeitsfremden Krankheitsprozesses kann für sich allein der vollen Wirklichkeit der psychopathologischen Vorgänge niemals gerecht werden. Die Aufgabe des Psychiaters ist ja mit dem Schluß vom psychotischen Symptom auf die zugrundeliegende Krankheit nicht erledigt. Jedes psychische Symptom — auch im Rahmen organischer Prozesse — darf nicht nur, sondern muß, wie wir gehört haben, einerseits deskriptiv-phänomenologisch, anderseits psychogenetisch erfaßt werden, und ein Pessimismus, der vorweg und für alle Zeiten solche Untersuchungen als klinisch unfruchtbar ablehnen würde, wäre ungerechtfertigt; ganz abgesehen davon, daß ja der Psychopathologie auch andere als klinische Aufgaben gestellt sind. Die Verfolgung dieses Gedankens führt aber notwendig und geradewegs zur Betonung des inhaltlichen Moments, zur Frage nach der gegenseitigen Bedingtheit von Inhalt und formaler Störung, zu Persönlichkeits- und Charaktertypen und schließlich zu einer differenziellen Psychopathologie. Charakterologische Grundlagen und Erlebniswirkungen werden entscheidend für die psychiatrische Fragestellung und nicht zuletzt das Problem, wie sich aus bestimmten Dispositionen und Erlebnissen ein bestimmter Charakter formt, welche Erlebnisse anderseits ein so geformter Charakter notwendig »provozieren« muß.

Auch die somatische Medizin der letzten Jahre rückt in steigendem Maße die Erfassung der »Person« und ihrer Beziehungen zu den Krankheitsvorgängen in den Vordergrund. Hier ist auch der Punkt, wo sich Psychoanalyse und klinische Psychiatrie am nächsten gekommen sind: im Erforschen der Wechselwirkung zwischen Persönlichkeit und krankhaftem seelischen Geschehen. Die Auseinandersetzung des Ich einerseits mit der Umwelt, anderseits mit den seelischen Tiefenschichten (»psychischer Konflikt«) ist nach Ansicht der Psychoanalyse nicht nur für die

Charakterbildung sondern auch für die Symptomatologie und — auf psychiatrischen Teilgebieten — für die Pathogenese entscheidend. Die Resultate von Freuds topisch-dynamisch-energetisch orientierter Persönlichkeitsforschung (Konflikt, Verdrängung, Wiederkehr des Verdrängten, Ökonomik der Triebregungen) sind ursprünglich als Antwort auf diese Fragenkomplexe emporgewachsen. Auch die psychiatrische Forschung hat begonnen, sich der Struktur der präpsychotischen Persönlichkeit zuzuwenden; das verdanken wir ohne Zweifel vor allem der Psychoanalyse und der von Freudschen Gedankengängen befruchteten Arbeit Bleulers und Kretschmers, aber auch dem Erwachen des erbbiologischen Interesses in der Psychiatrie (Hoffmann, Rüdin, Kahn). So wissen wir heute — um ein Beispiel zu nennen —, daß Psychopathen in den Familien Schizophrener häufig eine Persönlichkeitsstruktur zeigen, die mit dem präpsychotischen Charakter dieser Kranken weitgehend übereinstimmt; (eine wesensmäßige Identität von Schizophrenie und schizoider Psychopathie ist damit nicht bewiesen: Kahns[13] Untersuchungen lassen es als möglich erscheinen, daß ihr Erbgang ein verschiedener ist: während die Schizophrenie dem rezessiven Erbgang folge, vererbe sich die schizoide Psychopathie dominant). Aber es bleibt bestehen, daß sich weitgehende Gemeinsamkeiten nachweisen lassen, und daß man diese gemeinsamen Züge in allen Gradabstufungen bis ins Gebiet des Gesunden verfolgen kann. Den entsprechenden normalen Charaktertypus bezeichnet Kretschmer[14] bekanntlich als »schizothym« und betont damit die Verwandtschaft zum Formenkreis der Schizophrenie, welche ihrerseits nicht dem starren Begriff eines einheitlichen Krankheitsprozesses entspricht, vielmehr wohl als eine relativ locker verbundene Mehrheit von Krankheiten aufgefaßt werden muß. Man kann sich (mit Kretschmer und Bleuler) die Anschauung bilden, daß jene gemeinsamen Züge einer ganz allgemein vorhandenen psychischen Reaktionsweise entsprechen, die freilich beim Einzelnen mehr oder weniger stark ausgeprägt ist. Über das Wesen des schizophrenen Prozesses selbst ist wenig bekannt, enge Beziehungen zu Veränderungen im endokrinen System sind zu vermuten; jedenfalls müssen wir annehmen, daß das klinische Bild der Schizophrenie nicht allein durch ihn determiniert ist. Es gibt zweifellos auch »symptomatische« Schizophrenien; und weiter: für jedes Krankheitsbild ist nicht nur der Prozeß, sind

---

[13] Schizoid und Schizophrenie im Erbgang, Berlin 1923.
[14] Körperbau und Charakter, Berlin 1926.

vielmehr auch die Systeme entscheidend, an denen er zur Auswirkung gelangt, und die konstitutionelle oder erworbene Sonderart dieser Systeme.

Nach einer Periode fruchtbarer klinisch-deskriptiver Forschungsarbeit, deren Bemühungen vor allem der Krankheitseinheit galten, beginnt sich heute die Psychiatrie auf die Komplexheit der seelischen Erkrankungen zu besinnen. Birnbaum[15] spricht von »Strukturanalyse« — ähnlich Kretschmer von »mehrdimensionaler Diagnostik« — und meint damit eine Arbeitsrichtung, welche neben den pathogenetischen die pathoplastischen, die prädisponierenden, die präformierenden und die auslösenden Faktoren in ihre Untersuchung einbezieht und strukturell zu gliedern versucht. In diesem Sinne ist aber auch — und vor allem — die Psychoanalyse als eine strukturanalytische Wissenschaft zu bezeichnen; ja der Anstoß zu dieser Richtung der wissenschaftlichen Entwicklung ist wesentlich von Freuds Begriff der seelischen Erkrankung ausgegangen.

Freud hat es immer abgelehnt, die seelische Krankheit als etwas »Abgeschlossenes, Erstarrtes« zu betrachten, das ohne Beziehung zur Persönlichkeit des Erkrankten begriffen werden könnte. Widersprüche innerhalb der Person, die durch Erlebnisursachen aber auch durch organische Veränderungen bedingt sein können, führen zu Konfliktsituationen, und die Stellungnahmen des Ich in diesen Konflikten sind ein Hauptgegenstand der analytischen Psychopathologie. Freilich kann eine solche Betrachtung nicht auf allen Gebieten der Psychiatrie gleich fruchtbar sein; eine organische Psychose kann durch psychoanalytische Untersuchung in ihrem Wesen nicht aufgeklärt werden. Aber es bleibt ein besonderes und gerechtfertigtes Interesse der Forschung, der Wirkung des Krankheitsprozesses auf die Struktur der Persönlichkeit und anderseits der Bedeutung der Persönlichkeit für die symptomatologische Ausprägung des Prozesses nachzugehen.

Im »psychischen Konflikt«, der sowohl in neurotischen als in psychotischen Erkrankungen nicht selten offen zutage liegt, findet das Verhältnis des Individuums zur Umwelt, zum Beruf, zum Triebleben seinen Ausdruck; er spiegelt die größere oder geringere Geschlossenheit der Person wieder, und seine Erforschung bildet daher einen tragfähigen Weg auch zur analytischen »Charakterologie« des Gesunden. Ganz all-

---

15 Der Aufbau der Psychose, Berlin 1923.

gemein hat ja Freud in der Psychopathologie überall Anknüpfungen an das normale Seelenleben gesucht und gefunden und, wo immer es angängig war, »Normalvorbilder« seelischer Störungen (Traum, Verliebtheit, Trauer) zum Vergleich herangezogen. Der psychische Konflikt nun kann sich zwischen verschiedenen seelischen »Instanzen« abspielen. Freud[16] hat sich die Anschauung gebildet, »die Neurose sei der Erfolg eines Konfliktes zwischen dem Ich und seinem Es, die Psychose aber der analoge Ausgang einer solchen Störung in den Beziehungen zwischen Ich und Außenwelt«. Doch setzt er für diese Formulierung keineswegs allgemeine Gültigkeit voraus, meint vielmehr, man könne zufrieden sein, wenn sie sich »im Gröbsten« als richtig erweise. Zweifellos ist der Konflikt zwischen Ich und Triebleben und die Abhaltung mächtiger Triebansprüche von Bewußtsein und Motilität eine der Voraussetzungen, unter denen Psychoneurosen entstehen, und wahrscheinlich die wichtigste; das neurotische Symptom ist eine Kompromißbildung, zugleich Ersatz einer Triebbefriedigung und Resultat der vom Ich ausgehenden Verdrängung. Auf der anderen Seite ist bei den Psychosen (in der Regel) eine Störung in der Beziehung Ich-Außenwelt nachweisbar. Bei der Melancholie, welcher Freud als »narzißtischer Neurose« eine Mittelstellung einräumt, und ebenso bei der Manie, spielt sich der psychische Konflikt nach Freud wesentlich zwischen Ich und Über-Ich ab. Die Bedingungen aber, unter welchen die Konflikte aktuell werden und zur Entscheidung drängen, hängen wesentlich von ökonomischen Verhältnissen, von quantitativen Beziehungen im Libidohaushalt ab. Die »pathogene Situation«, in und aus welcher der Krankheitsausbruch erfolgt, wäre also energetisch zu charakterisieren.

Denken wir an die Ätiologie der Neurosen; hier sind uns die Verhältnisse besser vertraut als bei den Psychosen, deren psychologische und vor allem dynamisch-genetische Betrachtung noch nicht über die ersten Anfänge hinaus ist. Wir finden unter den Bedingungen, die zur Neurose führen, Faktoren der verschiedensten Art und verschiedensten Wertigkeit, die bald mehr, bald weniger an der Entstehung des einzelnen Falles beteiligt sind (siehe dazu und zum folgenden Absatz Freud[17]). Als häufiger Anlaß erweist sich das Moment des libidinösen Unbefriedigtseins, der »Versagung«, welche wieder entweder in äußeren Umständen oder in der inneren Unmöglichkeit gelegen sein kann, die individuelle,

---

[16] Intern. Ztschr. f. Psa., X (1924).
[17] Vorlesungen zur Einführung in die Psychoanalyse, Kap. XXII.

der Person adäquate Art der Befriedigung zu erleben. Diese innere Versagung ist von verschiedenen Bedingungen abhängig zu denken. Neben dem psychischen Konflikt ist eine der wichtigsten Determinanten in den Fixierungen zu suchen, das heißt in Entwicklungshemmungen, im Verbleiben eines Triebanteils auf primitiver Stufe. Von hier führt ein Weg zur Würdigung der konstitutionellen Faktoren, die an der Neurosenbildung beteiligt sind, denn die Fixierungsstellen sind einerseits aus infantilen Erlebnissen, anderseits aber in jedem Falle auch aus genotypisch festgelegten Reaktionsweisen zu begreifen. In den Fixierungsstellen sind aber auch die Punkte gegeben, auf welche im Falle der Schädigung übergeordneter Funktionen oder im Falle der Unmöglichkeit, eine der höheren Triebentwicklung gemäße Befriedigungsform zu finden, die Triebstruktur zurückgeworfen wird (Regression). Nun muß weder die Versagung noch auch die Tatsache der Fixierungen notwendig zur Entstehung einer Neurose führen: der Erfolg der Libidoregression kann auch in einer Perversion zum Ausdruck kommen und erst das Hinzutreten der Verdrängung entscheidet für den Ausgang in Neurose. Überdies ist der Trieb — im Falle der Neurosen der Sexualtrieb — ungeheuer »plastisch«, er kann sich mit »Surrogaten« begnügen, kann Ersatzbefriedigungen finden, er kann — und das ist der kulturell wesentlichste Fall — seine Energien in den Dienst sozialer, ethischer oder künstlerischer, kurz: geistiger Ziele stellen (Sublimierung). Aber: »das Maß von unbefriedigter Libido, das die Menschen im Durchschnitt auf sich nehmen können, ist begrenzt. Die Plastizität oder freie Beweglichkeit ist keineswegs bei allen voll erhalten, und die Sublimierung kann immer nur einen gewissen Bruchteil der Libido erledigen, abgesehen davon, daß die Fähigkeit zu sublimieren vielen Menschen nur in geringem Ausmaß zugeteilt ist« (Freud[18]). Auch hier ist es also in letzter Linie ein quantitativer Faktor, der darüber entscheidet, ob eine bestimmte Situation zur Neurose führt oder ohne Störung der Gesundheit ertragen wird. Die Menge der disponiblen Libido hängt aber nicht nur von ihrer Plastizität ab. Sie wird auch durch körperliche Zustände, durch Erschöpfung, durch Krankheiten usw. vermehrt, vermindert oder verschoben und auch diese Vorgänge gehen daher in die Verursachung der Neurosen mit ein. Wir stellen uns die Wirkung körperlicher Agentien auf die Neurosenbildung als eine unmittelbare vor, fassen also nicht

---

[18] a.a.O.

— wie es die »Individualpsychologie« Alfred Adlers, Allers u. a. tun —, die betreffenden neurotischen Erscheinungen als Reaktion auf die Wahrnehmung der veränderten (oder von Anbeginn minderwertigen) körperlichen Funktionen auf; gewiß spielen in dem komplexen Gebilde, das jede Neurose darstellt, auch derartige Reaktionsbildungen eine Rolle — aber sie stellen weder den für die Pathogenese noch den für die Symptombildung entscheidenden Faktor dar. Wir erkennen also die Berechtigung einer *somatischen* Betrachtung des Neurosenproblems grundsätzlich an (über die Fragestellungen, die sich auf dem Boden einer organisch orientierten Neurosenlehre ergeben, vgl. Dattner[19]). Aber so wenig man die körperlichen Determinanten übersehen darf, so wenig ist man auch dort, wo der Zusammenhang zwischen Neurose und körperlicher Erkrankung »auf der Hand zu liegen« scheint, berechtigt, die psychogenetische Fragestellung zu vernachlässigen.

Der Satz, daß den (im engeren Sinne!) sexuellen Triebkräften bei der Entstehung der Neurosen eine so bedeutende Rolle zufällt, ist keine Voraussetzung der Psychoanalyse, sondern Ergebnis der Erfahrung. Seine Erklärung dürfte darin zu suchen sein, daß es gerade Anteile des Sexualtriebs sind, welche der Verdrängung verfallen müssen, wenn die Anforderungen unserer Kultur, unserer Gesellschaft erfüllt werden sollen; daher ist auch die Struktur des Ich-Ideals, welches diese Anforderungen mehr oder oder minder vollkommen in sich aufnimmt, für die Entscheidung zwischen Perversion und Neurose von so großer Bedeutung. Eine weitere Ursache ergibt sich aus der Überlegung, daß andere Triebe (Beispiel: der Nahrungstrieb) nicht im gleichen Maße »transponibel« sind wie der Sexualtrieb: sie lassen keine Verdrängung zu (und auch keine Sublimierung), sondern fordern unmittelbare Befriedigung. Von der Natur der neurotischen Symptome als Ersatzbefriedigungen verdrängter sexueller Triebkräfte ausgehend, hat sich der Psychoanalyse auch das Verständnis der neurotischen *Angst* ergeben — des rätselhaften und vielleicht zentralsten Problems der Neurosenlehre (siehe darüber Freud[20]).

In Freuds Neurosenlehre liegt, wenngleich er unsere Kenntnis der psychogenetischen Faktoren ungeheuer erweitert hat, keinerlei Parteinahme für die psychische Ätiologie, oder doch nur eine »historische«, insoferne zur Zeit, da die Psychoanalyse entstanden ist, der seelische Fak-

---

[19] Ztschr. f. d. ges. Neurol. & Psych., 104 (1926).
[20] Hemmung, Symptom und Angst.

tor von der Mehrzahl der Ärzte ungebührlich vernachlässigt wurde; dies ist ja in fast jeder Neurose nachweisbar. Von der Mehrzahl der eben aufgezählten Faktoren tritt bald der eine, bald der andere stärker in den Vordergrund; aber nur selten wird einer von ihnen allein imstande sein, das Krankheitsbild der Neurose hervorzurufen. Was von organischen und psychischen Bedingungen gilt, gilt ebenso vom Verhältnis der konstitutionellen zu den akzidentellen Determinanten: sie bilden nach Freud eine Ergänzungsreihe. »An dem einen Ende der Reihe stehen die extremen Fälle, von denen Sie mit Überzeugung sagen können: Diese Menschen wären infolge ihrer absonderlichen Libidoentwicklung auf jeden Fall erkrankt, was immer sie erlebt hätten, wie sorgfältig sie das Leben auch geschont hätte. Am anderen Ende stehen die Fälle, bei denen Sie umgekehrt urteilen müssen, sie wären gewiß der Krankheit entgangen, wenn das Leben sie nicht in diese oder jene Lage gebracht hätte« (Freud[21]). Wir können allgemein sagen: die pathogene Situation ist durch eine typische Libidokonstellation bedingt, die aber auf verschiedenen Wegen zustandekommen kann.

Dieser Satz gilt auch von den *schizophrenen Psychosen*. Einer Mehrheit von Fällen, bei denen man vom Einsetzen der Erkrankung den Eindruck des »schicksalsmäßigen« gewinnt, steht eine nicht unbeträchtliche Minderzahl gegenüber, bei denen man sagen muß, daß die Personen ohne Dazutreten eines bestimmten oder mehrerer affektbetonter Erlebnisse »nach menschlichem Ermessen von der Schizophrenie dauernd verschont geblieben wären« (Wilmanns[22]). Gewiß sind diese Fälle viel häufiger, als in der Regel angenommen wird; aber rein seelische Verursachung der Schizophrenie ist schon deswegen sehr unwahrscheinlich, weil Fälle von Hirndruck und Stauungspapille bei Katatonie sicher nachgewiesen sind. Es ist ja auch an der konstitutionellen Mitbedingtheit der schizophrenen Erkrankungen nicht zu zweifeln; die Analyse weist nur immer wieder — und mit Recht — darauf hin, daß auch diese konstitutionellen Momente in der Regel in bestimmten Erlebnissen ihren Ausdruck finden, also auch psychologisch charakterisiert werden können. Auch in der Ätiologie der schizophrenen Psychosen müssen wir eben eine »Ergänzungsreihe« zur Erklärung heranziehen, ähnlich wie bei den Neurosen; es bleibt durchaus im Rahmen analytischer Anschauungen, wenn man annimmt, daß das ätiologische Schwergewicht bei der Schi-

---

21 a.a.O.
22 Ztschr. f. d. ges. Neurol. & Psych., 78 (1922).

zophrenie mehr nach der Seite des Organischen hin verschoben ist. Schilder[23] bezeichnet die Tatsache, »daß der gleiche anatomische Apparat das eine Mal durch unmittelbare Läsion, das andere Mal auf psychischem Wege in seiner Funktion gestört werden kann«, als »Prinzip des doppelten Weges« und nimmt für den Sonderfall der Schizophrenie an, »daß von den primitiven psychischen Erlebnissen der Schizophrenie aus der Zugang zu dem strio-pallidären System besonders leicht ist«; er meint, daß bei den Schizophrenen möglicherweise die entsprechenden Apparate als solche leichter affizierbar sein könnten, und von hier eröffnet sich dann ein Weg zum Verständnis der katatonen Bewegungsstörungen.

Dieser Gesichtspunkt erweist sich gegenüber der Schizophrenie — aber nicht nur hier — als sehr fruchtbar und steht in guter Übereinstimmung mit der analytischen Betrachtungsweise, von der wir ja schon gehört haben, daß sie das Hauptgewicht auf die Struktur der »pathogenen Situation« legt und nicht von einer psychischen oder organischen Ursache spricht, vielmehr eine Mehrzahl von Ursachen aus beiden Gegenstandsbereichen in Betracht zieht. Man hat in der klinischen Psychiatrie nicht selten der reinlichen begrifflichen Abgrenzung von »psychisch« und »physisch« zuliebe — die an sich natürlich notwendig bleibt — auch alle wirklichen Krankheitserscheinungen deskriptiv und klinisch als »psychogen« und »somatogen« auseinanderreißen wollen — was auf breiten Gebieten undurchführbar ist. Freud hat den Begriff des »somatischen Entgegenkommens« geprägt: er bezeichnet in weiterer Fassung auch die Tatsache, daß bestimmte psychische Haltungen und Entwicklungen mit bestimmten konstitutionell organischen Faktoren in gesetzmäßiger Weise zusamemnhängen, und daß daher die seelische Krankheit von beiden Seiten her charakterisiert werden kann und muß; dieser Gesichtspunkt ist es ja auch, welcher der Kretschmerschen Zuordnung von Körperbautypen zu Charakter- und Psychosentypen zugrundeliegt.

Auch für die Schizophrenie sind regressive Vorgänge charakteristisch und es sind bei ihr Fixierungsstellen nachweisbar. Um den analytischen Begriff der Regression zu verstehen, muß man sich klar machen, daß hier verschiedene Möglichkeiten gegeben sind: so kann eine Libidoregression sich nur auf die Liebesobjekte beziehen, die Sexualorganisation aber unangetastet lassen, oder sie kann auch diese letztere auf eine primitive Stufe zurückdrücken (Freud). Bei der *Hysterie* findet man

---

23 Entwurf zu einer Psychiatrie auf psychoanalytischer Grundlage, Leipzig & Wien 1925, S. 81.

eine Regression auf die ersten — wie wir gehört haben inzestuösen — Objekte, die genitale Sexualorganisation wird aber nicht abgebaut, während für die *Zwangsneurose* eine Regression auf die prägenitale, sadistisch-anale Organisationsstufe kennzeichnend ist. Die Libidoregression ist keineswegs als rein seelischer Vorgang gemeint: »wenn sie auch den stärksten Einfluß auf das seelische Leben ausübt, so ist doch der organische Faktor an ihr der hervorragendste« (Freud[24]). In dieser Auffassung kommt wieder der grundsätzliche Standpunkt der Psychoanalyse zum Ausdruck, den wir schon gekennzeichnet haben (siehe Kapitel IX): daß »Libido« und »Libidoorganisation« sowohl psychische als organische Gegenstände bezeichnen. Neben jenen beiden Arten der Regression muß man aber das quantitative Moment in Betracht ziehen, nämlich die größere oder geringere Vollständigkeit, mit welcher der Regressionsvorgang vollzogen wird. Von der Tiefe der Regression und den Libidoquanten, welche diesen Weg gehen, wird es (unter anderem) abhängen, wie weit die Persönlichkeit durch seelische Erkrankungen zerstört erscheint.

Die Abwendung des Schizophrenen von der Umwelt, das »Abziehen der Besetzungen« von den Objekten und die Anhäufung dieser Energiequanten im Ich (von wo sie ja ursprünglich ihren Ausgang genommen haben; siehe Kapitel X), den schizophrenen Größenwahn, die »magischen« Symptome, den »Autismus« und das »Weltuntergangserlebnis« führt Freud auf eine Regression zum narzißtischen Stadium zurück. Auch hier ist wohl in der Regel die Libidoregression keine vollständige, sondern es bleibt ein Teil der Libido zumeist an die Objekte gebunden. Für die Restitutionsvorgänge, die zumeist das manifeste Krankheitsbild der Schizophrenie beherrschen, sind aber auch eine Reihe anderer Fixierungen von Bedeutung (vgl. die wichtige Arbeit von Nunberg[25]). Dieser Zustand des Narzißmus, der »libidinösen Ergänzung des Egoismus« (Freud), ist auch für den Schlafzustand charakteristisch, wie wir aus der Traumanalyse wissen, und darauf beruht unter anderem auch die weitgehende Verwandtschaft des Traumdenkens mit dem schizophrenen und die Berechtigung des alten Gedankens, über das Studium der Traumvorgänge sich dem Verständnis der Geisteskrankheit zu nähern. Im Traum, wie in der Schizophrenie, wird ein entwicklungsgeschichtlich früher Anteil der menschlichen Persönlichkeit wieder lebendig: »im Schlaf und

---

[24] a.a.O.

[25] Intern. Ztschr. f. Psa., VII (1922).

Traum machen wir das Pensum früheren Menschentums noch einmal durch«, der Traum »bringt uns in ferne Zustände der menschlichen Kultur wieder zurück und gibt ein Mittel an die Hand, sie besser zu verstehen« (Nietzsche[26]). Auch die Übereinstimmung zwischen »primitiv« und »abnorm« bezieht sich nicht nur auf die individuelle Vorgeschichte; mehr noch auf die phylogenetische. Daher die Parallelisierung psychotischer Erlebnisweisen, Denkinhalte und Mechanismen mit denen primitiver Völker, zu welcher Freud angeregt und auch selbst Beiträge geliefert hat, von einer heute noch gar nicht abzusehenden Bedeutung für die Psychiatrie werden konnte. Jung, Abraham, Schilder, Storch und viele andere haben diesem Gedanken reiche Bestätigung gebracht. Auch hervorragende Vertreter der klinischen Psychiatrie stehen ihm heute nicht mehr fremd gegenüber. Kraepelin[27] fordert, man müsse »die Äußerungen des Irreseins mit den einzelnen Entwicklungsstufen der Persönlichkeit in Beziehung setzen«, und hat selbst den Versuch gemacht, vom Gesichtspunkt der »Entwicklungshemmung« aus die Psychopathologie der Hysterie, der Zwangsneurose, der Paranoia aufzuhellen. In den Begriffen der Fixierung und der Regression zu früheren Entwicklungsstufen und in ihrer Anwendung auf die Psychologie der Neurosen und Psychosen liegt also die zweite Konzeption, durch welche die Psychoanalyse unmittelbaren und fruchtbaren Einfluß auf die Entwicklung der Psychiatrie genommen hat[28].

Über die Psychopathologie der *Epilepsie* ist von analytischen Gesichtspunkten aus bisher wenig bekannt geworden. Immerhin liegen Untersuchungen vor, welche beweisen, daß auch gegenüber dieser — organischen — Krankheit eine psychologische Charakterisierung durchführbar ist. Es zeigte sich, daß hier seelische Mechanismen aufgedeckt werden können, die den aus der Hysterieanalyse bekannten verwandt sind, und daß Wiedergeburtsphantasien und sadistische Impulse inhaltlich im Vordergrunde stehen (Schilder[29]). Die organischen Vorgänge

---

[26] Menschliches, Allzumenschliches, I. Hauptstück, 12 u. 13.

[27] Ztschr. f. d. ges. Neurol. & Psych., 62 (1920).

[28] Die Anwendung dieser Gesichtspunkte auf das *manisch-depressive Irresein* übergehe ich, weil sie zu unserem Problem des Verhältnisses zwischen Psychoanalyse und Psychiatrie nichts grundsätzlich anderes beitragen würde, als wir bei der psychoanalytischen Auffassung der Schizophrenie besprochen haben.

[29] Allgem. Ztschr. f. Psychiatrie, 80 (1924).

der epileptischen Erkrankung haben also zu diesen psychischen »Systemen« eine besonders nahe Verwandschaft. Stekel[30] scheint mir den Anteil der psychischen Faktoren an der Genese der Epilepsie zu hoch angesetzt zu haben. Aber es ist kein Zweifel, daß seine Problemstellung berechtigt ist, und auch die Frage nach der psychischen Beeinflußbarkeit der Epilepsie ist, wie Schilder mit Recht sagt, nur empirisch lösbar. Wie weit in den Bereich der organischen Erkrankung man die Grenzen für ein psychotherapeutisches Eingreifen vorschieben darf, ist heute noch ganz ungeklärt; aber man muß — auch ohne den Bereich psychotherapeutischer Beeinflußbarkeit zu überschätzen — die Möglichkeit solcher Einwirkung zugeben, und keinesfalls darf hier die psychische Unbeeinflußbarkeit postuliert werden. Es wäre methodisch unrichtig, wenn man — wie es tatsächlich geschehen ist — aus einer klinisch gut begrenzten Einheit »organischer« Erkrankungen jene Fälle ausscheiden wollte, deren psychische Beeinflußbarkeit oder psychische Auslösung nachgewiesen wurde. Von welchen psychologischen Voraussetzungen die Möglichkeit einer analytischen Beeinflussung (eventuell Heilung) abhängt, ist noch recht wenig bekannt (vgl. aber die Arbeit Waelders[31]).

Es liegt heute ein großes empirisches — experimentelles und klinisches — Material vor, durch welches die pathogenetische Bedeutung seelischer Vorgänge bis tief ins Gebiet der »organischen« Krankheiten hinein teils verständlich gemacht, teils erwiesen wird. Psychische Vorgänge, insbesondere Affekte, können, wie schon dem vorwissenschaftlichen Denken bekannt ist, sehr weitgehende körperliche Folgen nach sich ziehen (vgl. z. B. die Untersuchungen von Heyer[32], Heilig und Hoff[33] u. v. a.). Wir haben den Begriff der *Konversion* kennen gelernt und ich brauche hier nur an die Wirkung von Affekten und Triebeinstellungen auf Blutdruck, Schlagvolum, Atmung, Darmtätigkeit, Menstruation usw. zu erinnern. Wir haben auch schon gehört, daß gerade dem Unbewußten, Triebhaften der Weg zu körperlichen Veränderungen in besonders hohem Ausmaße offen steht (vgl. G. R. Heyer[34]). Man darf weiter nicht vergessen, daß jede organische Krankheit sekundär

---

30 Fortschritte der Sexualwissenschaft & Psychoanalyse, I (1924).

31 Intern. Ztschr. f. Psa, X (1924).

32 Arch. f. Verdauungskrankheiten 1920 und 1921.

33 Medizin. Klinik, 5 (1925).

34 Das körperlich-seelische Zusammenwirken in den Lebensvorgängen, Wiesbaden 1925.

von einer Reihe von Stellungnahmen des Ichs umsponnen wird, die ihr eine seelische Funktion, einen seelischen »Ort« anweisen und das Krankheitsbild verschlimmern oder verbessern können — auch hier ist die grundsätzliche Möglichkeit psychotherapeutischer Wirkung nicht wegzuleugnen.

Was wir über die psychologische Betrachtung der Epilepsie gesagt haben, gilt allgemein für jede organische Psychose. Darum darf aber — das ist selbstverständlich — unsere Auffassung der Neurosen nicht schematisch auf sie übertragen werden; von dem Überwiegen der somatischen oder psychischen pathogenetischen Faktoren hängt es ja ab, ob das Wesen des Krankheitsprozesses im körperlichen oder im seelischen Bereich gesucht werden muß, und auf welchem Gebiete sich die Gesetzmäßigkeit des krankhaften Geschehens unmittelbar abspielt. Doch haben auch die *Paralyse*, die *Presbyophrenie*, der *Korsakoff* usw. ihre bestimmten Angriffspunkte an bestimmten seelischen Systemen und Schichten; und die Reaktionen des Ich auf die Erkrankung sind bis zu einem bestimmten Grade als charakteristisch zu bezeichnen (über die Grenzen der Spezifität siehe oben). Niemand denkt daran, auf psychologischem Wege feststellen zu wollen, warum ein Individuum an Paralyse erkrankt. Aber anderseits ist es ja völlig undurchführbar, die psychotischen Symptome aus dem pathologisch-anatomischen Befund auch nur mit annähernder Vollständigkeit abzuleiten. Die psycho-pathologische Fragestellung behält sogar hier — auch über die Problematik des Inhaltlichen hinaus — ihre selbständige Berechtigung. Nach Schilders[35] Ansicht sind auch die Störungen bei groben Hirnläsionen »nicht Ausfälle, sondern Funktionsabänderungen«. In der Tat gelingt es, die paralytischen Psychosen auf psychologischem Wege zu charakterisieren (Ferenczi und Hollos[36], Schilder[37]). Es ergibt sich, daß bei diesen Psychosen in der Regel das Bewußtsein der luetischen Infektion, oft nur ganz oberflächlich verhüllt, eine bedeutende Rolle spielt. An dies Bewußtsein knüpfen sich häufig Zerstückelungs- und Kastrationsmotive. Daß auch im Organischen Vorgänge nachweisbar sind, die sich dem Begriffe der Regression subsumieren lassen, haben wir gehört (siehe Kapitel X). Wenn man solche Erscheinungen zu triebpsychologisch faßbaren in Be-

---

[35] Medizinische Psychologie für Ärzte und Psychologen, S. 286.

[36] Zur Psychoanalyse der paralytischen Geistesstörung, Leipzig & Wien 1922.

[37] Ztschr. f. d. ges. Neurol. & Psych., 74 (1922).

ziehung setzen und sie mit Fixierungsstellen in Zusammenhang bringen will, muß man sich jedoch klar machen, daß in solchen Fällen eben statt der konstitutionellen und durch Erlebnisse gegebenen Fixierungen, deren Reaktivierung bestimmte Entwicklungsstadien in Erscheinung treten läßt, durch organische Läsion übergeordneter Systeme den »Fixierungen« nur analoge Vorgänge zustande kommen, welche dann entwicklungsgeschichtlich nicht vorgebildete Zustände zutage fördern können (vgl. dazu Schilder »Psychiatrie usw.«). Wo die Grenzen für eine fruchtbare Anwendung dieser heuristischen Erweiterung des Fixierungsbegriffs liegen, kann heute nicht entschieden werden.

Wenn sich die Psychoanalyse an Gebiete herangewagt hat, die für den Psychopathologen bisher ein »noli me tangere« gebildet hatten, so meint sie damit nicht etwa den paralytischen Krankheitsprozeß aufzuklären oder gar heilen zu können. Auch ist sicherlich auf diesem Gebiet die psychologische Fragestellung für die Klinik relativ bedeutungslos: wir werden die Diagnose »Paralyse« niemals auf Grund von analytischen Überlegungen stellen. Aber die wissenschaftliche Bedeutung dieser Arbeitsrichtung wird dadurch nicht berührt. Der Gegensatz, den Raimann[38] konstruiert — während der Analytiker bloß ausführliche Protokolle aufnehmen könne, räume der Nicht-Analytiker mit Hilfe der Wagnerschen Malariatherapie die Krankheit und damit auch die psychotischen Symptome weg — besteht ja in dieser Form keineswegs zu Recht. Therapeutische und psychologische Aufgabe beeinträchtigen sich hier in keiner Weise; der Analytiker darf die psycho-pathologischen Probleme, welche die progressive Paralyse stellt, innerhalb der Grenzen seiner Methode ungescheut in Angriff nehmen — ohne sich einer therapeutischen Unterlassungssünde schuldig machen zu müssen.

[38] Zur Psychoanalyse, Wien 1925, S. 27.

XII

WERTUNGSPROBLEME

Es ist im Kampf um die Psychoanalyse viel zu viel von »Moral« die Rede gewesen. So war es vor allem im Beginn: mancher hat sich von ihren Ergebnissen als »ekelerregenden und schmutzigen Phantasien« abgewendet und darüber ihre Nachprüfung vergessen. Freilich gilt das nicht von den Besonnenen unter ihren Gegnern. Aber auch dort, wo nicht von Moral die Rede war, kann man sich recht oft des Eindrucks nicht erwehren, daß durch viele Argumente, als Grundton, eine von Wertstandpunkten diktierte Auflehnung gegen die Resultate der Analyse hindurchklingt. Man wird mit der Vermutung kaum fehlgehen, daß solche — bewußte oder unbewußte — wertende Stellungnahmen sich bei allen Menschen geltend machen, die zum erstenmal mit der Analyse in Berührung kommen: sollte die Psychoanalyse mit ihrer Behauptung wirklich recht haben, daß jenes »wilde, grausame Tier« der Vorzeit in uns noch lebendig ist? Ist es denkbar, daß unsere »geistigsten« Gedanken und Lebensformen, unsere »göttlichsten« Eingebungen und Gefühle so unmittelbar aus Quellen gespeist werden, die wir in niedere Wertsphären einzuordnen gewöhnt sind? Es ist die Angst vor einer Entgottung oder Entgeistigung der Welt, die in diesem Bedenken gegen die Analyse zu Worte kommt, und ein tief eingewurzelter Glaube, daß Edles nur aus Edlem, Gutes nur aus Gutem, Geist nur aus Geistigem, Reinheit nur aus Reinem geboren werden könne; oder vielleicht richtiger: ein Glaube, daß Werte entwertet würden, wenn die seelischen Zustände, in denen sie verwirklicht sind, genetisch auf wertniedrige Regungen zurückgeführt werden könnten. Wir werden nicht zweifeln, daß es mächtige seelische Kräfte sind, die sich hinter diesem Einwand verbergen, Kräfte, die eine Jahrtausende alte, kulturbildende Geschichte hinter sich haben, und denen wir unsere Achtung nicht versagen dürfen.

Wir stellen diesem Einwand die Erfahrung gegenüber, die zwar auch außerhalb der Analyse zugänglich ist, in ihren Ergebnissen aber zum ersten Mal einen systematischen Ausdruck gefunden hat: daß Hohes und Niedriges aus gemeinsamem Boden hervorwachsen; der Ursprung einer Verhaltensweise, einer Handlung, einer Gesinnung entscheidet nicht über ihren Wert, und wir erinnern an das Wort Nietzsches vom

»Blut und Grausen«, das auf dem Grunde aller »guten Dinge« liegt[1]. Die Lehre, daß (energetisch und *nur* energetisch gemeint) grausame Triebkomponenten dem sozialen Verhalten, sexuelle Wünsche der künstlerischen Arbeit, inzestuöse Regungen kulturell wertvollen Charakterzügen zugute kommen und in Leistungen aller Art umgewandelt werden können, haben wir als eine der bestgesicherten psychologischen Anschauungen hinzunehmen — die Zahl der Fälle, in welchen sie sich bestätigt hat, ist Legion.

Und weiter: es gibt eine Ethik des Erkennenden, die eine auf den gekennzeichneten Gründen beruhende Ablehnung nicht duldet. Diese Ethik stellt die Psychoanalyse den Einwänden derjenigen gegenüber, welche (mehr oder weniger bewußt) eine vermeintliche Bedrohung der Kultur zum Motiv ihrer Gegnerschaft gemacht haben. Die analytische Forderung läßt sich mit Worten Nietzsches als »intellektuelles Gewissen« umschreiben. Dürfen wir ein Stück erarbeiteter Erkenntnis preisgeben, weil es uns nötigt, überkommene Ansichten über die psychogenetische Seite geistiger Güter zu revidieren — oder weil uns seine Annahme für den Bestand kultureller Werte gefährlich erscheint? »Was ist ... Gutherzigkeit, Feinheit und Genie, wenn der Mensch dieser Tugenden schlaffe Gefühle im Glauben und Urteilen bei sich duldet, wenn das Verlangen nach Gewißheit ihm nicht als die innerste Begierde und tiefste Not gilt — als Das, was die höheren Menschen von den niederen scheidet!« (Nietzsche[2]). In Freuds Psychologie ist viel von diesem Nietzscheschen Geist und seiner tapferen Unerschrockenheit wieder lebendig geworden; auch ihn kennzeichnet jener »sublime Hang des Erkennenden ... eine Art Grausamkeit des intellektuellen Gewissens und Geschmacks«, von dem Nietzsche[3] gesprochen hat.

Nicht als ob man alle triebhaften, affektiven Momente aus dem Prozeß des Erkennens ausschalten könnte. Aber es gilt für die Psychoanalyse die Erziehung zur strengsten »Ehrlichkeit des Denkens«. Die Frage, wem das Recht zu dieser Ethik des Erkennenden zugesprochen werden darf, die der Forderung nach intellektueller Reinlichkeit so viele andere, tief verwurzelte und kulturell wertvolle Gebote zum Opfer bringt, ist unseres höchsten Interesses wert und auch sicher — sie kann aber nicht empirisch entschieden werden und soll uns hier nicht weiter

---

1 Zur Genealogie der Moral, II. Abh., 3.
2 Fröhliche Wissenschaft, I. Buch, 2.
3 Jenseits von Gut und Böse, VII. Hauptstück, 230.

beschäftigen; ebensowenig können wir an dieser Stelle der anderen, theoretisch und praktisch nicht minder bedeutsamen Frage nachgehen, wieviel Kulturrevolutionierendes und Kulturauflösendes in einer solchen Haltung verborgen sein mag, und welches Maß davon eine bestimmte Kultur eben noch ertragen kann, ohne in eine Phasenwandlung gedrängt zu werden; wieweit auf der anderen Seite die Möglichkeit solcher Fragestellungen, wie sie die Psychoanalyse in sich faßt, als Symptom einer sich vorbereitenden kulturellen Wandlung aufgefaßt werden darf. Ist das Problem des »intellektuellen Gewissens« so gestellt, wie wir es oben formuliert haben, so kann für den wissenschaftlichen Menschen die Entscheidung nicht zweifelhaft sein: sein Wertsystem verbietet es, andere Forderungen als Zensoren der Erkenntnis einzusetzen. Hier werden auch die Gegner der Psychoanalyse — die ernsten unter ihnen — mit uns einer Meinung sein. Gerade diese werden sich aber darauf berufen, daß ihre Ablehnung der Analyse zwar ihren Wertsetzungen entspricht, aber keineswegs aus ihnen abgeleitet ist, daß sie für diese Gegnerschaft vielmehr ganz andere, rationale Überlegungen ins Feld führen können.

Natürlich werden wir uns auch in erster Linie mit diesen zu befassen haben und vor allem im wissenschaftlichen Streit um die Psychoanalyse nur diese bekämpfen. Aber unser Problem ist damit nicht erledigt. Wir haben durch die Psychoanalyse gelernt, die affektiven Hintergründe der scheinbar rationalsten Stellungnahmen aufzudecken. Wir haben uns gewöhnt, das System unserer Erkenntnisse auch nach seinen biologischen Funktionen zu begreifen und nach seinen »allzumenschlichen« Stellen abzutasten. Wir wollen wissen, was es psychologisch bedeutet, wenn einem Menschen diese, einem anderen jene Erkenntnisweise oder Argumentation »zusagt« oder »angemessen« ist, wenn er diese oder jene Werte in sich verwirklicht. Ob ein Mensch bestimmte Normen anerkennt oder für ihren Charakter als Werte blind ist, ob er bestimmte Erkenntnisse haben kann und haben darf, das heißt erträgt — das ist durch (meist unbewußte) Triebeinstellungen mitbedingt. Die Psychoanalyse hat uns den Blick dafür geschärft, wie weit die »Wahrheiten« eines Menschen »Sicherungen« (Alfred Adler) sind, bestimmt, ihn gegen die verwirrende Fülle der Wirklichkeit zu schützen; vor allem aber hat sie uns die vielfältigen Abhängigkeiten des bewußten Denkens kennen gelehrt und legt uns damit die Verpflichtung auf, den Motivierungen, welche uns die Selbstwahrnehmung darbietet, nicht allzuviel Vertrauen entgegenzubringen; wir werden also der objektiven Geltung unserer Ansichten gerade dort mißtrauen, wo mächtige affektive Interessen sie zu erfordern scheinen. Wo aber wichtige Interessen die Annahme einer Erkenntnis verhindern, kann das in der Entwicklung von Gegenargumenten zum Ausdruck kommen, oder in einer unrichtigen Abschätzung der Beweiskraft des Für und Wider; es können aber diese beiden Momente auch fehlen, und es zeigt sich dann nur eine Art von »Blindheit«, die Beobachtungen auf dem betreffenden Gebiet ausschließt und die Bedeutung der Beobachtungen anderer nicht anerkennen kann.

Ein Relativismus in bezug auf die mögliche objektive Geltung der Erkenntnisse ist mit der Vornahme solcher Korrekturen, solcher psychologischer »Subtraktionen«, zu denen uns die analytische Psychologie nötigt, *nicht* verbunden. Im Gegenteil: diese analytische Stellungnahme zur Psychologie der Erkenntnisvorgänge und der Erkennenden hat die Tendenz zur Aufstellung objektiv gültiger Urteile zur Voraussetzung. Nur nebenbei sei hinzugefügt, daß eine pragmatistische Auffassung, für welche Wahrheiten nicht gelten, sondern »sich erzeugen«, und für welche die Kategorie nützlich-schädlich über den Wahrheitsgehalt unserer Erkenntnisse entscheidet, durchaus nicht, wie man gemeint hat, aus den psychoanalytischen Grundeinstellungen abgeleitet werden kann. Schohaus[4] faßt freilich den Begriff des Pragmatismus so weit, daß darunter jede Verquickung von wissenschaftlichen Interessen mit Angelegenheiten des praktischen Lebens fällt, und sieht dann folgerichtig in Freud einen, wenn auch nicht extremen, Pragmatisten. Nun ist es zwar richtig, daß es therapeutische Aufgaben waren, die Freud zuerst in die Probleme des unbewußten Seelenlebens hineingeführt haben, und daß die Auswahl des Untersuchungsmaterials auch später vielfach durch die praktische Alltagsarbeit des Nervenarztes bestimmt blieb. Aber in der wissenschaftlichen Verarbeitung des Materials ist Freud nicht durch »Nützlichkeitsfragen« geleitet, sondern stets der gebotenen Trennung beider Sphären eingedenk — um hier noch von Pragmatismus sprechen zu können, müßte man dem Begriff jede Prägnanz nehmen.

Kehren wir zu unserer Forderung zurück: allen Einwänden zunächst »heuristisch« zu mißtrauen, welche uns verleiten wollen, uns von einer neuen, befremdenden, unbequemen These abzuwenden; unseren »ersten Regungen« — welche solchen Anschauungen gegenüber fast immer ab-

---

[4] Die theoretischen Grundlagen und die wissenschaftstheoretische Stellung der Psychoanalyse, Bern 1923, S. 15.

lehnen! — kein Gehör zu schenken, auch wenn dieser Ablehnung scheinbar rationale Argumente zur Verfügung stehen; uns geduldig in die neue Erkenntniswelt zu versenken, bis wir über das rationale hinaus das affektive Für und Wider erkannt und gegeneinander abgewogen haben und bei unserem Urteil in Rechnung stellen können. Diese Forderung ist im Grunde, als Gebot kritischer Selbstbesinnung, selbstverständlich — aber die Erkenntnis ihrer ungeheuren Bedeutung ergibt sich erst aus den Lehren der Psychoanalyse über die determinierende Kraft unbewußter Prozesse, über Lustprinzip, Verdrängung und »sekundäre Rationalisierung«; das heißt, die Fehlerquelle, welche ihre Außerachtlassung notwendig bedeutet, kann erst auf Grund der analytischen Erfahrungen in ihrer ganzen Größe abgeschätzt werden. Daß sie gegenüber psychologischen Erkenntnissen, vornehmlich dort, wo es sich um die Vorgänge des Wollens, der Trieb- und Affektsphäre handelt, eine besondere Rolle spielt, wird uns nicht wundern: es sind unsere mächtigsten »Interessen«, welche dabei in Frage stehen, und in Frage gestellt werden und die Gegenstände der Wertung *katexochen*. Die Psychoanalyse erfaßt den Menschen in seiner Eigenschaft als wertende Person. Seine Stellung in den Konfliktsituationen zwischen dem Ideal-Ich (das die Verwirklichung der Normen garantieren soll) und dem realitätszugewandten Ich einerseits, den Triebvorgängen im Es anderseits und die Formen der Erledigung solcher psychischer Konflikte bilden ja das zentrale Problem der analytischen Dynamik. Die subjektiven Werturteile einzelner Individuen sind also Gegenstand ihrer empirischen Untersuchung.

Vor einem möglichen Mißverständnis soll nachdrücklichst gewarnt werden: der Nachweis unbewußter und triebbedingter Stellungnahmen im Erkenntnisprozeß führt zwar zum Gebot systematischer und verschäfter Selbstkritik; aber er darf niemals als polemisches Argument zur Widerlegung wissenschaftlicher Gegner Anwendung finden. Schon deshalb nicht, weil eine »psychologisierende« Argumentation praktisch zu einer Unmöglichkeit, zum Versinken in Abgründe des Subjektivismus führen müßte, weil wir im Einzelfall die determinierende Kraft solcher irrationaler Erkenntnishemmungen ohne eingehende Analyse der betreffenden Person kaum richtig abschätzen können und weil es im Einzelfall immer möglich bleibt, daß die rationalen Argumente eines aus irrationalen Gründen Voreingenommenen dennoch beweiskräftiger sind als diejenigen seines Gegners, bei dem Fehlerquellen dieser Genese in bezug auf den konkreten Fall keine Rolle spielen.

Der Satz, daß auf Seite derer, bei welchen sich affektive Momente der Annahme einer Erkenntnis widersetzen, die geringere Wahrscheinlichkeit für die Erreichung objektiv wahrer Erkenntnisse besteht, gilt ja selbstverständlich nur *ceteris paribus;* man darf ihn also zwar generell anwenden, nicht aber gegenüber dem Einzelnen, dessen seelische Struktur uns ja zumeist unzulänglich bekannt ist. Es gibt Menschen, die trotz zahlreicher affektiver Erkenntnis-»Skotome« und leidenschaftlicher Voreingenommenheit das Wesentliche einer Sache doch richtiger und schärfer sehen als ihre Gegner, deren Gesichtfeld von solchen Defekten frei ist, und der Mangel affektiver Widerstände gegenüber einem neuen Erkenntnisgebiet garantiert natürlich an sich durchaus nicht seine richtige Auffassung. Schließlich sehen wir dies Problem in dem umfassenderen aufgehen, welche Einstellungen zu einem Gegenstand, welche qualitativen und quantitativen Ausprägungen dieser Einstellungen den für seine wissenschaftliche Fassung und Gestaltung günstigsten Fall darstellen; was denn wissenschaftliche Objektivität, von der psychologischen Seite her gesehen, bedeutet — ein Problem, das heute nur eben als wissenschaftliche Aufgabe erkannt werden kann. Seine systematische Durcharbeitung im Zeichen analytischer Fragestellungen steht noch aus.

Ich habe mehrfach betont, daß es für die Psychoanalyse als rein psychologische Disziplin einen Zugang ins Bereich des Normativen nicht geben kann. Wir müssen auch logische Gesetze und Naturgesetze scharf auseinander halten; die Logik gibt die Bedingungen gültiger Urteile an und nennt die Regeln, denen sich das Denken fügen muß, um richtiges Denken zu sein, die Psychologie aber untersucht die Struktur und Gesetzmäßigkeit der realen Erkenntnisvorgänge. Wenn auch Erfahrungen über wirkliche Denkvorgänge zur Aufstellung der logischen Gesetze führen, so ist doch ihre Geltung davon unabhängig. Die Sätze der Logik sind Maßstäbe für die Richtigkeit unseres Denkens, sie sind Forderungen, insofern die Aufgabe: zu wahren Urteilen zu gelangen, als selbstverständliches Ziel des wissenschaftlichen Denkens vorausgesetzt wird. Wir müssen scharf unterscheiden zwischen dem *Urteilsakt* und dem objektiven *Urteilssinn;* (vgl. auch die Rickertsche Definition des Psychischen im V. Kapitel, S. 107). Die wirklichen Denkakte, die den logischen Forderungen unterworfen sind, bilden aber den Gegenstand psychologischer Forschung. Sie müssen, als Teile des Naturgeschehens, mit den Methoden der Naturwissenschaft in ihrer Gesetzmäßigkeit erfaßt werden, ohne daß darin eine unerlaubte Grenzüberschreitung der Psychologie auf das Gebiet der Logik gesehen werden dürfte. Die Frage, in welcher Weise sich im Laufe der menschlichen Ontogenese und Phylogenese die Orientierung des Denkens an den Sätzen der Logik entwickelt, welche seelischen Strukturen diese Entwicklung fördern und welche sie hemmen, ist eine rein psychologische; ebenso ist die Aufstellung praktischer Regeln, die Denkfehler vermeiden und zu logisch richtigen Denkresultaten gelangen lassen, Sache der Psychologie: »die Psychologie, nicht die Logik, hat solche praktische Verhaltungsmaßregeln für ein den Gesetzen der Logik entsprechendes Denken aufzustellen; denn die Logik gibt zwar die objektiven Regeln an, denen ein richtiges Denken zu entsprechen hat, über die praktischen Verhaltungsweisen aber, die erforderlich sind, damit das Denken diesen Regeln entspricht, kann sie, solange sie streng innerhalb ihres Gebietes bleibt, nichts ausmachen« (Selz[5]). Die Fragestellung der Psychoanalyse nach den Zusammenhängen bestimmter Entwicklungsstufen der Erkenntnisvorgänge, des Schließens, der Begriffsbildung mit Stadien der Libidoentwicklung ist an sich berechtigt; nur darf man solche Untersuchungen nicht, wie Hermann[6] will, als eine »psychoanalytisch orientierte« Form der Logik ausgeben — sie stellen vielmehr nichts anderes dar als einen Zweig psychoanalytischer Psychologie.

Was wir über die notwendige Abgrenzung des psychoanalytischen Wissenschaftsbereichs gegenüber dem logischen gesagt haben, gilt ebenso gegenüber jeder Form des Normativen, also auch gegenüber den Normen der Ethik, der Ästhetik, der Jurisprudenz. Werte sind an sich nichts Reales, ihnen kommt nicht Wirklichkeit zu sondern Geltung; sie können sich aber in realen Vorgängen »verwirklichen« oder »verkörpern«, oder an realen Vorgängen »haften«, die dann eben dadurch für uns zu wertvollen Realitäten werden. Wie weit einzelne Realwissenschaften auch normative Bestandteile enthalten, geht uns hier nichts an. Sie sind, soweit sie sie enthalten, keine empirischen Wissenschaften. Die Objektivität wertender und wertbeziehender Wissenschaften ist letzten Endes — auch nach Rickerts Ansicht — nur zu begründen, wenn man die objektive Geltung bestimmter Wertordnungen voraussetzt, das heißt aber: nur auf dem Boden einer wertphilosophischen Stellungnahme. Wir haben eine solche als außerhalb des Bereichs analytischer Problematik

---

[5] Zur Psychologie des produktiven Denkens und des Irrtums, Bonn 1922, S. 281.

[6] Psychoanalyse und Logik, Leipzig & Wien 1924.

liegend bereits mehrfach abgelehnt: Psychoanalyse ist nur als rein empirische Naturwissenschaft zu begründen. Sie hat es niemals unmittelbar mit den Werten zu tun, die an den seelischen Vorgängen haften, sondern immer nur mit diesen selbst. Zur Frage nach der objektiven Geltung der Werte, deren psychologische Realisierungen sie nach ihrer Entstehung und in ihrem dynamischen Wechselspiel untersucht, kann sie nicht Stellung nehmen.

Nun sind aber gerade unsere Gedanken über seelische Gegenstände mehr als alle anderen von Wertungen durchsetzt. Ich erinnere an die auch in der Wissenschaft gebräuchlichen Begriffe: »Charakterfehler«, »Entartung«, »höheres Seelenleben«, »niedere Triebe« usw. Während gegenüber den Gegenständen etwa der Physik oder Chemie die rein erkennende Einstellung ohne Schwierigkeit die Oberhand gewinnt, sind die Gegenstandsbereiche, welche die Psychologie bearbeitet, vor allem aber jene persönlichkeitszentralen Gebilde, denen die Bemühungen der Psychoanalyse gelten, immer gleichzeitig Objekte von Wertungen, und es ist eine Aufgabe für sich, die gelernt sein will, sich bei der wissenschaftlichen Untersuchung dieser Gegenstände von Wertungen vollständig loszulösen. Um so strenger muß gerade hier die Forderung nach reinlicher Scheidung zwischen Tatsachenfeststellung und Werturteil durchgeführt werden. Die Versuchung, bei der Darstellung seelischer Konflikte ins »Persönliche«, ins »Weltanschauliche« abzuirren, ist bei verschiedenen Forschern eine sehr verschieden große; bei jedem aber macht sie sich da oder dort bemerkbar. Man mag jener Forderung eine nur geringe Bedeutung zuschreiben, wenn man an die Sachlage denkt, wie sie z. B. in der experimentellen Psychologie gegeben ist. In der Tat ist hier die Gefahr eine wesentlich geringere — nicht allein wegen der strengeren Methodik, sondern auch — und vor allem — wegen der ichperipheren Natur ihrer Gegenstände. Aber jeder, der einmal unter strenger Selbstkontrolle an die Darstellung zentraler Persönlichkeitsprobleme und besonders ihrer pathologischen Abartungen gegangen ist, kennt die Gefahr, von der ich rede. Wo gar die Beziehung pathologischer Seelenzustände zu kulturellen Werten (»Kulturpsychopathologie« nach Birnbaum[7]) in Rede steht, sind nur ganz wenige Psychologen der Gefahr einer Vermengung wertbeziehender und wertender Darstellung entgangen.

---

[7] Grundzüge der Kulturpsychopathologie, Wiesbaden 1924.

Das Problem ist aus dem Grunde von so großer praktischer Bedeutung, weil das Interesse der Psychologen und Psychiater, aber auch eines Teiles der »Gebildeten« überhaupt, in besonderem Maße den sogenannten Pathographien zugewendet ist, das heißt einer Darstellung der Beziehungen psychopathologischer Phänomene zu ethischen, künstlerischen oder religiösen Werten, wie sie die Biographien einzelner seelisch abnormer, schöpferischer Menschen der psychopathologischen Erforschung darbieten; aber auch gewisse massenpsychologische Erscheinungen sind von diesen Gesichtspunkten aus psychologisch analysiert worden. In solchen Pathographien werden nun von den meisten Autoren krankhafte Seelenzustände nicht nur beschrieben und nach ihren Bedingungen und Folgen untersucht, sondern auch einer Wertung unterzogen, die aus — in der Regel — gar nicht bezeichneten ethischen Einstellungen erfließt und auch nicht als subjektive Wertung einbekannt wird. Nicht nur die psychopathologischen Erscheinungen selbst erhalten ihren positiven oder negativen Wertakzent, sondern auch und vor allem ihre Wirkungen auf Kultur und Gesellschaft: denn die Absicht solcher Darstellungen beschränkt sich ja in der Regel — und das mit gutem Recht, solange sie empirisch verfahren — nicht auf die Stellungnahme zur seelischen Erkrankung oder seelischen Sonderart, sondern umgreift auch das Interesse für die Bedeutung, die psychisch abnormen Individuen oder Massen — durch Worte, Werke oder Handlungen — für die seelische Formung ihrer Mitwelt oder Nachwelt zukommt. Es wird also die Frage einbezogen, inwiefern und in welchem Ausmaße die Erreichung bestimmter Ziele, die als kulturell wertvoll vorausgesetzt werden, durch das krankhafte Seelenleben von Einzelnen oder von Massen gefördert oder verhindert, beschleunigt oder verzögert wird.

Solche Wertungen sind aber subjektiv in dem Sinne, daß die empirische Wissenschaft ihre normative Geltung weder »beweisen« noch »widerlegen« kann — ob ihnen eine solche normative Geltung zukommt, muß für die Psychologie außer Diskussion bleiben. Man hat zwar, um dieser Subjektivität zu entgehen, statt von »Werten« schlechthin von »biologischen Werten« gesprochen und hat gemeint, damit eine objektive Fundierung für die pathographische Forschung zu gewinnen, man hat also den Versuch gemacht, einheitliche »Entwicklungstendenzen« als Bezugssysteme einzuführen und dadurch die Werturteilsfrage auszuschalten. Aber wenn es auch nicht so wäre, wie es tatsächlich ist, daß sich offenbar eine allgemein als solche anerkannte biologische Haupttendenz nicht feststellen läßt, so würde das zumindest für die Frage des Werturteils nichts besagen[8]. Begriffsbildungen wie »biologische Werte« u. ä. können leicht zu einer Verschleierung des Problems führen, denn in der Tat handelt es sich bei ihrer Anwendung fast immer um versteckte praktische Wertungen, nicht aber um die empirische Feststellung von Beziehungen bestimmter seelischer Vorgänge zu bestimmten biologischen Veränderungsreihen, die natürlich an sich keinem Einwand unterliegen würde. Solche Bezeichnungen sind irreführend, weil sie immer wieder dazu verleiten, den Abgrund, welcher zwischen der Feststellung einer Tatsache und einem Werturteil klafft, zu verdecken. Damit ist natürlich nicht gesagt, daß das empirische Gegebensein bestimmter Wertungen nicht auch in seinen biologischen Abhängigkeitsbeziehungen untersucht werden dürfte!

Die Frage wird dadurch kompliziert, daß in der Art, wie der Begriff des Krankhaften auf seelischem Gebiete abgegrenzt wird, vielfach schon eine Wertung mitgedacht ist. Es ist kein Zweifel, daß in breiten Teilen der Psychiatrie, so vor allem im weiten Lande der Psychopathien, die Grenze zwischen gesund und krank tatsächlich wesentlich nach »sozialen« Gesichtspunkten gezogen wird, das heißt aber: der Maßstab liegt hier in dem Wert, den ein Individuum in bezug auf die Anforderungen einer bestimmten Gesellschaftsordnung repräsentiert. Die Kronfeldsche Definition[9], welche die »immanente Teleologie des Artbegriffs« zum Maßstab nimmt, ist zwar logisch zulässig, denn sie geht in letzter Linie auf objektiv faßbare Beziehungen, sie gibt uns aber für weite Bereiche der Psychiatrie kein praktisches Abgrenzungskriterium an die Hand, und daher öffnet auch sie in ihrer tatsächlichen Anwendung dem Subjektivismus Tür und Tor. Kronfeld selbst hat freilich die geforderte Trennung in einwandfreier Weise durchgeführt.

Es ist besser, die Unmöglichkeit empirischer Abgrenzung des Krankhaften für bestimmte Teilgebiete der Psychiatrie zuzugestehen, als durch eine faktisch nur scheinbare Objektivität der gekennzeichneten Begriffsverwirrung Vorschub zu leisten. Mit einer solchen Scheinobjektivität landet der Psychiater schließlich in der wissenschaftlichen Sphäre solcher Thesen, wie sie der Aufstellung des berüchtigten *morbus democraticus* zugrunde liegen.

---

[8] Siehe dazu auch Max Weber, Der Sinn der »Wertfreiheit« der soziologischen und ökonomischen Wissenschaften, Gesammelte Aufsätze zur Wissenschaftslehre, Tübingen 1922, S. 474.

[9] Das Wesen der psychiatrischen Erkenntnis, Berlin 1920, S. 427.

Die Notwendigkeit unserer Forderung ist schon allein durch die Greueltaten legitimiert, welche auch sonst hervorragende oder gar geniale Psychologen und Psychiater in pathographischen Arbeiten (eben durch die Vermengung wissenschaftlich-empirischer und wertender Einstellung) begangen haben[10]. Man wird auf der einen Seite gerade dort die Grenzlinie besonders streng ziehen müssen, wo uns die Gedanken oder Erlebnisse genialer Menschen, die wir nach ihren psychopathologischen Gesetzmäßigkeiten analysieren, zu subjektiven Stellungnahmen herausfordern, wo sie uns ergreifen oder erschüttern. Es muß auch in jedem Falle gewissenhaft geprüft werden, ob die in Frage stehende Gesetzmäßigkeit nur oder besser am Seelenleben schöpferischer Menschen untersucht werden kann — wie es z. B. dann der Fall ist, wenn wir von diesen eine besonders eingehende oder besonders aufschlußreiche Autobiographie besitzen, und auch wenn es sich um den Vorgang der schöpferischen Produktion selbst handelt — oder ob sich dieselben Gesetzmäßigkeiten ebenso an geistig belanglosen Menschen feststellen ließen; ob es Interessen sind, die außerhalb wissenschaftlicher Fragestellungen liegen, die uns zur Wahl gerade dieser Objekte geführt haben. Diese Vorfrage kann natürlich nicht den Sinn haben, eine Auswahl des Arbeitsgebietes und des Untersuchungsgegenstandes, soweit sie auf Grund von (subjektiven) Werturteilen erfolgt, als unzulässig bezeichnen — ihre Beantwortung soll uns lediglich dazu dienen, mögliche Fehlerquellen abzuschätzen und das Hineintragen unausgesprochener Wertungen in die empirische Arbeit zu vermeiden. Endlich führen (und das ist praktisch bedeutsamer als jener Verstoß gegen die Gebote des »intellektuellen Gewissens«) solche wissenschaftlich leichtfertige Stellungnahmen, welche dem subjektiven Werturteil das Ansehen wissenschaftlicher Objektivität leihen, auch zu Folgen für das Handeln — was man hoch wertet, will man herbeiführen, was man für wertlos hält, verhindern. Schon aus diesem Grunde sollen pathographische Darstellungen kulturell belangvoller Erscheinungen die Grenze zwischen subjektivem Wert-

---

[10] Daß nicht alle Pathographen diesem methodischen Fehler verfallen sind, bedarf kaum ausdrücklicher Erwähnung. So hat es Jaspers in seinen Pathographien Strindbergs und van Goghs (Bern 1922) in vorbildlicher Weise verstanden, die beiden Gesichtspunkte — obwohl er der persönlichen Stellungnahme nicht grundsätzlich ausweicht und trotz seiner letztlich »philosophischen«, nicht psychologischen, »anschauenden Hingabe an die menschliche Gesamtexistenz« — reinlich zu trennen.

urteil und wissenschaftlich-empirischer Feststellung klar hervortreten lassen. Nur dann sind sie gerechtfertigt — dann allerdings gegen jeden Einwand von dieser Seite; denn es wäre (vom wissenschaftlichen Standpunkt gesehen) unzulässig, einem Gelehrten, der streng empirisch vorgeht — solange er so vorgeht! — die möglichen praktischen Folgen seiner Erkenntnisse vorzuhalten oder es ihm (wie es tatsächlich geschehen ist) zum Vorwurf zu machen, daß er den Menschen das Bild ihrer großen Männer, ihrer Ideale, ihrer kulturellen Werte »zerstöre«.

Davon völlig zu trennen ist eine andere Frage: es ist offenbar so, daß das Begreifen seelischer Vorgänge einer bestimmten geistigen Sphäre (der schöpferischen, der genialen) an ein bestimmtes Niveau des Wertverständnisses geknüpft ist, und wir erinnern hier an dasjenige, was wir über das Verstehen von irrealen Sinngebilden überhaupt (im III. Kapitel) gesagt haben. Ein solches Verstehen der Werte, an denen sich das Denken und das Werk eines Menschen orientiert, ist für das wissenschaftliche Begreifen seines Seelenlebens ebenso Voraussetzung, wie das rationale Verstehen der logischen Inhalte, die uns (in Worten oder Schriften) sein individuelles Denken vermitteln. Der Psychologe, der sich die wissenschaftliche Beurteilung geistiger Menschen zur Aufgabe stellt, darf nicht wertblind sein. Er muß die Werte sehen können, deren Verwirklichung im einzelnen Menschen er erforschen will. Damit (mit der Beeinträchtigung empirischer Erkenntnismöglichkeit, die ein mangelhaftes Wertverstehen auf diesem Gebiete mit sich bringt) und nur damit ist die Forderung zu begründen, daß nicht jeder (auch nicht jeder wissenschaftlich gut geschulte) Psychologe oder Psychiater sich an die pathographische Begutachtung genialer Personen heranwagen dürfe — nicht aber mit Werturteilen oder Entwertungsbefürchtungen.

Den Gedanken, von dem wir ausgegangen sind, faßt Max Weber [11] — wir verdanken ihm eine klassische Darstellung dieses Problemkreises, die als Stellungnahme zu Fragen der Soziologie und Volkswirtschaftslehre entstanden ist, der aber auch auf unserem Gebiete Geltung zukommt — in die Forderung zusammen, »daß der Forscher und Darsteller die Feststellung empirischer Tatsachen (einschließlich des von ihm festgestellten ›wertenden‹ Verhaltens der von ihm untersuchten empirischen Menschen) und seine praktisch wertende, das heißt diese Tatsachen (einschließlich etwaiger zum Objekt einer Untersuchung gemach-

[11] a.a.O., S. 462.

ten ›Wertungen‹ von empirischen Menschen) als erfreulich oder unerfreulich beurteilende, in diesem Sinne: ›bewertende‹ Stellungnahme unbedingt auseinanderhalten solle.«

Gewiß haben auch die »philosophischen« Standpunkte der Psychologen und Psychiater ein Recht darauf ausgesprochen und gehört zu werden, und dem Pathographen insbesondere kann die Berechtigung zu Werturteilen über die Schöpfungen und Gedanken der von ihm zum Gegenstand seiner Darstellung gewählten Personen nicht bestritten werden. Worauf es ankommt ist also lediglich: daß in jedem Falle klargestellt werde, wie weit man es mit Ergebnissen wissenschaftlichen Denkens zu tun hat und wo die persönliche, wertende Stellungnahme des Autors beginnt. Wenn der Psychiater in kulturellen oder sozialen Fragen wertend und handelnd Stellung nimmt, tut er es eben nicht in seiner Eigenschaft als Gelehrter; er tut es vielmehr als Philosoph oder als Politiker. Eine sachliche Berufung in dem Sinne, daß der Psychiater berechtigt wäre, für seine Werturteile in Kulturfragen das Prestige der psychopathologischen Wissenschaft in Anspruch zu nehmen, besteht also nicht. Zwar muß man Stransky[12] zugeben, daß die Forderung, die Ereignisse der Gegenwart oder Jüngstvergangenheit müßten von dem Recht des Psychopathologen auf praktische Bewertung oder gar auf wissenschaftliche Analyse ausgenommen bleiben, an sich unbegründet ist. Aber dies methodisch zweifelsfreie »Recht« wird praktisch dann zum »Unrecht«, wenn die Autorität der Wissenschaft zur Stütze subjektiv wertender Stellungnahmen herabbeschworen wird. Der Psychopathologe, insbesondere derjenige, der psychoanalytisch denken gelernt hat, vermag manche soziale und kulturelle Erscheinungen auch der Gegenwart besser begrifflich zu bewältigen als der Soziologe, oder er kann diesem zumindest wichtige Hilfsbegriffe vermitteln; denn es ist kein Zweifel, daß zur wissenschaftlichen Beurteilung z. B. jener Probleme, die uns die Massenpsychologie aufgibt, ein breiter Weg gerade über das Studium psychopathologischer Phänomene hinführt (vgl. Freud[13]). Aber wo es sich um die — fast unvermeidliche — wertende Stellungnahme des Psychopathologen zu diesen Gegenständen handelt, darf eben niemals der Anschein erweckt werden, daß diese Standpunkte aus jenen empirischen Feststellungen mit (logischer) Notwendigkeit »abge-

---

[12] Ztschr. f. d. ges. Neurol. & Psych., 69 (1921).
[13] Massenpsychologie und Ich-Analyse.

leitet« wären. Daß gerade Gegenwartsproblemen gegenüber diese Forderung besonders schwer zu erfüllen ist, bedarf keines Beweises; es macht ihre Berücksichtigung um so dringlicher.

Wo der Psychiater (oder Analytiker) mittelbar oder unmittelbar in kulturpsychopathologischen Arbeiten auf die kulturelle oder soziale Entwicklung Einfluß zu nehmen versucht, ist — in bezug auf unser Problem — der mehrfach herangezogene Vergleich mit dem ärztlichen Handeln am Krankenbett, das ja auch eine »praktische Stellungnahme« sei und doch notwendig aus den empirischen Ergebnissen der medizinischen Wissenschaft erfließe, nicht bindend. Denn im Falle eines solchen ärztlichen Eingreifens ist eben der Wert (das Leben, die Gesundheit) oder das bewertete Ziel (das Leben zu erhalten, die Gesundheit wiederzugewinnen) als unbestritten vorausgesetzt und bleibt als tatsächlich allgemein anerkannt außer Diskussion. Wo die im Ziel des Handelns verkörperten Werte in Frage gestellt sind (z. B. in der Eugenik, der Rassenhygiene), finden wir allerorten dieselbe Durchdringung der Empirie mit subjektiven Werturteilen, wie wir sie bei den Pathographien festgestellt haben. Auf dem Gebiete der Psychopathologie liegen nun die Dinge so, daß die Grenze zwischen gesund und krank vielfach strittig ist und strittig sein muß, und daß auch über Wert und Unwert der behandelten psychopathologischen Phänomene die verschiedensten Ansichten nicht nur möglich sind, sondern auch tatsächlich vertreten werden. Mit der Abstempelung einer kulturellen Erscheinung als »pathologisch« sollte der Psychiater besonders vorsichtig sein und keiner sollte es sich erlauben, hier »eindrucksmäßig« zu entscheiden. Denn wenn er sich auch persönlich davon frei hält, jede abnorme seelische Erscheinung *a limine* als minderwertig zu beurteilen — wir sehen hier von jenen Gebieten ab, auf welchen die Definition des Krankhaften schon unter Wertgesichtspunkten vollzogen wird —, so muß er doch wissen, daß diese Wertung tatsächlich von der Mehrzahl auch der Gebildeten vollzogen wird; daß also die Bezeichnung eines Menschen, eines Werkes, einer Bewegung als »pathologisch« — besonders wenn sie von wissenschaftlich autoritativer Seite geschieht — zwar nicht dem gemeinten Sinne nach, aber in ihrer Wirkung einem negativen Werturteile gleichkommt. Die Folgen, die sich ergeben, wenn dieser Gesichtspunkt nicht streng eingehalten wird und teils persönliche Antipathie, teils Nicht-verstehen-können im Namen der Wissenschaft über die Probleme einerseits der Krankheit, anderseits der schöpferischen Bedeutung eines genialen Mannes zu Gericht sitzen, mag man am Beispiel von

Möbius' Nietzsche-Pathographie[14] erkennen; noch lehrreicher wird dies Beispiel, wenn man bedenkt, daß es eine zweifellos bedeutende Persönlichkeit ist, die hier in einer methodisch so unbedenklichen Weise zu Werke geht.

Wir haben gehört, daß die Gegnerschaft gegen die Psychoanalyse nicht nur zum Teil von Wertstandpunkten diktiert, sondern auch in ihrer Argumentation vielfach mit Werturteilen durchsetzt ist. Wie steht es nun in dieser Hinsicht mit der Psychoanalyse selbst? Fragen wir nach der Art und Mächtigkeit der Triebkräfte, von denen die wertenden Stellungnahmen des Ich getragen sind, so ergibt sich: es sind gerade die einflußreichsten Tendenzen des Ich, zu denen sich die psychoanalytischen Erkenntnisse in Widerspruch gesetzt haben (vom »Willen zur Erkenntnis«, der ja auch eine Ich-Tendenz darstellt, können wir hier absehen); wir dürfen vermuten, daß den entgegenstehenden Triebregungen, welche die Annahme der psychoanalytischen Lehren begünstigen, ein durchschnittlich geringeres dynamisches Gewicht zukommt — dabei bleibt wieder zunächst die mögliche objektive Richtigkeit dieser Lehren unberücksichtigt. Daß auch die bejahende Einstellung gegenüber der Psychoanalyse affektive Hintergründe haben kann und sicherlich oft hat, ist damit natürlich nicht geleugnet. Aber wir nehmen an, daß die rein affektiven Stellungnahmen häufiger in die Richtung der ablehnenden Entscheidung drängen werden; oder anders: daß bei einer Entscheidung in diesem Sinne — unter sonst gleichen Verhältnissen — die Wahrscheinlichkeit einer Belastung durch jene Fehlerquelle eine größere sein wird. Darin ist kein Beweis für die Richtigkeit der analytischen Anschauungen gelegen, sondern bloß eine psychologische Korrektur an den Einstellungen, die in dieser Frage möglich sind; es handelt sich um die Korrektur einer »persönlichen Gleichung«.

Sehen wir das Problem jetzt nicht nach den möglichen affektiven Fehlerquellen der analytischen oder gegenanalytischen Gesamthaltung an, sondern beschränken wir uns auf das pathographische Gebiet, so müssen wir sagen: hier stehen Gegenstände und Beziehungen zur Diskussion, die in nicht unwesentlichen Teilen auf außeranalytischen Wegen nur »subjektiv«, nur »eindrucksmäßig« beurteilt werden können; es sind jene Persönlichkeitsbereiche, von denen das Handeln, das ethische Verhalten, die kulturelle Leistung in entscheidender Weise abhängig

---

[14] Über das Pathologische bei Nietzsche, Wiesbaden 1902; vgl. auch die Kritik von Hildebrandt (Ztschr. f. d. ges. Neurol. & Psych., 89 [1924]).

sind. Eine rein empirische Betrachtung dieser Gebiete ist abseits von den Wegen der Psychoanalyse kaum durchführbar, denn die Begriffe und Gesetzmäßigkeiten, mit Hilfe derer die wissenschaftliche Bewältigung dieser Gegenstände möglich wird, hat erst die Psychoanalyse geschaffen (von der »geisteswissenschaftlichen« Methode können wir hier absehen; vgl. darüber Kapitel III). Das heißt aber: das Gebiet möglicher wertfreier Festlegung psychologischer Gesetzmäßigkeiten ist durch die Psychoanalyse ungeheuer erweitert worden. Wir dürfen der Psychoanalyse zutrauen, objektiv-wissenschaftliche Feststellungen noch auf seelischen Teilgebieten vorzunehmen, die bisher der »Intuition« oder der fast stets wertgefärbten Darstellung im Rahmen philosophischer Systeme vorbehalten waren. Gerade wegen dieser Erweiterung des wissenschaftlichen Blickfeldes und auch wegen ihres — in bezug auf unser Problem — »gefährlichen« Charakters werden wir von der psychoanalytischen Darstellung eine besonders scharfe Bezeichnung der Grenze verlangen, an der die empirische Betrachtung aufhört und die wertende Einstellung beginnt.

Es ist wohl nicht überflüssig, darauf hinzuweisen, daß trotz dieser Forderung eine Diskussion der Werturteile nicht sinnlos wäre. Sie könnte gerade auf dem Gebiet der Kulturpsychopathologie für die Psychoanalyse selbst wie auch für ihre Gegner fruchtbar werden, indem sie die weltanschaulichen Hintergründe klar hervortreten ließe, die mit dem Für und Wider tatsächlich verknüpft sind. Der Sinn von solchen Diskussionen über praktische Werturteile — wir folgen wieder Max Weber[15] — kann sein: »die Herausarbeitung der letzten, innerlich ›konsequenten‹ Wertaxiome, von denen die einander entgegengesetzten Meinungen ausgehen«; weiter »die Deduktion der ›Konsequenzen‹ für die wertende Stellungnahme, welche aus bestimmten letzten Wertaxiomen folgen würden, wenn man sie, und nur sie, der praktischen Bewertung von faktischen Sachverhalten zugrunde legte«; ferner: »die Feststellung der faktischen Folgen, welche die praktische Durchführung einer bestimmten praktisch-wertenden Stellungnahme zu einem Problem haben müßte«; schließlich können dabei: »neue Wertaxiome und daraus zu folgernde Postulate vertreten werden, welche der Vertreter eines praktischen Postulates nicht beachtet und zu denen er infolgedessen nicht Stellung genommen hatte.« Es ist durchaus nicht anzunehmen, daß

[15] a.a.O., S. 472.

eine solche Diskussion praktischer Werturteile alle Psychoanalytiker auf einem, alle ihre wissenschaftlichen Gegner auf einem anderen weltanschaulichen Standpunkt vereinigen würde. Wie weit die wissenschaftliche Stellung für oder gegen die Analyse mit »letzten Standpunkten« in der Frage des Werturteils zusammenfallen würde, wäre eines der entscheidenden Probleme, dessen Lösung man von einer solchen Diskussion erhoffen könnte.

Daß es ein Irrtum wäre zu glauben, die Psychoanalyse könnte zu letzten ethischen Zielsetzungen oder zu Postulaten für das praktische Verhalten führen, muß jetzt einleuchtend geworden sein. Sie kann das ebensowenig wie irgendeine andere empirische Wissenschaft. Wohl aber kann sie uns — auf gewissen Teilgebieten — grundsätzlich die Entwicklungswege aufzeigen, die zu einem bestimmten (hoch oder niedrig bewerteten) menschlichen Verhalten hinführen, und damit auch bis zu einem gewissen Grade die Mittel, die angewendet werden müßten, um ein bestimmtes ethisches Ziel zu erreichen. Freilich ist von dieser grundsätzlichen Möglichkeit bis zur tatsächlichen Beurteilung im konkreten Einzelfall ein weiter Weg; und dies macht sich deutlich bei dem Versuch bemerkbar, ein System pädagogischer Maßnahmen auf unsere analytische Kenntnis der kindlichen Entwicklungsvorgänge aufzubauen: die Psychoanalyse weiß von einem Kinde zumeist nicht mit Sicherheit zu sagen, »wie es reagieren wird, so genau sie auch weiß, wie es reagiert hat und diese Reaktion eindringend verstand. Ihre Prognosen sind nicht völlig unsicher, aber sie sind bestenfalls alternativ. Vor diesem bestimmten Kind und dieser bestimmten vorgeschlagenen Maßnahme kann sie bestenfalls etwas prognostizieren: dies Kind wird entweder zur Verdrängung oder zur Sublimierung veranlaßt sein« (Bernfeld [16]). Eine gewisse Möglichkeit vorauszusehen liegt aber auch schon in dieser Einschränkung auf solche alternative Fragestellungen, die tatsächlich immer eine ganze Anzahl anderer, an sich denkbarer Entwicklungen ausschließen; vor allem aber ist diese Einschränkung keine grundsätzliche. Sie verschwindet in dem Maße, in dem unser analytisches Wissen fortschreitet. Die andere Einschränkung, welche die Unmöglichkeit besagt, aus analytischen Erkenntnissen eine Weltanschauung »abzuleiten« ist

---

[16] In: Sisyphos oder Die Grenzen der Erziehung, Leipzig & Wien 1925, einem Buche, das, auf Freud und Marx aufbauend, auch zur Werturteilsfrage manches beiträgt und durch das eigenartige Nebeneinander kältester Skepsis und eines fast fanatischen Bekennertums fasziniert.

dagegen eine prinzipielle; ihre grundsätzliche Bedeutung ist allerdings nicht immer klar erkannt worden. Freud selbst hat aber gegen die »Fabrikation« von psychoanalytischen Weltanschauungen deutlich Stellung genommen[17] und in einer für uns sehr lehrreichen Auseinandersetzung Max Webers[18] über die mögliche weltanschauliche Verarbeitung der psychoanalytischen Lehren heißt es: »Fachwissenschaft ist Technik, lehrt technische Mittel; wo aber um Werte gestritten wird, da wird das Problem in eine ganz andere, jeder ›Wissenschaft‹ entzogene Ebene des Geistes projiziert; präziser: eine gänzlich heterogene Fragestellung vorgenommen. Keine Fachwissenschaft und keine noch so wichtige wissenschaftliche Erkenntnis, und die Freudschen Entdeckungen, wenn sie sich endgültig bewähren, rechne ich ganz gewiß zu den wissenschaftlich wichtigen — gibt ›Weltanschauung‹«.

Auch in Freuds Werk, wie in dem jedes Begründers einer umfassenden psychologischen Lehre, finden sich Wertungen; ich glaube deutlich gemacht zu haben, daß wir diese Wertungen nicht als Bestandstücke der psychoanalytischen Theorie ansehen dürfen. Übrigens ist es für Freud, im Vergleiche mit anderen großen Psychologen, charakteristisch, daß die Wertungen in seinem Werk einen recht unbedeutenden Raum einnehmen und daß seine persönliche Stellungnahme hinter dem objektiven Gehalt seines Werkes zumeist ganz in den Hintergrund tritt.

Es sollte selbstverständlich sein, daß die Feststellung der mächtigen determinierenden Bedeutung der Triebhaftigkeit für eine höhere Wertung der Triebsphäre gegenüber anderen seelischen Sphären oder für eine Forderung nach Enthemmung des Trieblebens nicht das geringste besagt; ebenso, daß die Erkenntnis der umfassenden regulierenden Funktion des Lustprinzips nicht als »Grundlage« für eine eudaimonistische Ethik angesehen werden darf; daß aus unserem analytischen Wissen um Gewalt und Umfang der Sexualität — so bedeutungsvoll es auch für Fragen der Sexualhygiene ist — keinerlei neue Sexualethik »abgeleitet« werden kann usw. Ganz allgemein: die Psychoanalyse kann uns grundsätzlich praktische Verhaltensweisen lehren, welche die psychologische Voraussetzung für das Zustandekommen bestimmter Wert-

---

17 Hemmung, Symptom und Angst, S. 19. — Wenn Freud sich aber gegen die philosophischen Weltanschauungen *überhaupt* wendet, haben wir es mit einem — empirisch — *subjektiven* Werturteil zu tun.

18 In einem Brief. Siehe: Marianne Weber, Max Weber. Ein Lebensbild, Tübingen 1926, S. 384.

verwirklichungen bilden, niemals aber die Wertsetzungen selbst. Die therapeutische Aufgabe der psychoanalytischen Neurosenbehandlung muß von den ethischen Stellungnahmen gesondert werden (vgl. auch dazu den oben zitierten Brief Max Webers). Es ist nicht Sinn der Ethik, eine Prophylaxe neurotischer Erkrankung zu sein. Ein Nervenarzt kann seinem Patienten sehr wohl eine gewisse Handlung aus Rücksichten nervöser Gesundung anraten, die er ethisch niedrig wertet, er wird in der Regel auch dann versuchen, einen Menschen von seiner Neurose zu befreien, wenn er befürchten muß — solche Fälle kommen tatsächlich vor —, daß dadurch die ethische Persönlichkeit des Patienten geschädigt wird. Der therapeutische Imperativ ist kein unbedingter, es ist nicht so, daß er der Gesamtheit der übrigen aufgegebenen ethischen Verhaltensweisen übergeordnet wäre. Er gilt nur für den Sonderfall der ärztlichen Berufsethik und wird sich gerade beim Neurologen tatsächlich sehr häufig im Widerspruch zu anderen Imperativen befinden. Ein System von Wertsetzungen, das gerade jenes Verhalten als das ethisch unbedingt wertvollste anerkennt, welches nach unseren Erfahrungen geeignet ist, der Entstehung von Neurosen vorzubeugen, ist theoretisch denkbar, dürfte aber kaum sehr häufig wirklich gegeben sein; vor allem aber wäre es, selbst wo es gegeben ist, niemals aus jenen Erfahrungen abgeleitet. Was aber die Ethik des ärztlichen Verhaltens anlangt, so müssen wir sagen: der ärztlichen Tätigkeit als solcher kann ein Wert zukommen, auch abgesehen von den Wirkungen, die von ihr ausgehen; es wird im Einzelfall zu entscheiden sein, ob wir die Gesamtheit dieser Vorgänge positiv oder negativ bewerten.

Es ist also ungerechtfertigt, eine »Parteinahme« für das Triebhafte im Menschen aus den Ergebnissen der Psychoanalyse ableiten zu wollen. Übrigens wäre es auch empirisch falsch, über den analytischen Entdeckungen auf dem Gebiete des Es und der Triebhaftigkeit die Wirksamkeit der entgegenstehenden (Ich-)Tendenzen zu übersehen. Freud[19] hat vor diesem möglichen — und tatsächlich vorgekommenen — Mißverständnis ausdrücklich gewarnt: »sollte nicht die Einsicht in die Wirkungsweise der Verdrängung gerade den Analytiker von so extremer Parteinahme zurückhalten?« Aus unseren Überlegungen ergibt sich weiter, daß auch der Begriff der »Realitätsangepaßtheit«, die als Ziel analytischer Neurosentherapie gelten und als Maßstab der Nervengesund-

[19] a.a.O.

heit oder der erreichten Heilung unter Umständen gute Dienste leisten kann, nicht im Sinne eines ethischen Postulates ausgedeutet werden darf. Es ist wohl möglich, daß ein Verhalten, das die Umwelt nimmt »wie sie einmal ist« und es vermeidet, sich zu den sozialpsychologischen oder biologischen Machtfaktoren der Umwelt in Widerspruch zu setzen, in deren tatsächlichen Herrschaftskreis es gebannt ist — daß ein solches Verhalten von einem bestimmten Menschentypus als wertvolles Verhalten beurteilt wird. Aber dies subjektive Werturteil kann sich nicht zu seiner Stützung auf Ergebnisse der Psychoanalyse berufen, und es wäre gänzlich undurchdacht, wenn man die Psychoanalyse auf ein solches Werturteil festlegen wollte. Wenn der Analytiker die Arbeitsweise bestimmter Gelehrter den Sicherungen des Zwangsneurotikers vergleicht, so ist das sein gutes Recht. Aber es darf darin nicht eine negative Wertung mitgedacht sein und es darf ein solcher Vergleich niemals als polemisches Argument Anwendung finden. Es könnte sein — und es ist zweifellos bis zu einem gewissen Grade so —, daß eben diese, vom Gesichtspunkt des Nervenarztes beurteilt »zwangsneurotisch« anmutende Denkweise von einem anderen Standpunkte gesehen als wissenschaftliche Exaktheit erscheint. Ganz allgemein: es ist ein Irrtum, zu meinen, man könne die Wertung eines Verhaltens aus dem Vergleiche mit der Wertung einer dynamisch-psychologisch ähnlichen — in einem bestimmten, uns bekannten Falle (praktisch handelt es sich da für den Analytiker meist um psychopathologische Phänomene) positiv oder negativ bewerteten — Verhaltensweise sozusagen »konstruieren«. Die Aufgabe, welche hier von der Psychoanalyse, die sich allein unter allen psychologischen Methoden an diese Frage heranwagen darf, zu lösen wäre, ist eine ganz andere: die Tatsache der Wertung einer bestimmten Handlungsweise, eines bestimmten Menschentypus ist als gegeben hinzunehmen, und die wissenschaftliche Fragestellung geht dahin, die seelischen Strukturen genetisch aufzuklären, die zur Wertverwirklichung (in Gestalt dieses Menschentypus oder dieser Handlungsweise) hinführen.

Sehr häufig werden die von der Analyse aufgedeckten unbewußten Regungen oder Gedanken so bewertet, als ob sie bewußte wären. Man spricht etwa von »Lüge«, weil zwischen Aussageinhalt und unbewußten Gedanken ein Widerspruch besteht (dahin gehört auch Nietzsches: »Gute Menschen reden nie die Wahrheit«) oder von »Heuchelei«, wo der Tatbestand der Verdrängung vorliegt. Auch das ist irrig, es besagt nichts gegen den ethischen Wert z. B. des sozialen Verhaltens, wenn wir nachweisen, daß es sich häufig über unterdrückten (unbewußten) sadistischen Regungen aufbaut — und zwar beweist es weder generell etwas noch im Einzelfall. Die Psychoanalyse kann nachweisen: wenn die unbewußten Aggressionsregungen ein gewisses, individuell verschiedenes Maß überschreiten, wird das soziale Verhalten unverläßlich, es führt zum Bilde jener so häufigen pseudosozialen Ethik und Betätigung, die unter dem Anschein der »Nächstenliebe« tatsächlich in allen entscheidenden Fragen antisozial vorgeht. Aber ein solches Verhalten ist dann nicht deswegen ein niedrig bewertetes, weil sich unbewußte Aggressionsneigungen in ihm »verbergen«, sondern weil es faktisch ein wesentlich antisoziales Verhalten ist. Das Handeln trägt seinen Wert oder Unwert »in sich«, ganz abgesehen von der Psychogenese der Wertverwirklichung. Man hat sich vor Gedanken und Ausdruck zu hüten, die der Kennzeichnung eines Verhaltens als aus niedrigwertigen unbewußten Determinanten herleitbar ein »im Grunde nur« oder »nichts anderes als« voransetzen: diese Berufstätigkeit sei »nur« Betätigung infantiler Neigungen, jene künstlerische Gestaltung »nur« Verarbeitung der inzestuösen Konflikte usw. Durch die Übertragung von Wertungen, welche dem bewußten Sichverhalten gelten, auf die psychologisch ähnlichen Vorgänge im Unbewußten und den Nachweis solcher »per analogiam« gewerteter Regungen unter den genetischen Determinanten einer bestimmten Handlung kann ihr Wert weder erhöht noch vermindert werden. Wieder kann die Aufgabe des Analytikers nur sein: ein in bestimmter Weise gewertetes Handeln nach seiner genetischen Struktur, sowohl im Bewußtsein als im Unbewußten, zu erkennen und damit auch die unbewußten Bedingungen festzustellen, an welche diese bestimmte Wertverwirklichung geknüpft ist.

Das gleiche gilt von den Erkenntnisprozessen: an sich ist es kein Einwand gegen die Richtigkeit eines Gedankens, daß Bosheit, Eifersucht oder neurotische Mechanismen auf den Denkprozeß Einfluß genommen haben. Es ist ein Problem, das rein empirisch zu lösen wäre, welche seelische Konstellation, welches Zusammen- und Gegeneinanderwirken bewußter und unbewußter Tendenzen die Objektivität der Erkenntnis in bezug auf einen bestimmten Gegenstandsbereich am besten gewährleistet; man kann sich weiter die empirische Frage nach den analytisch-psychologischen Wurzeln bestimmter wissenschaftlicher Arbeitsrichtungen oder philosophischer Systeme (vgl. dazu Winterstein[20]) vorlegen.

---

[20] Imago, II (1913).

Daß gewisse affektive Stellungnahmen die Wahrscheinlichkeit der Gewinnung wahrer Erkenntnisse tatsächlich beeinträchtigen, haben wir schon gehört. Es sei hier wiederholt, daß sich die polemische Argumentation dennoch allein mit den logischen Inhalten zu befassen hat!

Man hat es der Psychoanalyse unzählige Male zum Vorwurf gemacht und wird es ihr zweifellos noch oft zum Vorwurf machen, daß ihren Aufstellungen eine »Entwertungstendenz« zugrundeliege. Damit könnte zunächst gemeint sein, daß die Psychoanalyse allgemein hoch bewertete psychische Gebilde auf allgemein niedrig bewertete genetisch zurückführt; das ist richtig, ist aber weder ein Einwand noch auch im Grunde ein Vorwurf. Etwas davon liegt wohl in jeder erklärenden Psychologie, wenn es auch richtig bleibt, daß keine andere hierin so konsequent verfährt wie die analytische Triebpsychologie. Derselbe vermeintliche Vorwurf ist übrigens auch gegenüber anderen wissenschaftlichen Lehren erhoben worden, so gegenüber dem Marxismus, und hierauf beruht es, daß diese beiden Lehren vielfach sowohl von Anhängern als auch von Gegnern in Analogie zu einander gesetzt wurden. Die empirischen Grundlagen, auf welche die Psychoanalyse ihre Triebspsychologie stützt, sind gut gesichert und dürften in ihren Grundzügen kaum zu erschüttern sein. Auf der anderen Seite haben wir ja gehört, daß wir bei der Bewertung eines Verhaltens von seiner seelischen Genese völlig absehen müssen. Jene Rede von der »Entwertungstendenz« meint aber wohl zumeist, daß bei der Zuwendung des Analytikers zu den Lehren der Psychoanalyse oder zu ihrer Anwendung auf den konkreten Fall solche Tendenzen eine Rolle spielen. Das ist an sich möglich und ein Recht zur Ehrfurchtslosigkeit darf aus der analytisch-empirischen Einstellung gewiß nicht abgeleitet werden. Es ist aber doch wieder ein menschlicher Einwand und kein wissenschaftlicher; gegen die Richtigkeit der Psychoanalyse besagt er natürlich gar nichts.

Als Resultat unserer Überlegungen ergibt sich also, daß der Wert menschlichen Verhaltens von seiner Genese unabhängig ist. Eine ganz andere Frage, die von dieser scharf getrennt werden muß, ist aber: wie weit tatsächlich für bestimmte Menschen die genetische Herleitung menschlich oder kulturell wertvoller Gegenstände aus wertniedrigen Regungen eine »Entwertung« bedeutet. Daß das Werturteil vieler Menschen faktisch durch die Kenntnis der Entstehungsgeschichte der bewerteten Gegenstände beeinflußt werden kann, ist nicht zu bezweifeln. Die Einsicht in die Unabhängigkeit der Werte von der Geschichte ihrer Verwirklichung ist keine allgemeine; aber auch dort, wo sie — als Wissen —

besteht, läßt sich nicht selten das psychologische Faktum einer solchen Beeinflussung feststellen. Doch ist die Forderung abzulehnen, die Psychoanalyse solle sich mit Rücksicht auf die Möglichkeit eines solchen — wissenschaftlich beurteilt — »irrigen« Verhaltens von ihrem Arbeitsweg abwenden.

Ich habe wiederholt nachdrücklich betont, daß jeder Versuch, mit analytischen Mitteln in die Sphäre der Geltungen vorzudringen, ein »verbotener Weg« ist und bleiben muß. Das soll nun nicht heißen, daß die psychoanalytische Psychologie für die Ethik bedeutungslos wäre. Die individuellen (und sozialen) psychischen Vorgänge, in denen sich ethische Werte verwirklichen, sind von der Psychoanalyse mit gutem Recht zum Gegenstand ihrer Untersuchungen gemacht worden; sie ist nach Gegenstand und Methode berufen, zu diesem Wissenschaftsbereich — der Psychologie der Ethik — die wichtigsten Beiträge zu liefern. Auch die Frage, warum einem Menschen (einer Klasse, einer Nation) diese, einem anderen jene Werte als solche faßbar werden, darf noch in diese psychologische Betrachtung der Ethik einbezogen werden. Der Standpunkt, den die Psychoanalyse zu diesem Problem einnimmt, ist ein wesentlich genetischer. Sie untersucht die Entwicklungsgeschichte der wertenden Stellungnahmen und des ethischen Handelns. Aus der analytischen Kenntnis der Psychologie des Zwangsneurotikers, vornehmlich aus dem Gesichtspunkt der Ambivalenz, haben sich Freud[21] bedeutsame Einblicke in die psychologisch analogen Tabuverbote der Primitiven und in die (psychologischen!) Probleme des Gewissens und der Gewissensangst ergeben. Es zeigte sich weiter, daß bestimmte frühe Moralgebote eine psychologische Herleitung aus dem Sohn-Vaterproblem (»Vaterkomplex«) zulassen. In der Ontogenese finden wir (siehe Kapitel X) die psychologische Seite des Gewissens an das Ich-Ideal geknüpft, und auch hier sind Analogien mit den pathologischen Abartungen dieser psychischen Instanz (Beobachtungswahn!) fruchtbar geworden (siehe Freud[22]). Über die Vorgänge der Reaktionsbildung und der Sublimierung, durch welch letztere Libido in den Dienst von Aufgaben gestellt wird, die ihren Charakter als Ziele des Verhaltens den Stellungnahmen und Wertsetzungen des Ich-Ideals verdanken, haben wir das Nötigste schon gesagt. Die Genese des Ich-Ideals hat Freud zur Ödipus-

---

[21] Totem und Tabu.

[22] Zur Einführung des Narzißmus, Sammlung kleiner Schriften zur Neurosenlehre, IV, S. 103.

situation in Beziehung gesetzt und aus ihren Wurzeln in der Vater- (und Mutter-)identifizierung hergeleitet. Von hier aus führt der Weg zur Psychologie des Schuldgefühls und zum Verständnis seiner Bedeutung für die Psychologie der Ethik. Die Beziehung der psychischen Repräsentanzen ethischer Normen zu den funktionellen Sondergebieten innerhalb der menschlichen Persönlichkeit faßt Freud in den Worten zusammen: »Das Es ist ganz amoralisch, das Ich ist bemüht moralisch zu sein, das Über-Ich kann hypermoralisch und dann so grausam werden wie nur das Es[23].« Dabei wird, nach Freud, die Aggression nach außen nicht nur als Folge der Strenge des Ich-Ideals eingeschränkt, sondern es kann auch umgekehrt die Einschränkung der Aggression rückwirkend die Unduldsamkeit des Ich-Ideals steigern. Diese Seite der Freudschen Konzeption berührt sich mit Gedankengängen Nietzsches[24]: »Alle Instinkte, welche sich nicht nach Außen entladen, wenden sich nach Innen«, wo aber »die Feindschaft, die Grausamkeit, die Lust an der Verfolgung, am Überfall, am Wechsel, an der Zerstörung« gehemmt werden und sich gegen den Menschen selbst wenden, liegt »der Ursprung des schlechten Gewissens«. Nach einer weiteren Hypothese Freuds trägt die Triebentmischung, welche an den Vorgang der Identifizierung und der damit verknüpften Desexualisierung gebunden ist, das heißt also das Freiwerden von Regungen, die den Destruktionstrieben zugehören, zum »grausamen« Charakter der Forderungen des Ich-Ideals bei.

Je nach der Stärke des Ödipuskomplexes, nach der Vollständigkeit seiner Verdrängung, nach der Art der Bildung des Ich-Ideals (z. B.: nach dem Ausmaße seiner narzißtischen Besetzung; das Über-Ich ist auch durch das Ich strukturiert, es hat ja Züge des Ich in sich aufgenommen) werden wir verschiedene Typen ethischen Verhaltens zu erwarten haben. In der Tat stimmen die empirisch vorgefundenen Typen ethischer Systeme überraschend gut mit jenen typischen Strukturen überein, wie sie uns teils aus der Psychoanalyse bekannt sind, teils mit Hilfe ihrer Begriffe konstruiert werden können: man kann geradezu von »narzißtischen«, von »zwangsneurotischen« Typen der Ethik sprechen. Wir können Formen unterscheiden, bei denen der imperativische, in sich beruhende Charakter der Normen in den Vordergrund tritt, und solche, bei denen die Erreichung eines (sozialen, kulturellen) Zieles, die Verwirklichung eines in die Zukunft projizierten Persönlichkeitsideals den

---

23 Das Ich und das Es, S. 70.

24 Zur Genealogie der Moral, Zweite Abh., 16.

»Sinn« des moralischen Verhaltens bildet; die Moralität einer Handlung kann in die »Achtung vor dem Sittengesetz«, sie kann in den Wert dessen verlegt sein, was die Handlung hervorbringen soll usw. Alle diese typischen Formen lassen sich von bestimmten analytisch-psychologischen Strukturtypen her begreifen. Für die Verwirklichung der einzelnen Typen ist die soziale Lage (innerhalb eines Standes, einer Klasse) von entscheidender Bedeutung, aber auch diese sozial-psychologischen Probleme können grundsätzlich von analytischen Gesichtspunkten her in Angriff genommen werden (vgl. Freud[25]).

Gegenüber allen diesen Fragen kann die Psychologie — und insbesondere die Psychoanalyse — entscheidende Antworten in der Richtung geben, daß sie untersucht, welche seelischen Strukturen und welche Entwicklung dieser Strukturen die psychologische Verwirklichung des Gesollten ermöglichen und herbeiführen. Auf der anderen Seite ist sie es, die uns erlaubt festzustellen, wie weit psychologische Gesetzmäßigkeiten überhaupt, oder — im Einzelfall — die individuellen Schnittpunkte solcher Gesetze der Verwirklichung ethischer Werte entgegenstehen. Dagegen kann die Naturwissenschaft niemals, ich betone es noch einmal, aus sich heraus die Ideale ethischen Verhaltens bestimmen oder ableiten.

Die Psychoanalyse — und die Psychologie überhaupt — kann der Wertung gegenüber dem individuellen Falle dort Dienste erweisen, wo die Feststellung des zu wertenden psychologischen Tatbestandes in Rede steht. Darüber hinaus könnte sie es dort, wo es sich um reine Zielethik handelt, um jenen Sonderfall also, in welchem der Wert eines gedachten Endzustandes auf vorbereitende Stufen als auf die zu seiner Erreichung zweckmäßigen Maßnahmen übertragen wird; hier — im Falle jener Wertungen, die man als »sekundär« oder »abgeleitet« bezeichnen könnte — kann ein besseres Wissen um die seelischen Gesetzmäßigkeiten zu einer Verschiebung der Wertakzente führen.

Noch in einer anderen Richtung kann die psychoanalytische Psychologie für die Ethik von Bedeutung werden. Sie hat uns die unbewußten Hintergründe gezeigt, die für das Handeln mitbestimmend sind, und uns gegen die bewußte Motivation dieses Handelns, wie sie uns die Selbstwahrnehmung zeigt, mißtrauisch gemacht. Ein nach dem Zeugnis der Selbstwahrnehmung von den reinsten Motiven getragenes Handeln kann sich tatsächlich, wenn man es in die realen seelischen Zusammen-

[25] Massenpsychologie und Ich-Analyse.

hänge einordnet, als Ausdruck ethisch negativ bewerteter Tendenzen herausstellen. Und ganz abgesehen von den einzelnen inhaltlichen Bestimmtheiten des ethischen Verhaltens, die sehr oft eine solche Erklärung fordern, kann der moralische Rigorismus als solcher, die Unbedingtheit der ethischen Forderungen, die als Maßstab an das menschliche Handeln angelegt werden, Ausdruck aggressiver Regungen sein: die Unduldsamkeit in Fragen der Ethik kann, psychologisch gesehen, zum Mittel werden, den Nebenmenschen zu demütigen oder herabsetzen zu dürfen. Wir haben schon festgelegt, daß eine solche psychologische Ausdeutung ethischer Stellungnahmen nichts gegen ihren Wert besagt, solange sie sich tatsächlich jenen Normen fügen, als welche die ethischen Werte von uns erlebt werden. Ein solches Handeln erweist sich aber faktisch sehr häufig (nicht immer) als mit diesen Normen in Widerspruch stehend und läßt sich als pseudoethisches Verhalten von dem im eigentlichen Sinne ethischen differenzieren. Dafür hat uns gerade die Psychoanalyse den Blick geschärft, und es ist eine der wesentlichen Aufgaben, die sie im Umkreis der psychologischen Probleme der Ethik zu erfüllen hat, die psychologischen Strukturen dieser Verhaltensweisen deskriptiv, vor allem aber genetisch zu sondern.

Das Fundament der Kantschen Ethik bildet der Satz: »Es ist überall nichts in der Welt, ja überhaupt auch außer derselben zu denken möglich, was ohne Einschränkung für gut könnte gehalten werden, als allein ein *guter Wille*«[26]. Aber wir kennen Menschentypen — vornehmlich die analytische Betrachtung hat sie uns kennen gelehrt — für welche die Tatsache des »guten Willens« empirisch nicht bezweifelt werden darf, die aber, trotz dieser »ethischen« Motivierung ihres Handelns im Bewußtsein, dennoch durch unbewußte Tendenzen dahin gedrängt werden, bei jeder Entscheidung so zu handeln, wie es den jeweiligen Zielen ihrer egoistischen Interessen entspricht. Dieser Satz bestätigt nur, was wir mehrfach betont haben, daß uns die Introspektion kein unverfälschtes Bild des realen seelischen Kräftespieles vermittelt; der Analytiker wird »der stolzen Versicherung: ›Mein Gewissen bürgt dafür!‹ skeptisch entgegnen: ›Und wer bürgt für dein Gewissen?‹« (Furtmüller[27]). Die Grundlegung des moralischen Wertes auf den *bewußten* »guten Willen«

---

[26] Grundlegung zur Metaphysik der Sitten, Erster Abschn.

[27] Psychoanalyse und Ethik, München 1912. — Eng verwandte Gedanken finden sich bei Nietzsche; z. B. »Fröhliche Wissenschaft«, IV. Buch, 335; hier allerdings in »psychologistischer« Wendung.

wird ihm schwerlich annehmbar erscheinen. Hier dürfen wir von der Psychoanalyse eine legitime und entscheidende Leistung für die psychologische Seite der Sittenlehre erwarten: eine Untersuchung, die, über das bewußte Wollen hinaus und das Ganze der Persönlichkeit umfassend, die psychologischen Bedingungen aufzeigt, an welche ein den ethischen Normen entsprechendes Handeln tatsächlich gebunden ist.

NAMENREGISTER

SACHREGISTER

WEITERE WERKE DES AUTORS

Ich-Psychologie

Studien zur psychoanalytischen Theorie

Aus dem Amerik. übersetzt.
456 Seiten. Leinen.

Dieses Werk, das die grundlegenden Arbeiten Heinz Hartmanns zur Ich-Psychologie zusammenfaßt, stellt wohl eine der größten Leistungen in der Psychoanalyse nach Freud dar. Es ist ebenso wichtig für die Theorie und die Technik der Psychoanalyse wie für die Entwicklungspsychologie und die Psychiatrie, vor allem aber hat es Bedeutung für die Sozialwissenschaften. Hier hat Hartmann verwirklicht, was Freud vorschwebte: die Psychoanalyse zu einer allgemeinen Psychologie menschlichen Verhaltens werden zu lassen.

Ich-Psychologie und Anpassungsproblem

2. Aufl. 96 Seiten. Kart.

ERNST KLETT VERLAG STUTTGART

RALPH R. GREENSON

Technik und Praxis der Psychoanalyse

Erster Band

Aus dem Amerik. von Gudrun Theusner-Stampa
ca. 567 Seiten. Leinen.

Dieses Standard-Handbuch wendet sich an den Praktiker und an den Lernenden; es ist ebenso wichtig für die Therapie wie für die Lehranalyse. Die Psychoanalytiker haben bisher immer gezögert, ein solches Werk zu schreiben, denn das, worauf es in der analytischen Praxis ankommt, die Vermittlung einer in lebenslanger Arbeit erworbenen Erfahrung und die Kommunikation therapeutischer Einsicht, ist schriftlich sehr schwer zu fixieren. Ralph R. Greenson aber ist nun der Versuch gelungen. In seinem Buch werden unter den Hauptbegriffen „Widerstand", „Übertragung" und „analytische Situation" die entsprechenden Etappen und Gefahren jeder Analyse behandelt. Über Widerstand und Abwehr, Widerstand und Regression, über die Widerstandsquellen, das Arbeitsbündnis und den Übertragungswiderstand, über Intervention, über Deutung und schließlich über den Katalog der Fähigkeiten, die der Analytiker besitzen muß, stellt der Autor nicht Normen und Gesetze auf, er bietet vielmehr Regeln und Anleitungen, die er interpretiert. Und nicht selten läßt er uns aus seinen eigenen Fehlern lernen.